Wohnungseigentumsgesetz

Textausgabe
mit amtlichen Begründungen
der Änderungen 2024 sowie des
Wohnungseigentumsmodernisierungs-
gesetzes

4. Auflage

SV SAXONIA VERLAG für Recht, Wirtschaft und Kultur GmbH

Redaktion: Ass. iur. Frank Unger , Dipl. Jur. Insa Malberg

Redaktionsschluss: 20. Dezember 2024

SV SAXONIA VERLAG für Recht, Wirtschaft und Kultur GmbH
Ludwig-Hartmann-Straße 40, 01277 Dresden
Tel. (0351) 485260, Fax (0351) 4852661
E-Mail: office@saxonia-verlag.de
Internet: www.laenderrecht.de

Umschlagbilder: Christine Pohl (1, 4), madnithy @ sxh.com (2), leosynapse @ sxh.com (3)

Druck: PRINT GROUP Sp. z o. o., ul. Księcia Witolda 7, 71-063 Szczecin (Polen)

ISBN: 978-3-949409-40-0
(Vorauflage: 978-3-946374-96-1)

Vorwort zur 4. Auflage

Das am 17. Oktober 2024 in Kraft getretene Gesetz zur Zulassung virtueller Wohnungseigentümergemeinschaften, zur Erleichterung des Einsatzes von Steckersolargeräten und zur Übertragbarkeit beschränkter persönlicher Dienstbarkeiten für Erneuerbare-Energien-Anlagen zielt unter anderem darauf ab, Mietern die Installation von Steckersolargeräten zur Erzeugung und Nutzung eigenen Stroms zu erleichtern. Es begründet einen Anspruch von Mietern und Wohnungseigentümern auf Zustimmung des Vermieters bzw. der Gemeinschaft der Wohnungseigentümer zur Installation von Steckersolargeräten.

Außerdem hat die aktuelle Gesetzesänderung die kontroverse Diskussion des Themas „virtuelle Eigentümerversammlung" aufgegriffen und für Wohnungseigentümer und Verwalter eine Möglichkeit eingeführt, Wohnungseigentümerversammlungen vollständig online abzuhalten. Unverändert bleibt dabei die bisher schon nach § 23 Absatz 1 Satz 2 des Wohnungseigentumsgesetzes (WEG) bestehende Option, eine Online-Teilnahme an Präsenzversammlungen zu ermöglichen. Somit haben Wohnungseigentümer nun die Wahl, Eigentümerversammlungen in Präsenz, in hybrider Form oder rein virtuell durchzuführen.

Zur aktuellen Gesetzesänderung sind die amtlichen Begründungen des federführenden Rechtsausschusses sowie des Gesetzentwurfs der Bundesregierung neu aufgenommen worden zur Erläuterung und als Hilfestellung in Auslegungsfragen. Aus der Vorauflage (2020) sind die umfangreichen Begründungen des Gesetzentwurfs der Bundesregierung zum Wohnungseigentumsmodernisierungsgesetz beibehalten worden, da sie weiterhin nutzbringend sind.

Wir wünschen viel Erfolg bei der Arbeit mit dieser Textausgabe und möchten Sie ermuntern, uns Verbesserungsvorschläge und Anregungen zukommen zu lassen.

Ass. iur. Frank Unger und Dipl. Jur. Insa Malberg

Inhaltsverzeichnis

Gesetzestext

Gesetz über das Wohnungseigentum und das Dauerwohnrecht (Wohnungseigentumsgesetz) ... 1

Amtliche Begründungen

Entwurf eines Gesetzes zur Zulassung virtueller Wohnungseigentümerversammlungen, zur Erleichterung des Einsatzes von Steckersolargeräten und zur Übertragbarkeit beschränkter persönlicher Dienstbarkeiten für Erneuerbare-Energien-Anlagen

Zusammenstellung der Änderungen durch den federführenden Rechtsausschuss ... 17

Erläuterung der vom Rechtsausschuss empfohlenen Änderungen gegenüber der ursprünglichen Fassung des Gesetzentwurfs ... 21

Amtliche Begründung zum Gesetz zur Zulassung virtueller Wohnungseigentümerversammlungen, zur Erleichterung des Einsatzes von Steckersolargeräten und zur Übertragbarkeit beschränkter persönlicher Dienstbarkeiten für Erneuerbare-Energien-Anlagen ... 27

A. Allgemeiner Teil ... 27
B. Besonderer Teil ... 38
Zu Artikel 1 (Änderung des Wohnungseigentumsgesetzes) ... 38
Zu Nummer 1 (Änderung von § 20 WEG) ... 38
Zu Nummer 2 (Änderung von § 23 WEG) ... 39
Zu Nummer 3 (Änderung von § 26a WEG) ... 41

Zu Artikel 2 (Änderung des Bürgerlichen Gesetzbuchs) ... 42
Zu Nummer 1 (Änderung von § 554 BGB) ... 42
Zu Nummer 2 (Änderung von § 1092 BGB) ... 42

Zu Artikel 3 (Änderung des Einführungsgesetzes zum Bürgerlichen Gesetzbuche) ... 45

Zu Artikel 4 (Inkrafttreten) ... 46

Entwurf eines Gesetzes zur Förderung der Elektromobilität und zur Modernisierung des Wohnungseigentumsgesetzes und zur Änderung von kosten- und grundbuchrechtlichen Vorschriften (Wohnungseigentumsmodernisierungsgesetz – WEMoG)

Zusammenstellung der Änderungen des federführenden Ausschusses für Recht und Verbraucherschutz 47

Begründung der Änderungen 79
Zu Artikel 1 (Änderung des Wohnungseigentumsgesetzes) 81
Zu Nummer 10 (Abschnitt 3 – §§ 9a und 9b) 81
Zu Nummer 21 (§§ 19 bis 22) 81
Zu Nummer 22 Buchstabe b (§ 23 Absatz 3) 83
Zu Nummer 23 (§ 24) 84
Zu Nummer 24 (§ 25) 84
Zu Nummer 25 (§ 26) 84
Zu Nummer 26 (§ 26a) 85
Zu Nummer 27 (§§ 27 bis 29) 86
Zu Nummer 32 (Teil 3 – §§ 43 bis 45) 88
Zu Nummer 35 (§§ 47 bis 49) 88

Zu Artikel 6 (Änderung der Grundbuchordnung) 89

Zu Artikel 9 (Änderung des Gerichtskostengesetzes) 90

Zu Artikel 11 (Änderung des Gerichts- und Notarkostengesetzes) 90

Zu den Artikeln 17 und 18 (Bekanntmachungserlaubnis, Inkrafttreten) 90

Entwurf eines Gesetzes zur Förderung der Elektromobilität und zur Modernisierung des Wohnungseigentumsgesetzes und zur Änderung von kosten- und grundbuchrechtlichen Vorschriften (Wohnungseigentumsmodernisierungsgesetz – WEMoG)

Begründung 91
A. Allgemeiner Teil 91
B. Besonderer Teil 112
Zu Artikel 1 (Änderungen des Wohnungseigentumsgesetzes) 112
Zu Nummer 1 (Bezeichnung des Gesetzes) 112
Zu Nummer 2 (Abschnitt 1) 112
Zu Nummer 3 (§ 1 Absatz 5) 112
Zu Nummer 4 (Abschnitt 2) 112
Zu Nummer 5 (§ 3) 113

Zu Nummer 6 (§ 5) ... 114
Zu Nummer 7 (§ 7) ... 118
Zu Nummer 8 (§ 8) ... 120
Zu Nummer 9 (§ 9 Absatz 1) ... 123
Zu Nummer 10 (Abschnitt 3 – §§ 9a und 9b) ... 123
Zu Nummer 11 (Abschnitt 4) ... 130
Zu Nummer 12 (§ 10) ... 131
Zu Nummer 13 (§ 11) ... 132
Zu Nummer 14 (§ 12 Absatz 4) ... 132
Zu Nummer 15 (§§ 13 bis 15) ... 133
Zu Nummer 16 (§ 16) ... 139
Zu Nummer 17 (§ 17 – alt –) ... 142
Zu Nummer 18 (§ 17 – neu –) ... 142
Zu Nummer 19 (§ 18) ... 144
Zu Nummer 20 (Abschnitt 3 – alt –) ... 147
Zu Nummer 21 (§§ 19 bis 22) ... 148
Zu Nummer 22 (§ 23) ... 166
Zu Nummer 23 (§ 24) ... 167
Zu Nummer 24 (§ 25) ... 168
Zu Nummer 25 (§ 26 Absatz 1) ... 170
Zu Nummer 26 (§§ 27 bis 29) ... 171
Zu Nummer 27 (Abschnitt 5) ... 178
Zu Nummer 28 (§ 30) ... 178
Zu Nummer 29 (Teil 2) ... 178
Zu Nummer 30 (§ 32 Absatz 2 Sätze 4 bis 7 – alt –) ... 178
Zu Nummer 31 (Teil 3 – §§ 43 bis 45) ... 178
Zu Nummer 32 (Teil 4) ... 187
Zu Nummer 33 (§ 46) ... 187
Zu Nummer 34 (§§ 47 bis 49) ... 187

Zu Artikel 2 (Änderung des BGB) ... 190
Zu Nummer 1 und 2 (§§ 554, 554a) ... 190
Zu Nummer 3 (§ 556a Absatz 3 und 4) ... 196
Zu Nummer 4 (§ 578) ... 197

Zu Artikel 3 (Änderung des Justizaktenaufbewahrungsgesetzes) ... 198
Zu Nummer 1 (§ 1) ... 198
Zu Nummer 2 (§ 2) ... 198

Zu Artikel 4 (Änderung des Gerichtsverfassungsgesetzes) ... 198

Zu Artikel 5 (Änderung des Gesetzes über die Zwangsversteigerung und die Zwangsverwaltung) ... 199
Zu Nummer 1 (§ 10 Absatz 1 Nummer 2 Satz 1 und § 156 Absatz 1 Satz 2) ... 199

Zu Nummer 2 (§ 10 Absatz 3) 199
Zu Nummer 3 (§ 45 Absatz 3 Satz 1) 199

Zu Artikel 6 (Änderung der Grundbuchverfügung) 199

Zu Artikel 7 (Änderung der Wohnungsgrundbuchverfügung) 200

Zu Artikel 8 (Änderung des Gerichtskostengesetzes) 200
Zu Nummern 1 bis 3 (Inhaltsübersicht, § 49, § 49a – alt –) 200
Zu Nummer 4 (Kostenverzeichnis Nummer 9020) 200

Zu Artikel 9
(Änderung des Gesetzes über Gerichtskosten in Familiensachen) 201

Zu Artikel 10 (Änderung des Gerichts- und Notarkostengesetzes) 201
Zu Nummer 1 (Nummer 14160) 201
Zu Nummer 2 (Nummer 31017) 201

Zu Artikel 11 (Änderung des Gerichtsvollzieherkostengesetzes) 201

Zu Artikel 12 bis 15 (Änderung des Grunderwerbsteuergesetzes, des Gewerbesteuergesetzes, der Verordnung über Formblätter für die Gliederung des Jahresabschlusses von Wohnungsunternehmen und des Schornsteinfeger-Handwerksgesetzes) 201

Zu Artikel 16 (Bekanntmachungserlaubnis) 201

Zu Artikel 17 (Inkrafttreten) 201

Gesetz über das Wohnungseigentum und das Dauerwohnrecht (Wohnungseigentumsgesetz – WEG)

in der Fassung der Bekanntmachung vom 12. Januar 2021 (BGBl. I S. 34), das zuletzt durch Artikel 1 des Gesetzes vom 10. Oktober 2024 (BGBl. 2024 I Nr. 306) geändert worden ist

– Fassung ab 17. Oktober 2024 –

TEIL 1 Wohnungseigentum

Abschnitt 1 Begriffsbestimmungen

§ 1 Begriffsbestimmungen

(1) Nach Maßgabe dieses Gesetzes kann an Wohnungen das Wohnungseigentum, an nicht zu Wohnzwecken dienenden Räumen eines Gebäudes das Teileigentum begründet werden.

(2) Wohnungseigentum ist das Sondereigentum an einer Wohnung in Verbindung mit dem Miteigentumsanteil an dem gemeinschaftlichen Eigentum, zu dem es gehört.

(3) Teileigentum ist das Sondereigentum an nicht zu Wohnzwecken dienenden Räumen eines Gebäudes in Verbindung mit dem Miteigentumsanteil an dem gemeinschaftlichen Eigentum, zu dem es gehört.

(4) Wohnungseigentum und Teileigentum können nicht in der Weise begründet werden, dass das Sondereigentum mit Miteigentum an mehreren Grundstücken verbunden wird.

(5) Gemeinschaftliches Eigentum im Sinne dieses Gesetzes sind das Grundstück und das Gebäude, soweit sie nicht im Sondereigentum oder im Eigentum eines Dritten stehen.

(6) Für das Teileigentum gelten die Vorschriften über das Wohnungseigentum entsprechend.

ABSCHNITT 2 Begründung des Wohnungseigentums

§ 2 Arten der Begründung

Wohnungseigentum wird durch die vertragliche Einräumung von Sondereigentum (§ 3) oder durch Teilung (§ 8) begründet.

§ 3 Vertragliche Einräumung von Sondereigentum

(1) [1]Das Miteigentum (§ 1008 des Bürgerlichen Gesetzbuchs) an einem Grundstück kann durch Vertrag der Miteigentümer in der Weise beschränkt werden, dass jedem der Miteigentümer abweichend von § 93 des Bürgerlichen Gesetzbuchs das Eigentum an einer bestimmten Wohnung oder an nicht zu Wohnzwecken dienenden bestimmten Räumen in einem auf dem Grundstück errichteten oder zu errichtenden Gebäude (Sondereigentum) eingeräumt wird. [2]Stellplätze gelten als Räume im Sinne des Satzes 1.

(2) Das Sondereigentum kann auf einen außerhalb des Gebäudes liegenden Teil des Grundstücks erstreckt werden, es sei denn, die Wohnung oder die nicht zu Wohnzwecken dienenden Räume bleiben dadurch wirtschaftlich nicht die Hauptsache.

(3) Sondereigentum soll nur eingeräumt werden, wenn die Wohnungen oder sonstigen Räume in sich abgeschlossen sind und Stellplätze sowie außerhalb des Gebäudes liegen-

de Teile des Grundstücks durch Maßangaben im Aufteilungsplan bestimmt sind.

§ 4
Formvorschriften

(1) Zur Einräumung und zur Aufhebung des Sondereigentums ist die Einigung der Beteiligten über den Eintritt der Rechtsänderung und die Eintragung in das Grundbuch erforderlich.
(2) [1]Die Einigung bedarf der für die Auflassung vorgeschriebenen Form. [2]Sondereigentum kann nicht unter einer Bedingung oder Zeitbestimmung eingeräumt oder aufgehoben werden.
(3) Für einen Vertrag, durch den sich ein Teil verpflichtet, Sondereigentum einzuräumen, zu erwerben oder aufzuheben, gilt § 311 b Abs. 1 des Bürgerlichen Gesetzbuchs entsprechend.

§ 5
Gegenstand und Inhalt des Sondereigentums

(1) [1]Gegenstand des Sondereigentums sind die gemäß § 3 Absatz 1 Satz 1 bestimmten Räume sowie die zu diesen Räumen gehörenden Bestandteile des Gebäudes, die verändert, beseitigt oder eingefügt werden können, ohne dass dadurch das gemeinschaftliche Eigentum oder ein auf Sondereigentum beruhendes Recht eines anderen Wohnungseigentümers über das bei einem geordneten Zusammenleben unvermeidliche Maß hinaus beeinträchtigt oder die äußere Gestaltung des Gebäudes verändert wird. [2]Soweit sich das Sondereigentum auf außerhalb des Gebäudes liegende Teile des Grundstücks erstreckt, gilt § 94 des Bürgerlichen Gesetzbuchs entsprechend.
(2) Teile des Gebäudes, die für dessen Bestand oder Sicherheit erforderlich sind, sowie Anlagen und Einrichtungen, die dem gemeinschaftlichen Gebrauch der Wohnungseigentümer dienen, sind nicht Gegenstand des Sondereigentums, selbst wenn sie sich im Bereich der im Sondereigentum stehenden Räume oder Teile des Grundstücks befinden.
(3) Die Wohnungseigentümer können vereinbaren, dass Bestandteile des Gebäudes, die Gegenstand des Sondereigentums sein können, zum gemeinschaftlichen Eigentum gehören.
(4) [1]Vereinbarungen über das Verhältnis der Wohnungseigentümer untereinander und Beschlüsse aufgrund einer solchen Vereinbarung können nach den Vorschriften des Abschnitts 4 zum Inhalt des Sondereigentums gemacht werden. [2]Ist das Wohnungseigentum mit der Hypothek, Grund- oder Rentenschuld oder der Reallast eines Dritten belastet, so ist dessen nach anderen Rechtsvorschriften notwendige Zustimmung nur erforderlich, wenn ein Sondernutzungsrecht begründet oder ein mit dem Wohnungseigentum verbundenes Sondernutzungsrecht aufgehoben, geändert oder übertragen wird.

§ 6
Unselbständigkeit des Sondereigentums

(1) Das Sondereigentum kann ohne den Miteigentumsanteil, zu dem es gehört, nicht veräußert oder belastet werden.
(2) Rechte an dem Miteigentumsanteil erstrecken sich auf das zu ihm gehörende Sondereigentum.

§ 7
Grundbuchvorschriften

(1) [1]Im Falle des § 3 Abs. 1 wird für jeden Miteigentumsanteil von Amts wegen ein besonderes Grundbuchblatt (Wohnungsgrundbuch, Teileigentumsgrundbuch) angelegt. [2]Auf diesem ist das zu dem Miteigentumsanteil gehörende Sondereigentum und als Beschränkung des Miteigentums die Einräumung der zu den anderen Miteigentumsanteilen gehörenden Sondereigentumsrechte einzutragen. [3]Das Grundbuchblatt des Grundstücks wird von Amts wegen geschlossen.
(2) [1]Zur Eintragung eines Beschlusses im Sinne des § 5 Absatz 4 Satz 1 bedarf es der Bewilligungen der Wohnungseigentümer nicht, wenn der Beschluss durch eine Niederschrift, bei der die Unterschriften der in § 24 Absatz 6 bezeichneten Personen öffentlich beglaubigt

sind, oder durch ein Urteil in einem Verfahren nach § 44 Absatz 1 Satz 2 nachgewiesen ist. [2]Antragsberechtigt ist auch die Gemeinschaft der Wohnungseigentümer.

(3) [1]Zur näheren Bezeichnung des Gegenstands und des Inhalts des Sondereigentums kann auf die Eintragungsbewilligung oder einen Nachweis gemäß Absatz 2 Satz 1 Bezug genommen werden. [2]Veräußerungsbeschränkungen (§ 12) und die Haftung von Sondernachfolgern für Geldschulden sind jedoch ausdrücklich einzutragen.

(4) [1]Der Eintragungsbewilligung sind als Anlagen beizufügen:

1. eine von der Baubehörde mit Unterschrift und Siegel oder Stempel versehene Bauzeichnung, aus der die Aufteilung des Gebäudes und des Grundstücks sowie die Lage und Größe der im Sondereigentum und der im gemeinschaftlichen Eigentum stehenden Teile des Gebäudes und des Grundstücks ersichtlich ist (Aufteilungsplan); alle zu demselben Wohnungseigentum gehörenden Einzelräume und Teile des Grundstücks sind mit der jeweils gleichen Nummer zu kennzeichnen;
2. eine Bescheinigung der Baubehörde, dass die Voraussetzungen des § 3 Absatz 3 vorliegen.

[2]Wenn in der Eintragungsbewilligung für die einzelnen Sondereigentumsrechte Nummern angegeben werden, sollen sie mit denen des Aufteilungsplanes übereinstimmen.

(5) Für Teileigentumsgrundbücher gelten die Vorschriften über Wohnungsgrundbücher entsprechend.

§ 8
Teilung durch den Eigentümer

(1) Der Eigentümer eines Grundstücks kann durch Erklärung gegenüber dem Grundbuchamt das Eigentum an dem Grundstück in Miteigentumsanteile in der Weise teilen, dass mit jedem Anteil Sondereigentum verbunden ist.

(2) Im Falle des Absatzes 1 gelten die Vorschriften des § 3 Absatz 1 Satz 2, Absatz 2 und 3, § 4 Absatz 2 Satz 2 sowie die §§ 5 bis 7 entsprechend.

(3) Wer einen Anspruch auf Übertragung von Wohnungseigentum gegen den teilenden Eigentümer hat, der durch Vormerkung im Grundbuch gesichert ist, gilt gegenüber der Gemeinschaft der Wohnungseigentümer und den anderen Wohnungseigentümern anstelle des teilenden Eigentümers als Wohnungseigentümer, sobald ihm der Besitz an den zum Sondereigentum gehörenden Räumen übergeben wurde.

§ 9
Schließung der Wohnungsgrundbücher

(1) Die Wohnungsgrundbücher werden geschlossen:

1. von Amts wegen, wenn die Sondereigentumsrechte gemäß § 4 aufgehoben werden;
2. auf Antrag des Eigentümers, wenn sich sämtliche Wohnungseigentumsrechte in einer Person vereinigen.

(2) Ist ein Wohnungseigentum selbständig mit dem Recht eines Dritten belastet, so werden die allgemeinen Vorschriften, nach denen zur Aufhebung des Sondereigentums die Zustimmung des Dritten erforderlich ist, durch Absatz 1 nicht berührt.

(3) Werden die Wohnungsgrundbücher geschlossen, so wird für das Grundstück ein Grundbuchblatt nach den allgemeinen Vorschriften angelegt; die Sondereigentumsrechte erlöschen, soweit sie nicht bereits aufgehoben sind, mit der Anlegung des Grundbuchblatts.

ABSCHNITT 3
Rechtsfähige Gemeinschaft der Wohnungseigentümer

§ 9a
Gemeinschaft der Wohnungseigentümer

(1) [1]Die Gemeinschaft der Wohnungseigentümer kann Rechte erwerben und Verbindlichkeiten eingehen, vor Gericht klagen und verklagt werden. [2]Die Gemeinschaft der Wohnungseigentümer entsteht mit Anlegung der Wohnungsgrundbücher; dies gilt auch im

Fall des § 8. [3]Sie führt die Bezeichnung „Gemeinschaft der Wohnungseigentümer“ oder „Wohnungseigentümergemeinschaft“ gefolgt von der bestimmten Angabe des gemeinschaftlichen Grundstücks.
(2) Die Gemeinschaft der Wohnungseigentümer übt die sich aus dem gemeinschaftlichen Eigentum ergebenden Rechte sowie solche Rechte der Wohnungseigentümer aus, die eine einheitliche Rechtsverfolgung erfordern, und nimmt die entsprechenden Pflichten der Wohnungseigentümer wahr.
(3) Für das Vermögen der Gemeinschaft der Wohnungseigentümer (Gemeinschaftsvermögen) gelten § 18, § 19 Absatz 1 und § 27 entsprechend.
(4) [1]Jeder Wohnungseigentümer haftet einem Gläubiger nach dem Verhältnis seines Miteigentumsanteils (§ 16 Absatz 1 Satz 2) für Verbindlichkeiten der Gemeinschaft der Wohnungseigentümer, die während seiner Zugehörigkeit entstanden oder während dieses Zeitraums fällig geworden sind; für die Haftung nach Veräußerung des Wohnungseigentums ist § 728b des Bürgerlichen Gesetzbuchs entsprechend anzuwenden. [2]Er kann gegenüber einem Gläubiger neben den in seiner Person begründeten auch die der Gemeinschaft der Wohnungseigentümer zustehenden Einwendungen und Einreden geltend machen, nicht aber seine Einwendungen und Einreden gegenüber der Gemeinschaft der Wohnungseigentümer. [3]Für die Einrede der Anfechtbarkeit und Aufrechenbarkeit ist § 770 des Bürgerlichen Gesetzbuchs entsprechend anzuwenden.
(5) Ein Insolvenzverfahren über das Gemeinschaftsvermögen findet nicht statt.

§ 9b
Vertretung

(1) [1]Die Gemeinschaft der Wohnungseigentümer wird durch den Verwalter gerichtlich und außergerichtlich vertreten, beim Abschluss eines Grundstückskauf- oder Darlehensvertrags aber nur aufgrund eines Beschlusses der Wohnungseigentümer. [2]Hat die Gemeinschaft der Wohnungseigentümer keinen Verwalter, wird sie durch die Wohnungseigentümer gemeinschaftlich vertreten. [3]Eine Beschränkung des Umfangs der Vertretungsmacht ist Dritten gegenüber unwirksam.
(2) Dem Verwalter gegenüber vertritt der Vorsitzende des Verwaltungsbeirats oder ein durch Beschluss dazu ermächtigter Wohnungseigentümer die Gemeinschaft der Wohnungseigentümer.

ABSCHNITT 4
Rechtsverhältnis der Wohnungseigentümer untereinander und zur Gemeinschaft der Wohnungseigentümer

§ 10
Allgemeine Grundsätze

(1) [1]Das Verhältnis der Wohnungseigentümer untereinander und zur Gemeinschaft der Wohnungseigentümer bestimmt sich nach den Vorschriften dieses Gesetzes und, soweit dieses Gesetz keine besonderen Bestimmungen enthält, nach den Vorschriften des Bürgerlichen Gesetzbuchs über die Gemeinschaft. [2]Die Wohnungseigentümer können von den Vorschriften dieses Gesetzes abweichende Vereinbarungen treffen, soweit nicht etwas anderes ausdrücklich bestimmt ist.
(2) Jeder Wohnungseigentümer kann eine vom Gesetz abweichende Vereinbarung oder die Anpassung einer Vereinbarung verlangen, soweit ein Festhalten an der geltenden Regelung aus schwerwiegenden Gründen unter Berücksichtigung aller Umstände des Einzelfalles, insbesondere der Rechte und Interessen der anderen Wohnungseigentümer, unbillig erscheint.
(3) [1]Vereinbarungen, durch die die Wohnungseigentümer ihr Verhältnis untereinander in Ergänzung oder Abweichung von Vorschriften dieses Gesetzes regeln, die Abänderung oder Aufhebung solcher Vereinbarungen sowie Beschlüsse, die aufgrund einer Vereinbarung gefasst werden, wirken gegen den Sondernachfolger eines Wohnungseigentümers nur, wenn sie als Inhalt des Sondereigentums im Grundbuch eingetragen sind.

[2]Im Übrigen bedürfen Beschlüsse zu ihrer Wirksamkeit gegen den Sondernachfolger eines Wohnungseigentümers nicht der Eintragung in das Grundbuch.

§ 11
Aufhebung der Gemeinschaft

(1) [1]Kein Wohnungseigentümer kann die Aufhebung der Gemeinschaft verlangen. [2]Dies gilt auch für eine Aufhebung aus wichtigem Grund. [3]Eine abweichende Vereinbarung ist nur für den Fall zulässig, dass das Gebäude ganz oder teilweise zerstört wird und eine Verpflichtung zum Wiederaufbau nicht besteht.
(2) Das Recht eines Pfändungsgläubigers (§ 751 des Bürgerlichen Gesetzbuches) sowie das im Insolvenzverfahren bestehende Recht (§ 84 Abs. 2 der Insolvenzordnung), die Aufhebung der Gemeinschaft zu verlangen, ist ausgeschlossen.
(3) [1]Im Fall der Aufhebung der Gemeinschaft bestimmt sich der Anteil der Miteigentümer nach dem Verhältnis des Wertes ihrer Wohnungseigentumsrechte zur Zeit der Aufhebung der Gemeinschaft. [2]Hat sich der Wert eines Miteigentumsanteils durch Maßnahmen verändert, deren Kosten der Wohnungseigentümer nicht getragen hat, so bleibt eine solche Veränderung bei der Berechnung des Wertes dieses Anteils außer Betracht.

§ 12
Veräußerungsbeschränkung

(1) Als Inhalt des Sondereigentums kann vereinbart werden, dass ein Wohnungseigentümer zur Veräußerung seines Wohnungseigentums der Zustimmung anderer Wohnungseigentümer oder eines Dritten bedarf.
(2) [1]Die Zustimmung darf nur aus einem wichtigen Grund versagt werden. [2]Durch Vereinbarung gemäß Absatz 1 kann dem Wohnungseigentümer darüber hinaus für bestimmte Fälle ein Anspruch auf Erteilung der Zustimmung eingeräumt werden.
(3) [1]Ist eine Vereinbarung gemäß Absatz 1 getroffen, so ist eine Veräußerung des Wohnungseigentums und ein Vertrag, durch den sich der Wohnungseigentümer zu einer solchen Veräußerung verpflichtet, unwirksam, solange nicht die erforderliche Zustimmung erteilt ist. [2]Einer rechtsgeschäftlichen Veräußerung steht eine Veräußerung im Wege der Zwangsvollstreckung oder durch den Insolvenzverwalter gleich.
(4) [1]Die Wohnungseigentümer können beschließen, dass eine Veräußerungsbeschränkung gemäß Absatz 1 aufgehoben wird. [2]Ist ein Beschluss gemäß Satz 1 gefasst, kann die Veräußerungsbeschränkung im Grundbuch gelöscht werden. [3]§ 7 Absatz 2 gilt entsprechend.

§ 13
Rechte des Wohnungseigentümers aus dem Sondereigentum

(1) Jeder Wohnungseigentümer kann, soweit nicht das Gesetz entgegensteht, mit seinem Sondereigentum nach Belieben verfahren, insbesondere dieses bewohnen, vermieten, verpachten oder in sonstiger Weise nutzen, und andere von Einwirkungen ausschließen.
(2) Für Maßnahmen, die über die ordnungsmäßige Instandhaltung und Instandsetzung (Erhaltung) des Sondereigentums hinausgehen, gilt § 20 mit der Maßgabe entsprechend, dass es keiner Gestattung bedarf, soweit keinem der anderen Wohnungseigentümer über das bei einem geordneten Zusammenleben unvermeidliche Maß hinaus ein Nachteil erwächst.

§ 14
Pflichten des Wohnungseigentümers

(1) Jeder Wohnungseigentümer ist gegenüber der Gemeinschaft der Wohnungseigentümer verpflichtet,
1. die gesetzlichen Regelungen, Vereinbarungen und Beschlüsse einzuhalten und
2. das Betreten seines Sondereigentums und andere Einwirkungen auf dieses und das gemeinschaftliche Eigentum zu dulden, die den Vereinbarungen oder Beschlüssen entsprechen oder, wenn keine entsprechenden Vereinbarungen oder Beschlüsse bestehen, aus denen ihm über das bei einem geordneten Zusammenleben unver-

meidliche Maß hinaus kein Nachteil erwächst.

(2) Jeder Wohnungseigentümer ist gegenüber den übrigen Wohnungseigentümern verpflichtet,

1. deren Sondereigentum nicht über das in Absatz 1 Nummer 2 bestimmte Maß hinaus zu beeinträchtigen und
2. Einwirkungen nach Maßgabe des Absatzes 1 Nummer 2 zu dulden.

(3) Hat der Wohnungseigentümer eine Einwirkung zu dulden, die über das zumutbare Maß hinausgeht, kann er einen angemessenen Ausgleich in Geld verlangen.

§ 15
Pflichten Dritter

Wer Wohnungseigentum gebraucht, ohne Wohnungseigentümer zu sein, hat gegenüber der Gemeinschaft der Wohnungseigentümer und anderen Wohnungseigentümern zu dulden:

1. die Erhaltung des gemeinschaftlichen Eigentums und des Sondereigentums, die ihm rechtzeitig angekündigt wurde; § 555a Absatz 2 des Bürgerlichen Gesetzbuchs gilt entsprechend;
2. Maßnahmen, die über die Erhaltung hinausgehen, die spätestens drei Monate vor ihrem Beginn in Textform angekündigt wurden; § 555c Absatz 1 Satz 2 Nummer 1 und 2, Absatz 2 bis 4 und § 555d Absatz 2 bis 5 des Bürgerlichen Gesetzbuchs gelten entsprechend.

§ 16
Nutzungen und Kosten

(1) [1]Jedem Wohnungseigentümer gebührt ein seinem Anteil entsprechender Bruchteil der Früchte des gemeinschaftlichen Eigentums und des Gemeinschaftsvermögens. [2]Der Anteil bestimmt sich nach dem gemäß § 47 der Grundbuchordnung im Grundbuch eingetragenen Verhältnis der Miteigentumsanteile. [3]Jeder Wohnungseigentümer ist zum Mitgebrauch des gemeinschaftlichen Eigentums nach Maßgabe des § 14 berechtigt.

(2) [1]Die Kosten der Gemeinschaft der Wohnungseigentümer, insbesondere der Verwaltung und des gemeinschaftlichen Gebrauchs des gemeinschaftlichen Eigentums, hat jeder Wohnungseigentümer nach dem Verhältnis seines Anteils (Absatz 1 Satz 2) zu tragen. [2]Die Wohnungseigentümer können für einzelne Kosten oder bestimmte Arten von Kosten eine von Satz 1 oder von einer Vereinbarung abweichende Verteilung beschließen.

(3) Für die Kosten und Nutzungen bei baulichen Veränderungen gilt § 21.

§ 17
Entziehung des Wohnungseigentums

(1) Hat ein Wohnungseigentümer sich einer so schweren Verletzung der ihm gegenüber anderen Wohnungseigentümern oder der Gemeinschaft der Wohnungseigentümer obliegenden Verpflichtungen schuldig gemacht, dass diesen die Fortsetzung der Gemeinschaft mit ihm nicht mehr zugemutet werden kann, so kann die Gemeinschaft der Wohnungseigentümer von ihm die Veräußerung seines Wohnungseigentums verlangen.

(2) Die Voraussetzungen des Absatzes 1 liegen insbesondere vor, wenn der Wohnungseigentümer trotz Abmahnung wiederholt gröblich gegen die ihm nach § 14 Absatz 1 und 2 obliegenden Pflichten verstößt.

(3) Der in Absatz 1 bestimmte Anspruch kann durch Vereinbarung der Wohnungseigentümer nicht eingeschränkt oder ausgeschlossen werden.

(4) [1]Das Urteil, durch das ein Wohnungseigentümer zur Veräußerung seines Wohnungseigentums verurteilt wird, berechtigt zur Zwangsvollstreckung entsprechend den Vorschriften des Ersten Abschnitts des Gesetzes über die Zwangsversteigerung und die Zwangsverwaltung. [2]Das Gleiche gilt für Schuldtitel im Sinne des § 794 der Zivilprozessordnung, durch die sich der Wohnungseigentümer zur Veräußerung seines Wohnungseigentums verpflichtet.

§ 18
Verwaltung und Benutzung

(1) Die Verwaltung des gemeinschaftlichen Eigentums obliegt der Gemeinschaft der Wohnungseigentümer.
(2) Jeder Wohnungseigentümer kann von der Gemeinschaft der Wohnungseigentümer
1. eine Verwaltung des gemeinschaftlichen Eigentums sowie
2. eine Benutzung des gemeinschaftlichen Eigentums und des Sondereigentums

verlangen, die dem Interesse der Gesamtheit der Wohnungseigentümer nach billigem Ermessen (ordnungsmäßige Verwaltung und Benutzung) und, soweit solche bestehen, den gesetzlichen Regelungen, Vereinbarungen und Beschlüssen entsprechen.
(3) Jeder Wohnungseigentümer ist berechtigt, ohne Zustimmung der anderen Wohnungseigentümer die Maßnahmen zu treffen, die zur Abwendung eines dem gemeinschaftlichen Eigentum unmittelbar drohenden Schadens notwendig sind.
(4) Jeder Wohnungseigentümer kann von der Gemeinschaft der Wohnungseigentümer Einsicht in die Verwaltungsunterlagen verlangen.

§ 19
Regelung der Verwaltung und Benutzung durch Beschluss

(1) Soweit die Verwaltung des gemeinschaftlichen Eigentums und die Benutzung des gemeinschaftlichen Eigentums und des Sondereigentums nicht durch Vereinbarung der Wohnungseigentümer geregelt sind, beschließen die Wohnungseigentümer eine ordnungsmäßige Verwaltung und Benutzung.
(2) Zur ordnungsmäßigen Verwaltung und Benutzung gehören insbesondere
1. die Aufstellung einer Hausordnung,
2. die ordnungsmäßige Erhaltung des gemeinschaftlichen Eigentums,
3. die angemessene Versicherung des gemeinschaftlichen Eigentums zum Neuwert sowie der Wohnungseigentümer gegen Haus- und Grundbesitzerhaftpflicht,
4. die Ansammlung einer angemessenen Erhaltungsrücklage,
5. die Festsetzung von Vorschüssen nach § 28 Absatz 1 Satz 1 sowie
6. die Bestellung eines zertifizierten Verwalters nach § 26a, es sei denn, es bestehen weniger als neun Sondereigentumsrechte, ein Wohnungseigentümer wurde zum Verwalter bestellt und weniger als ein Drittel der Wohnungseigentümer (§ 25 Absatz 2) verlangt die Bestellung eines zertifizierten Verwalters.

§ 20
Bauliche Veränderungen

(1) Maßnahmen, die über die ordnungsmäßige Erhaltung des gemeinschaftlichen Eigentums hinausgehen (bauliche Veränderungen), können beschlossen oder einem Wohnungseigentümer durch Beschluss gestattet werden.
(2) [1]Jeder Wohnungseigentümer kann angemessene bauliche Veränderungen verlangen, die
1. dem Gebrauch durch Menschen mit Behinderungen,
2. dem Laden elektrisch betriebener Fahrzeuge,
3. dem Einbruchsschutz,
4. dem Anschluss an ein Telekommunikationsnetz mit sehr hoher Kapazität und
5. der Stromerzeugung durch Steckersolargeräte

dienen. [2]Über die Durchführung ist im Rahmen ordnungsmäßiger Verwaltung zu beschließen.
(3) Unbeschadet des Absatzes 2 kann jeder Wohnungseigentümer verlangen, dass ihm eine bauliche Veränderung gestattet wird, wenn alle Wohnungseigentümer, deren Rechte durch die bauliche Veränderung über das bei einem geordneten Zusammenleben unvermeidliche Maß hinaus beeinträchtigt werden, einverstanden sind.
(4) Bauliche Veränderungen, die die Wohnanlage grundlegend umgestalten oder einen Wohnungseigentümer ohne sein Einverständnis gegenüber anderen unbillig benachteiligen, dürfen nicht beschlossen und gestat-

tet werden; sie können auch nicht verlangt werden.

§ 21
Nutzungen und Kosten bei baulichen Veränderungen

(1) [1]Die Kosten einer baulichen Veränderung, die einem Wohnungseigentümer gestattet oder die auf sein Verlangen nach § 20 Absatz 2 durch die Gemeinschaft der Wohnungseigentümer durchgeführt wurde, hat dieser Wohnungseigentümer zu tragen. [2]Nur ihm gebühren die Nutzungen.
(2) [1]Vorbehaltlich des Absatzes 1 haben alle Wohnungseigentümer die Kosten einer baulichen Veränderung nach dem Verhältnis ihrer Anteile (§ 16 Absatz 1 Satz 2) zu tragen,
1. die mit mehr als zwei Dritteln der abgegebenen Stimmen und der Hälfte aller Miteigentumsanteile beschlossen wurde, es sei denn, die bauliche Veränderung ist mit unverhältnismäßigen Kosten verbunden, oder
2. deren Kosten sich innerhalb eines angemessenen Zeitraums amortisieren.

[2]Für die Nutzungen gilt § 16 Absatz 1.
(3) [1]Die Kosten anderer als der in den Absätzen 1 und 2 bezeichneten baulichen Veränderungen haben die Wohnungseigentümer, die sie beschlossen haben, nach dem Verhältnis ihrer Anteile (§ 16 Absatz 1 Satz 2) zu tragen. [2]Ihnen gebühren die Nutzungen entsprechend § 16 Absatz 1.
(4) [1]Ein Wohnungseigentümer, der nicht berechtigt ist, Nutzungen zu ziehen, kann verlangen, dass ihm dies nach billigem Ermessen gegen angemessenen Ausgleich gestattet wird. [2]Für seine Beteiligung an den Nutzungen und Kosten gilt Absatz 3 entsprechend.
(5) [1]Die Wohnungseigentümer können eine abweichende Verteilung der Kosten und Nutzungen beschließen. [2]Durch einen solchen Beschluss dürfen einem Wohnungseigentümer, der nach den vorstehenden Absätzen Kosten nicht zu tragen hat, keine Kosten auferlegt werden.

§ 22
Wiederaufbau

Ist das Gebäude zu mehr als der Hälfte seines Wertes zerstört und ist der Schaden nicht durch eine Versicherung oder in anderer Weise gedeckt, so kann der Wiederaufbau nicht beschlossen oder verlangt werden.

§ 23
Wohnungseigentümerversammlung

(1) [1]Angelegenheiten, über die nach diesem Gesetz oder nach einer Vereinbarung der Wohnungseigentümer die Wohnungseigentümer durch Beschluss entscheiden können, werden durch Beschlussfassung in einer Versammlung der Wohnungseigentümer geordnet. [2]Die Wohnungseigentümer können beschließen, dass Wohnungseigentümer an der Versammlung auch ohne Anwesenheit an deren Ort teilnehmen und sämtliche oder einzelne ihrer Rechte ganz oder teilweise im Wege elektronischer Kommunikation ausüben können.
(1a) [1]Die Wohnungseigentümer können mit mindestens drei Vierteln der abgegebenen Stimmen beschließen, dass die Versammlung innerhalb eines Zeitraums von längstens drei Jahren ab Beschlussfassung ohne physische Präsenz der Wohnungseigentümer und des Verwalters an einem Versammlungsort stattfindet oder stattfinden kann (virtuelle Wohnungseigentümerversammlung). [2]Die virtuelle Wohnungseigentümerversammlung muss hinsichtlich der Teilnahme und Rechteausübung mit einer Präsenzversammlung vergleichbar sein.
(2) Zur Gültigkeit eines Beschlusses ist erforderlich, dass der Gegenstand bei der Einberufung bezeichnet ist.
(3) [1]Auch ohne Versammlung ist ein Beschluss gültig, wenn alle Wohnungseigentümer ihre Zustimmung zu diesem Beschluss in Textform erklären. [2]Die Wohnungseigentümer können beschließen, dass für einen einzelnen Gegenstand die Mehrheit der abgegebenen Stimmen genügt.
(4) [1]Ein Beschluss, der gegen eine Rechtsvorschrift verstößt, auf deren Einhaltung rechts-

wirksam nicht verzichtet werden kann, ist nichtig. [2]Im Übrigen ist ein Beschluss gültig, solange er nicht durch rechtskräftiges Urteil für ungültig erklärt ist.

§ 24
Einberufung, Vorsitz, Niederschrift

(1) Die Versammlung der Wohnungseigentümer wird von dem Verwalter mindestens einmal im Jahr einberufen.
(2) Die Versammlung der Wohnungseigentümer muss von dem Verwalter in den durch Vereinbarung der Wohnungseigentümer bestimmten Fällen, im Übrigen dann einberufen werden, wenn dies in Textform unter Angabe des Zweckes und der Gründe von mehr als einem Viertel der Wohnungseigentümer verlangt wird.
(3) Fehlt ein Verwalter oder weigert er sich pflichtwidrig, die Versammlung der Wohnungseigentümer einzuberufen, so kann die Versammlung auch durch den Vorsitzenden des Verwaltungsbeirats, dessen Vertreter oder einen durch Beschluss ermächtigten Wohnungseigentümer einberufen werden.
(4) [1]Die Einberufung erfolgt in Textform. [2]Die Frist der Einberufung soll, sofern nicht ein Fall besonderer Dringlichkeit vorliegt, mindestens drei Wochen betragen.
(5) Den Vorsitz in der Wohnungseigentümerversammlung führt, sofern diese nichts anderes beschließt, der Verwalter.
(6) [1]Über die in der Versammlung gefassten Beschlüsse ist unverzüglich eine Niederschrift aufzunehmen. [2]Die Niederschrift ist von dem Vorsitzenden und einem Wohnungseigentümer und, falls ein Verwaltungsbeirat bestellt ist, auch von dessen Vorsitzenden oder seinem Vertreter zu unterschreiben.
(7) [1]Es ist eine Beschluss-Sammlung zu führen. [2]Die Beschluss-Sammlung enthält nur den Wortlaut

1. der in der Versammlung der Wohnungseigentümer verkündeten Beschlüsse mit Angabe von Ort und Datum der Versammlung,
2. der schriftlichen Beschlüsse mit Angabe von Ort und Datum der Verkündung und
3. der Urteilsformeln der gerichtlichen Entscheidungen in einem Rechtsstreit gemäß § 43 mit Angabe ihres Datums, des Gerichts und der Parteien,

soweit diese Beschlüsse und gerichtlichen Entscheidungen nach dem 1. Juli 2007 ergangen sind. [3]Die Beschlüsse und gerichtlichen Entscheidungen sind fortlaufend einzutragen und zu nummerieren. [4]Sind sie angefochten oder aufgehoben worden, so ist dies anzumerken. [5]Im Falle einer Aufhebung kann von einer Anmerkung abgesehen und die Eintragung gelöscht werden. [6]Eine Eintragung kann auch gelöscht werden, wenn sie aus einem anderen Grund für die Wohnungseigentümer keine Bedeutung mehr hat. [7]Die Eintragungen, Vermerke und Löschungen gemäß den Sätzen 3 bis 6 sind unverzüglich zu erledigen und mit Datum zu versehen. [8]Einem Wohnungseigentümer oder einem Dritten, den ein Wohnungseigentümer ermächtigt hat, ist auf sein Verlangen Einsicht in die Beschluss-Sammlung zu geben.
(8) [1]Die Beschluss-Sammlung ist von dem Verwalter zu führen. [2]Fehlt ein Verwalter, so ist der Vorsitzende der Wohnungseigentümerversammlung verpflichtet, die Beschluss-Sammlung zu führen, sofern die Wohnungseigentümer durch Stimmenmehrheit keinen anderen für diese Aufgabe bestellt haben.

§ 25
Beschlussfassung

(1) Bei der Beschlussfassung entscheidet die Mehrheit der abgegebenen Stimmen.
(2) [1]Jeder Wohnungseigentümer hat eine Stimme. [2]Steht ein Wohnungseigentum mehreren gemeinschaftlich zu, so können sie das Stimmrecht nur einheitlich ausüben.
(3) Vollmachten bedürfen zu ihrer Gültigkeit der Textform.
(4) Ein Wohnungseigentümer ist nicht stimmberechtigt, wenn die Beschlussfassung die Vornahme eines auf die Verwaltung des gemeinschaftlichen Eigentums bezüglichen Rechtsgeschäfts mit ihm oder die Einleitung oder Erledigung eines Rechtsstreits gegen ihn

betrifft oder wenn er nach § 17 rechtskräftig verurteilt ist.

§ 26
Bestellung und Abberufung des Verwalters

(1) Über die Bestellung und Abberufung des Verwalters beschließen die Wohnungseigentümer.

(2) [1]Die Bestellung kann auf höchstens fünf Jahre vorgenommen werden, im Fall der ersten Bestellung nach der Begründung von Wohnungseigentum aber auf höchstens drei Jahre. [2]Die wiederholte Bestellung ist zulässig; sie bedarf eines erneuten Beschlusses der Wohnungseigentümer, der frühestens ein Jahr vor Ablauf der Bestellungszeit gefasst werden kann.

(3) [1]Der Verwalter kann jederzeit abberufen werden. [2]Ein Vertrag mit dem Verwalter endet spätestens sechs Monate nach dessen Abberufung.

(4) Soweit die Verwaltereigenschaft durch eine öffentlich beglaubigte Urkunde nachgewiesen werden muss, genügt die Vorlage einer Niederschrift über den Bestellungsbeschluss, bei der die Unterschriften der in § 24 Absatz 6 bezeichneten Personen öffentlich beglaubigt sind.

(5) Abweichungen von den Absätzen 1 bis 3 sind nicht zulässig.

§ 26a
Zertifizierter Verwalter

(1) Als zertifizierter Verwalter darf sich bezeichnen, wer vor einer Industrie- und Handelskammer durch eine Prüfung nachgewiesen hat, dass er über die für die Tätigkeit als Verwalter notwendigen rechtlichen, kaufmännischen und technischen Kenntnisse verfügt.

(2) [1]Das Bundesministerium der Justiz wird ermächtigt, durch Rechtsverordnung nähere Bestimmungen über die Prüfung zum zertifizierten Verwalter zu erlassen. [2]In der Rechtsverordnung nach Satz 1 können insbesondere festgelegt werden:

1. nähere Bestimmungen zu Inhalt und Verfahren der Prüfung;
2. Bestimmungen über das zu erteilende Zertifikat;
3. Voraussetzungen, unter denen sich juristische Personen und Personengesellschaften als zertifizierte Verwalter bezeichnen dürfen;
4. Bestimmungen, wonach Personen aufgrund anderweitiger Qualifikationen von der Prüfung befreit sind, insbesondere weil sie die Befähigung zum Richteramt, einen Hochschulabschluss mit immobilienwirtschaftlichem Schwerpunkt, eine abgeschlossene Berufsausbildung zum Immobilienkaufmann oder zur Immobilienkauffrau oder einen vergleichbaren Berufsabschluss besitzen.

§ 27
Aufgaben und Befugnisse des Verwalters

(1) Der Verwalter ist gegenüber der Gemeinschaft der Wohnungseigentümer berechtigt und verpflichtet, die Maßnahmen ordnungsmäßiger Verwaltung zu treffen, die
1. untergeordnete Bedeutung haben und nicht zu erheblichen Verpflichtungen führen oder
2. zur Wahrung einer Frist oder zur Abwendung eines Nachteils erforderlich sind.

(2) Die Wohnungseigentümer können die Rechte und Pflichten nach Absatz 1 durch Beschluss einschränken oder erweitern.

§ 28
Wirtschaftsplan, Jahresabrechnung, Vermögensbericht

(1) [1]Die Wohnungseigentümer beschließen über die Vorschüsse zur Kostentragung und zu den nach § 19 Absatz 2 Nummer 4 oder durch Beschluss vorgesehenen Rücklagen. [2]Zu diesem Zweck hat der Verwalter jeweils für ein Kalenderjahr einen Wirtschaftsplan aufzustellen, der darüber hinaus die voraussichtlichen Einnahmen und Ausgaben enthält.

(2) [1]Nach Ablauf des Kalenderjahres beschließen die Wohnungseigentümer über die

Einforderung von Nachschüssen oder die Anpassung der beschlossenen Vorschüsse. [2]Zu diesem Zweck hat der Verwalter eine Abrechnung über den Wirtschaftsplan (Jahresabrechnung) aufzustellen, die darüber hinaus die Einnahmen und Ausgaben enthält.

(3) Die Wohnungseigentümer können beschließen, wann Forderungen fällig werden und wie sie zu erfüllen sind.

(4) [1]Der Verwalter hat nach Ablauf eines Kalenderjahres einen Vermögensbericht zu erstellen, der den Stand der in Absatz 1 Satz 1 bezeichneten Rücklagen und eine Aufstellung des wesentlichen Gemeinschaftsvermögens enthält. [2]Der Vermögensbericht ist jedem Wohnungseigentümer zur Verfügung zu stellen.

§ 29
Verwaltungsbeirat

(1) [1]Wohnungseigentümer können durch Beschluss zum Mitglied des Verwaltungsbeirats bestellt werden. [2]Hat der Verwaltungsbeirat mehrere Mitglieder, ist ein Vorsitzender und ein Stellvertreter zu bestimmen. [3]Der Verwaltungsbeirat wird von dem Vorsitzenden nach Bedarf einberufen.

(2) [1]Der Verwaltungsbeirat unterstützt und überwacht den Verwalter bei der Durchführung seiner Aufgaben. [2]Der Wirtschaftsplan und die Jahresabrechnung sollen, bevor die Beschlüsse nach § 28 Absatz 1 Satz 1 und Absatz 2 Satz 1 gefasst werden, vom Verwaltungsbeirat geprüft und mit dessen Stellungnahme versehen werden.

(3) Sind Mitglieder des Verwaltungsbeirats unentgeltlich tätig, haben sie nur Vorsatz und grobe Fahrlässigkeit zu vertreten.

ABSCHNITT 5
Wohnungserbbaurecht

§ 30
Wohnungserbbaurecht

(1) Steht ein Erbbaurecht mehreren gemeinschaftlich nach Bruchteilen zu, so können die Anteile in der Weise beschränkt werden, dass jedem der Mitberechtigten das Sondereigentum an einer bestimmten Wohnung oder an nicht zu Wohnzwecken dienenden bestimmten Räumen in einem auf Grund des Erbbaurechts errichteten oder zu errichtenden Gebäude eingeräumt wird (Wohnungserbbaurecht, Teilerbbaurecht).

(2) Ein Erbbauberechtigter kann das Erbbaurecht in entsprechender Anwendung des § 8 teilen.

(3) [1]Für jeden Anteil wird von Amts wegen ein besonderes Erbbaugrundbuchblatt angelegt (Wohnungserbbaugrundbuch, Teilerbbaugrundbuch). [2]Im Übrigen gelten für das Wohnungserbbaurecht (Teilerbbaurecht) die Vorschriften über das Wohnungseigentum (Teileigentum) entsprechend.

TEIL 2
Dauerwohnrecht

§ 31
Begriffsbestimmungen

(1) [1]Ein Grundstück kann in der Weise belastet werden, dass derjenige, zu dessen Gunsten die Belastung erfolgt, berechtigt ist, unter Ausschluss des Eigentümers eine bestimmte Wohnung in einem auf dem Grundstück errichteten oder zu errichtenden Gebäude zu bewohnen oder in anderer Weise zu nutzen (Dauerwohnrecht). [2]Das Dauerwohnrecht kann auf einen außerhalb des Gebäudes liegenden Teil des Grundstücks erstreckt werden, sofern die Wohnung wirtschaftlich die Hauptsache bleibt.

(2) Ein Grundstück kann in der Weise belastet werden, dass derjenige, zu dessen Gunsten die Belastung erfolgt, berechtigt ist, unter Ausschluss des Eigentümers nicht zu Wohnzwecken dienende bestimmte Räume in einem auf dem Grundstück errichteten oder zu errichtenden Gebäude zu nutzen (Dauernutzungsrecht).

(3) Für das Dauernutzungsrecht gelten die Vorschriften über das Dauerwohnrecht entsprechend.

§ 32
Voraussetzungen der Eintragung

(1) Das Dauerwohnrecht soll nur bestellt werden, wenn die Wohnung in sich abgeschlossen ist.
(2) [1]Zur näheren Bezeichnung des Gegenstands und des Inhalts des Dauerwohnrechts kann auf die Eintragungsbewilligung Bezug genommen werden. [2]Der Eintragungsbewilligung sind als Anlagen beizufügen:
1. eine von der Baubehörde mit Unterschrift und Siegel oder Stempel versehene Bauzeichnung, aus der die Aufteilung des Gebäudes sowie die Lage und Größe der dem Dauerwohnrecht unterliegenden Gebäude- und Grundstücksteile ersichtlich ist (Aufteilungsplan); alle zu demselben Dauerwohnrecht gehörenden Einzelräume sind mit der jeweils gleichen Nummer zu kennzeichnen;
2. eine Bescheinigung der Baubehörde, dass die Voraussetzungen des Absatzes 1 vorliegen.

[3]Wenn in der Eintragungsbewilligung für die einzelnen Dauerwohnrechte Nummern angegeben werden, sollen sie mit denen des Aufteilungsplans übereinstimmen.
(3) Das Grundbuchamt soll die Eintragung des Dauerwohnrechts ablehnen, wenn über die in § 33 Abs. 4 Nr. 1 bis 4 bezeichneten Angelegenheiten, über die Voraussetzungen des Heimfallanspruchs (§ 36 Abs. 1) und über die Entschädigung beim Heimfall (§ 36 Abs. 4) keine Vereinbarungen getroffen sind.

§ 33
Inhalt des Dauerwohnrechts

(1) [1]Das Dauerwohnrecht ist veräußerlich und vererblich. [2]Es kann nicht unter einer Bedingung bestellt werden.
(2) Auf das Dauerwohnrecht sind, soweit nicht etwas anderes vereinbart ist, die Vorschriften des § 14 entsprechend anzuwenden.
(3) Der Berechtigte kann die zum gemeinschaftlichen Gebrauch bestimmten Teile, Anlagen und Einrichtungen des Gebäudes und Grundstücks mitbenutzen, soweit nichts anderes vereinbart ist.
(4) Als Inhalt des Dauerwohnrechts können Vereinbarungen getroffen werden über:
1. Art und Umfang der Nutzungen;
2. Instandhaltung und Instandsetzung der dem Dauerwohnrecht unterliegenden Gebäudeteile;
3. die Pflicht des Berechtigten zur Tragung öffentlicher oder privatrechtlicher Lasten des Grundstücks;
4. die Versicherung des Gebäudes und seinen Wiederaufbau im Falle der Zerstörung;
5. das Recht des Eigentümers, bei Vorliegen bestimmter Voraussetzungen Sicherheitsleistung zu verlangen.

§ 34
Ansprüche des Eigentümers und der Dauerwohnberechtigten

(1) Auf die Ersatzansprüche des Eigentümers wegen Veränderungen oder Verschlechterungen sowie auf die Ansprüche der Dauerwohnberechtigten auf Ersatz von Verwendungen oder auf Gestattung der Wegnahme einer Einrichtung sind die §§ 1049, 1057 des Bürgerlichen Gesetzbuchs entsprechend anzuwenden.
(2) Wird das Dauerwohnrecht beeinträchtigt, so sind auf die Ansprüche des Berechtigten die für die Ansprüche aus dem Eigentum geltenden Vorschriften entsprechend anzuwenden.

§ 35
Veräußerungsbeschränkung

[1]Als Inhalt des Dauerwohnrechts kann vereinbart werden, dass der Berechtigte zur Veräußerung des Dauerwohnrechts der Zustimmung des Eigentümers oder eines Dritten bedarf. [2]Die Vorschriften des § 12 gelten in diesem Fall entsprechend.

§ 36
Heimfallanspruch

(1) [1]Als Inhalt des Dauerwohnrechts kann vereinbart werden, dass der Berechtigte verpflichtet ist, das Dauerwohnrecht beim

Eintritt bestimmter Voraussetzungen auf den Grundstückseigentümer oder einen von diesem zu bezeichnenden Dritten zu übertragen (Heimfallanspruch). [2]Der Heimfallanspruch kann nicht von dem Eigentum an dem Grundstück getrennt werden.

(2) Bezieht sich das Dauerwohnrecht auf Räume, die dem Mieterschutz unterliegen, so kann der Eigentümer von dem Heimfallanspruch nur Gebrauch machen, wenn ein Grund vorliegt, aus dem ein Vermieter die Aufhebung des Mietverhältnisses verlangen oder kündigen kann.

(3) Der Heimfallanspruch verjährt in sechs Monaten von dem Zeitpunkt an, in dem der Eigentümer von dem Eintritt der Voraussetzungen Kenntnis erlangt, ohne Rücksicht auf diese Kenntnis in zwei Jahren von dem Eintritt der Voraussetzungen an.

(4) [1]Als Inhalt des Dauerwohnrechts kann vereinbart werden, dass der Eigentümer dem Berechtigten eine Entschädigung zu gewähren hat, wenn er von dem Heimfallanspruch Gebrauch macht. [2]Als Inhalt des Dauerwohnrechts können Vereinbarungen über die Berechnung oder Höhe der Entschädigung oder die Art ihrer Zahlung getroffen werden.

§ 37 Vermietung

(1) Hat der Dauerwohnberechtigte die dem Dauerwohnrecht unterliegenden Gebäude- oder Grundstücksteile vermietet oder verpachtet, so erlischt das Miet- oder Pachtverhältnis, wenn das Dauerwohnrecht erlischt.

(2) Macht der Eigentümer von seinem Heimfallanspruch Gebrauch, so tritt er oder derjenige, auf den das Dauerwohnrecht zu übertragen ist, in das Miet- oder Pachtverhältnis ein; die Vorschriften der §§ 566 bis 566e des Bürgerlichen Gesetzbuchs gelten entsprechend.

(3) [1]Absatz 2 gilt entsprechend, wenn das Dauerwohnrecht veräußert wird. [2]Wird das Dauerwohnrecht im Wege der Zwangsvollstreckung veräußert, so steht dem Erwerber ein Kündigungsrecht in entsprechender Anwendung des § 57a des Gesetzes über die Zwangsversteigerung und Zwangsverwaltung zu.

§ 38 Eintritt in das Rechtsverhältnis

(1) Wird das Dauerwohnrecht veräußert, so tritt der Erwerber an Stelle des Veräußerers in die sich während der Dauer seiner Berechtigung aus dem Rechtsverhältnis zu dem Eigentümer ergebenden Verpflichtungen ein.

(2) [1]Wird das Grundstück veräußert, so tritt der Erwerber an Stelle des Veräußerers in die sich während der Dauer seines Eigentums aus dem Rechtsverhältnis zu dem Dauerwohnberechtigten ergebenden Rechte ein. [2]Das Gleiche gilt für den Erwerb auf Grund Zuschlages in der Zwangsversteigerung, wenn das Dauerwohnrecht durch den Zuschlag nicht erlischt.

§ 39 Zwangsversteigerung

(1) Als Inhalt des Dauerwohnrechts kann vereinbart werden, dass das Dauerwohnrecht im Falle der Zwangsversteigerung des Grundstücks abweichend von § 44 des Gesetzes über die Zwangsversteigerung und Zwangsverwaltung auch dann bestehen bleiben soll, wenn der Gläubiger einer dem Dauerwohnrecht im Range vorgehenden oder gleichstehenden Hypothek, Grundschuld, Rentenschuld oder Reallast die Zwangsversteigerung in das Grundstück betreibt.

(2) Eine Vereinbarung gemäß Absatz 1 bedarf zu ihrer Wirksamkeit der Zustimmung derjenigen, denen eine dem Dauerwohnrecht im Range vorgehende oder gleichstehende Hypothek, Grundschuld, Rentenschuld oder Reallast zusteht.

(3) Eine Vereinbarung gemäß Absatz 1 ist nur wirksam für den Fall, dass der Dauerwohnberechtigte im Zeitpunkt der Feststellung der Versteigerungsbedingungen seine fälligen Zahlungsverpflichtungen gegenüber dem Eigentümer erfüllt hat; in Ergänzung einer Vereinbarung nach Absatz 1 kann vereinbart werden, dass das Fortbestehen des Dauer-

wohnrechts vom Vorliegen weiterer Voraussetzungen abhängig ist.

§ 40
Haftung des Entgelts

(1) [1]Hypotheken, Grundschulden, Rentenschulden und Reallasten, die dem Dauerwohnrecht im Range vorgehen oder gleichstehen, sowie öffentliche Lasten, die in wiederkehrenden Leistungen bestehen, erstrecken sich auf den Anspruch auf das Entgelt für das Dauerwohnrecht in gleicher Weise wie auf eine Mietforderung, soweit nicht in Absatz 2 etwas Abweichendes bestimmt ist. [2]Im Übrigen sind die für Mietforderungen geltenden Vorschriften nicht entsprechend anzuwenden.

(2) [1]Als Inhalt des Dauerwohnrechts kann vereinbart werden, dass Verfügungen über den Anspruch auf das Entgelt, wenn es in wiederkehrenden Leistungen ausbedungen ist, gegenüber dem Gläubiger einer dem Dauerwohnrecht im Range vorgehenden oder gleichstehenden Hypothek, Grundschuld, Rentenschuld oder Reallast wirksam sind. [2]Für eine solche Vereinbarung gilt § 39 Abs. 2 entsprechend.

§ 41
Besondere Vorschriften für langfristige Dauerwohnrechte

(1) Für Dauerwohnrechte, die zeitlich unbegrenzt oder für einen Zeitraum von mehr als zehn Jahren eingeräumt sind, gelten die besonderen Vorschriften der Absätze 2 und 3.

(2) Der Eigentümer ist, sofern nicht etwas anderes vereinbart ist, dem Dauerwohnberechtigten gegenüber verpflichtet, eine dem Dauerwohnrecht im Range vorgehende oder gleichstehende Hypothek löschen zu lassen für den Fall, dass sie sich mit dem Eigentum in einer Person vereinigt, und die Eintragung einer entsprechenden Löschungsvormerkung in das Grundbuch zu bewilligen.

(3) Der Eigentümer ist verpflichtet, dem Dauerwohnberechtigten eine angemessene Entschädigung zu gewähren, wenn er von dem Heimfallanspruch Gebrauch macht.

§ 42
Belastung eines Erbbaurechts

(1) Die Vorschriften der §§ 31 bis 41 gelten für die Belastung eines Erbbaurechts mit einem Dauerwohnrecht entsprechend.

(2) Beim Heimfall des Erbbaurechts bleibt das Dauerwohnrecht bestehen.

TEIL 3
Verfahrensvorschriften

§ 43
Zuständigkeit

(1) [1]Die Gemeinschaft der Wohnungseigentümer hat ihren allgemeinen Gerichtsstand bei dem Gericht, in dessen Bezirk das Grundstück liegt. [2]Bei diesem Gericht kann auch die Klage gegen Wohnungseigentümer im Fall des § 9a Absatz 4 Satz 1 erhoben werden.

(2) Das Gericht, in dessen Bezirk das Grundstück liegt, ist ausschließlich zuständig für
1. Streitigkeiten über die Rechte und Pflichten der Wohnungseigentümer untereinander,
2. Streitigkeiten über die Rechte und Pflichten zwischen der Gemeinschaft der Wohnungseigentümer und Wohnungseigentümern,
3. Streitigkeiten über die Rechte und Pflichten des Verwalters einschließlich solcher über Ansprüche eines Wohnungseigentümers gegen den Verwalter sowie
4. Beschlussklagen gemäß § 44.

§ 44
Beschlussklagen

(1) [1]Das Gericht kann auf Klage eines Wohnungseigentümers einen Beschluss für ungültig erklären (Anfechtungsklage) oder seine Nichtigkeit feststellen (Nichtigkeitsklage). [2]Unterbleibt eine notwendige Beschlussfassung, kann das Gericht auf Klage eines Wohnungseigentümers den Beschluss fassen (Beschlussersetzungsklage).

(2) [1]Die Klagen sind gegen die Gemeinschaft der Wohnungseigentümer zu richten. [2]Der

Verwalter hat den Wohnungseigentümern die Erhebung einer Klage unverzüglich bekannt zu machen. [3]Mehrere Prozesse sind zur gleichzeitigen Verhandlung und Entscheidung zu verbinden.

(3) Das Urteil wirkt für und gegen alle Wohnungseigentümer, auch wenn sie nicht Partei sind.

(4) Die durch eine Nebenintervention verursachten Kosten gelten nur dann als notwendig zur zweckentsprechenden Rechtsverteidigung im Sinne des § 91 der Zivilprozessordnung, wenn die Nebenintervention geboten war.

§ 45
Fristen der Anfechtungsklage

[1]Die Anfechtungsklage muss innerhalb eines Monats nach der Beschlussfassung erhoben und innerhalb zweier Monate nach der Beschlussfassung begründet werden. [2]Die §§ 233 bis 238 der Zivilprozessordnung gelten entsprechend.

TEIL 4
Ergänzende Bestimmungen

§ 46
Veräußerung ohne erforderliche Zustimmung

[1]Fehlt eine nach § 12 erforderliche Zustimmung, so sind die Veräußerung und das zugrundeliegende Verpflichtungsgeschäft unbeschadet der sonstigen Voraussetzungen wirksam, wenn die Eintragung der Veräußerung oder einer Auflassungsvormerkung in das Grundbuch vor dem 15. Januar 1994 erfolgt ist und es sich um die erstmalige Veräußerung dieses Wohnungseigentums nach seiner Begründung handelt, es sei denn, dass eine rechtskräftige gerichtliche Entscheidung entgegensteht. [2]Das Fehlen der Zustimmung steht in diesen Fällen dem Eintritt der Rechtsfolgen des § 878 des Bürgerlichen Gesetzbuchs nicht entgegen. [3]Die Sätze 1 und 2 gelten entsprechend in den Fällen der §§ 30 und 35 des Wohnungseigentumsgesetzes.

§ 47
Auslegung von Altvereinbarungen

[1]Vereinbarungen, die vor dem 1. Dezember 2020 getroffen wurden und die von solchen Vorschriften dieses Gesetzes abweichen, die durch das Wohnungseigentumsmodernisierungsgesetz vom 16. Oktober 2020 (BGBl. I S. 2187) geändert wurden, stehen der Anwendung dieser Vorschriften in der vom 1. Dezember 2020 an geltenden Fassung nicht entgegen, soweit sich aus der Vereinbarung nicht ein anderer Wille ergibt. [2]Ein solcher Wille ist in der Regel nicht anzunehmen.

§ 48
Übergangsvorschriften

(1) [1]§ 5 Absatz 4, § 7 Absatz 2 und § 10 Absatz 3 in der vom 1. Dezember 2020 an geltenden Fassung gelten auch für solche Beschlüsse, die vor diesem Zeitpunkt gefasst oder durch gerichtliche Entscheidung ersetzt wurden. [2]Abweichend davon bestimmt sich die Wirksamkeit eines Beschlusses im Sinne des Satzes 1 gegen den Sondernachfolger eines Wohnungseigentümers nach § 10 Absatz 4 in der vor dem 1. Dezember 2020 geltenden Fassung, wenn die Sondernachfolge bis zum 31. Dezember 2025 eintritt. [3]Jeder Wohnungseigentümer kann bis zum 31. Dezember 2025 verlangen, dass ein Beschluss im Sinne des Satzes 1 erneut gefasst wird; § 204 Absatz 1 Nummer 1 des Bürgerlichen Gesetzbuchs gilt entsprechend.

(2) § 5 Absatz 4 Satz 3 gilt in der vor dem 1. Dezember 2020 geltenden Fassung weiter für Vereinbarungen und Beschlüsse, die vor diesem Zeitpunkt getroffen oder gefasst wurden, und zu denen vor dem 1. Dezember 2020 alle Zustimmungen erteilt wurden, die nach den vor diesem Zeitpunkt geltenden Vorschriften erforderlich waren.

(3) [1]§ 7 Absatz 3 Satz 2 gilt auch für Vereinbarungen und Beschlüsse, die vor dem 1. Dezember 2020 getroffen oder gefasst wurden. [2]Ist eine Vereinbarung oder ein Beschluss im Sinne des Satzes 1 entgegen der Vorgabe des § 7 Absatz 3 Satz 2 nicht ausdrücklich im Grundbuch eingetragen, erfolgt die aus-

drückliche Eintragung in allen Wohnungsgrundbüchern nur auf Antrag eines Wohnungseigentümers oder der Gemeinschaft der Wohnungseigentümer. [3]Ist die Haftung von Sondernachfolgern für Geldschulden entgegen der Vorgabe des § 7 Absatz 3 Satz 2 nicht ausdrücklich im Grundbuch eingetragen, lässt dies die Wirkung gegen den Sondernachfolger eines Wohnungseigentümers unberührt, wenn die Sondernachfolge bis zum 31. Dezember 2025 eintritt.

(4) [1]§ 19 Absatz 2 Nummer 6 ist ab dem 1. Dezember 2023 anwendbar. [2]Eine Person, die am 1. Dezember 2020 Verwalter einer Gemeinschaft der Wohnungseigentümer war, gilt gegenüber den Wohnungseigentümern dieser Gemeinschaft der Wohnungseigentümer bis zum 1. Juni 2024 als zertifizierter Verwalter.

(5) Für die bereits vor dem 1. Dezember 2020 bei Gericht anhängigen Verfahren sind die Vorschriften des dritten Teils dieses Gesetzes in ihrer bis dahin geltenden Fassung weiter anzuwenden.

(6) [1]Fassen die Wohnungseigentümer vor dem 1. Januar 2028 einen Beschluss nach § 23 Absatz 1a, ist bis einschließlich 2028 mindestens einmal im Jahr eine Präsenzversammlung durchzuführen, sofern die Wohnungseigentümer hierauf nicht durch einstimmigen Beschluss verzichten. [2]Ein Verstoß gegen diese Pflicht führt nicht zur Nichtigkeit oder Anfechtbarkeit der in einer virtuellen Wohnungseigentümerversammlung gefassten Beschlüsse.

§ 49
Überleitung bestehender Rechtsverhältnisse

(1) Werden Rechtsverhältnisse, mit denen ein Rechtserfolg bezweckt wird, der den durch dieses Gesetz geschaffenen Rechtsformen entspricht, in solche Rechtsformen umgewandelt, so ist als Geschäftswert für die Berechnung der hierdurch veranlassten Gebühren der Gerichte und Notare im Falle des Wohnungseigentums ein Fünfundzwanzigstel des Einheitswertes des Grundstückes, im Falle des Dauerwohnrechtes ein Fünfundzwanzigstel des Wertes des Rechtes anzunehmen.

(2) Durch Landesgesetz können Vorschriften zur Überleitung bestehender, auf Landesrecht beruhender Rechtsverhältnisse in die durch dieses Gesetz geschaffenen Rechtsformen getroffen werden.

Zusammenstellung des Entwurfs eines Gesetzes zur Zulassung virtueller Wohnungseigentümerversammlungen, zur Erleichterung des Einsatzes von Steckersolargeräten und zur Übertragbarkeit beschränkter persönlicher Dienstbarkeiten für Erneuerbare-Energien-Anlagen*

– Drucksache 20/9890 –

mit den Beschlüssen des Rechtsausschusses (6. Ausschuss) gemäß der Beschlussempfehlung auf BT-Drucksache 20/12146

Entwurf	Beschlüsse des 6. Ausschusses
Entwurf eines Gesetzes zur Zulassung virtueller Wohnungseigentümerversammlungen, zur Erleichterung des Einsatzes von Steckersolargeräten und zur Übertragbarkeit beschränkter persönlicher Dienstbarkeiten für Erneuerbare-Energien-Anlagen	**Entwurf eines Gesetzes zur Zulassung virtueller Wohnungseigentümerversammlungen, zur Erleichterung des Einsatzes von Steckersolargeräten und zur Übertragbarkeit beschränkter persönlicher Dienstbarkeiten für Erneuerbare-Energien-Anlagen**
Vom ...	**Vom ...**
Der Bundestag hat das folgende Gesetz beschlossen:	Der Bundestag hat das folgende Gesetz beschlossen:
Artikel 1	**Artikel 1**
Änderung des Wohnungseigentumsgesetzes	**Änderung des Wohnungseigentumsgesetzes**
Das Wohnungseigentumsgesetz in der Fassung der Bekanntmachung vom 12. Januar 2021 (BGBl. I S. 34), das durch Artikel 7 des Gesetzes vom 7. November 2022 (BGBl. I S. 1982) geändert worden ist, wird wie folgt geändert:	Das Wohnungseigentumsgesetz in der Fassung der Bekanntmachung vom 12. Januar 2021 (BGBl. I S. 34), das durch Artikel 7 des Gesetzes vom 7. November 2022 (BGBl. I S. 1982) geändert worden ist, wird wie folgt geändert:
1. § 20 Absatz 2 Satz 1 wird wie folgt geändert:	1. unverändert
a) In Nummer 3 wird das Wort „und" durch ein Komma ersetzt.	
b) Der Nummer 4 wird das Wort „und" angefügt.	

* BT-Drucksache 20/12146. S. 4–7

Entwurf	Beschlüsse des 6. Ausschusses
c) Nach Nummer 4 wird folgende Nummer 5 eingefügt:	
„5. der Stromerzeugung durch Steckersolargeräte“.	
2. Nach § 23 Absatz 1 wird folgender Absatz 1a eingefügt:	2. unverändert
„(1a) Die Wohnungseigentümer können mit mindestens drei Vierteln der abgegebenen Stim men beschließen, dass die Versammlung innerhalb eines Zeitraums von längstens drei Jahren ab Beschlussfassung ohne physische Präsenz der Wohnungseigentümer und des Verwalters an einem Versammlungsort stattfindet oder stattfinden kann (virtuelle Wohnungseigentümerversammlung). Die virtuelle Wohnungseigentümerversammlung muss hinsichtlich der Teilnahme und Rechteausübung mit einer Präsenzversammlung vergleichbar sein.“	
3. In § 26a Absatz 2 Satz 1 werden die Wörter „und für Verbraucherschutz“ gestrichen.	3. unverändert
	4. Dem § 48 wird folgender Absatz 6 angefügt:
	„(6) Fassen die Wohnungseigentümer vor dem 1. Januar 2028 einen Beschluss nach § 23 Absatz 1a, ist bis einschließlich 2028 mindestens einmal im Jahr eine Präsenzversammlung durchzuführen, sofern die Wohnungseigentümer hierauf nicht durch einstimmigen Beschluss verzichten. Ein Verstoß gegen diese Pflicht führt nicht zur Nichtigkeit oder Anfechtbarkeit der in einer virtuellen Wohnungseigentümerversammlung gefassten Beschlüsse.“

Entwurf	Beschlüsse des 6. Ausschusses
Artikel 2	**Artikel 2**
Änderung des Bürgerlichen Gesetzbuchs	**unverändert**
Das Bürgerliche Gesetzbuch in der Fassung der Bekanntmachung vom 2. Januar 2002 (BGBl. I S. 42, 2909; 2003 I S. 738), das zuletzt durch Artikel 1 des Gesetzes vom 14. März 2023 (BGBl. 2023 I Nr. 72) geändert worden ist, wird wie folgt geändert:	
1. § 554 wird wie folgt geändert:	
a) Die Überschrift wird wie folgt gefasst:	
„§ 554	
Barrierereduzierung, E-Mobilität, Einbruchsschutz und Steckersolargeräte".	
b) In Absatz 1 Satz 1 wird das Wort „oder" durch ein Komma ersetzt und werden nach dem Wort „Einbruchsschutz" die Wörter „oder der Stromerzeugung durch Steckersolargeräte" eingefügt.	
2. § 1092 Absatz 3 Satz 1 wird wie folgt gefasst:	
„Steht einer juristischen Person oder einer rechtsfähigen Personengesellschaft eine beschränkte persönliche Dienstbarkeit zu, so ist die Dienstbarkeit übertragbar, wenn sie dazu berechtigt, ein Grundstück zu nutzen für	
1. Anlagen zur Nutzung von Wasserkraft, Windenergie, solarer Strahlungsenergie, Geothermie, Umweltwärme oder Energie aus Biomasse,	
2. Anlagen zur elektrochemischen Herstellung von Wasserstoff oder zur Erzeugung von Strom aus Wasserstoff,	
3. Anlagen zur Fortleitung von Elektrizität, Gas, Fernwärme, Wasser, Abwasser, Öl oder Rohstoffen einschließlich aller dazugehörigen Anlagen, die der Fortleitung unmittelbar dienen,	
4. Telekommunikationsanlagen,	
5. Anlagen zum Transport von Produkten zwischen Betriebsstätten eines oder mehrerer privater oder öffentlicher Unternehmen oder	
6. Straßenbahn- oder Eisenbahnanlagen."	

Entwurf	Beschlüsse des 6. Ausschusses
Artikel 3	**Artikel 3**
Änderung des Einführungsgesetzes zum Bürgerlichen Gesetzbuche	**unverändert**
Dem Artikel 229 des Einführungsgesetzes zum Bürgerlichen Gesetzbuche in der Fassung der Bekanntmachung vom 21. September 1994 (BGBl. I S. 2494; 1997 I S. 1061), das zuletzt durch Artikel 3 des Gesetzes vom 31. Oktober 2022 (BGBl. I S. 1966) geändert worden ist, wird folgender § … [einsetzen: nächste bei der Verkündung freie Zählbezeichnung] angefügt:	
„§ … [einsetzen: nächste bei der Verkündung freie Zählbezeichnung]	
Übergangsvorschrift zum Gesetz zur Zulassung virtueller Wohnungseigentümerversammlungen, zur Erleichterung des Einsatzes von Steckersolargeräten und zur Übertragbarkeit beschränkter persönlicher Dienstbarkeiten für Erneuerbare-Energien-Anlagen	
§ 1092 Absatz 3 Satz 1 des Bürgerlichen Gesetzbuchs in der seit dem … [einsetzen: Datum des Inkrafttretens nach Artikel 4 dieses Gesetzes] geltenden Fassung ist nur auf beschränkte persönliche Dienstbarkeiten anzuwenden, für die die Eintragungsbewilligung nach dem … [einsetzen: Datum des Inkrafttretens nach Artikel 4 dieses Gesetzes] notariell beurkundet oder öffentlich beglaubigt wird.“	
Artikel 4	**Artikel 4**
Inkrafttreten	**Inkrafttreten**
Dieses Gesetz tritt am Tag nach der Verkündung in Kraft.	Dieses Gesetz tritt am Tag nach der Verkündung in Kraft.

Erläuterung der vom Rechtsausschuss empfohlenen Änderungen gegenüber der ursprünglichen Fassung des Gesetzentwurfs*

B. Besonderer Teil

Im Folgenden werden lediglich die vom Rechtsausschuss empfohlenen Änderungen gegenüber der ursprünglichen Fassung des Gesetzentwurfs erläutert. Soweit der Ausschuss die unveränderte Annahme des Gesetzentwurfs empfiehlt, wird auf die jeweilige Begründung in Drucksache 20/9890 verwiesen.

Der Ausschuss hält es für erforderlich, eine Übergangsvorschrift für die Durchführung virtueller Wohnungseigentümerversammlungen zu schaffen, um den Wohnungseigentümerinnen und -eigentümern die Umstellung auf die neue Rechtslage zu erleichtern.

Über diese Änderungen hinaus weist der Ausschuss auf Folgendes hin:

1. Virtuelle Wohnungseigentümerversammlungen

Wie alle Beschlüsse der Wohnungseigentümerinnen und -eigentümer muss auch ein Beschluss über die Durchführung virtueller Wohnungseigentümerversammlungen ordnungsmäßiger Verwaltung entsprechen, vergleiche § 18 Absatz 2 des Wohnungseigentumsgesetzes (WEG). Wird die Durchführung virtueller Wohnungseigentümerversammlungen mit qualifizierter Mehrheit beschlossen, ist auf einen angemessenen Minderheitenschutz zu achten. Einzelne Wohnungseigentümerinnen und -eigentümer dürfen durch einen Beschluss über die Gestattung beziehungsweise Durchführung virtueller Wohnungseigentümerversammlungen nicht unbillig benachteiligt werden. Hierbei ist zu berücksichtigen, ob die Wohnungseigentümerinnen und -eigentümer technisch nicht in der Lage sind, an virtuellen Wohnungseigentümerversammlungen teilzunehmen, oder ob sie virtuelle Versammlungen lediglich nicht für das am besten geeignete Versammlungsformat halten. In diesem Zusammenhang ist darauf hinzuweisen, dass eine unbillige Benachteiligung nicht nur bei virtuellen Versammlungen, sondern auch bei Präsenzversammlungen zu prüfen ist. Beispielsweise ist es möglich, dass Wohnungseigentümerinnen und -eigentümer wegen körperlicher Beeinträchtigungen ihre Wohnung nicht verlassen und deswegen nicht an Präsenzversammlungen teilnehmen können.

In der Praxis mag es sich anbieten, Wohnungseigentümerinnen und -eigentümern, die mitteilen, für die Teilnahme an virtuellen Wohnungseigentümerversammlungen

* BT-Drucksache 20/12146. S. 11–14

technische Unterstützung zu benötigen, seitens der Gemeinschaft der Wohnungseigentümer Unterstützung anzubieten, die es ihnen ermöglicht, an der virtuellen Versammlung in vergleichbarer Weise wie an einer Präsenzversammlung teilzunehmen. In Betracht kommt beispielsweise die Möglichkeit zur Teilnahme in den Geschäftsräumen des Verwalters (sofern diese Räume angesichts Entfernung und Beschaffenheit dafür geeignet sind), die Teilnahme bei einer Miteigentümerin oder einem Miteigentümer, die Bereitstellung eines Teilnahmeraums oder technische Unterstützung in der Wohnung des betroffenen Wohnungseigentümers. Die Frage der Unterstützung sollte bereits bei der Beschlussfassung erörtert werden, sofern entsprechender Bedarf angemeldet wird. Der Beschluss über die Durchführung bzw. Gestattung virtueller Wohnungseigentümerversammlungen kann vorsehen, dass Unterstützungsmaßnahmen anzubieten sind.

2. Privilegierung von Steckersolargeräten im Wohnungseigentums- und Mietrecht

a) Keine Aushöhlung des Anspruchs durch Vorgaben über das „Wie" der Installation

Der Ausschuss weist darauf hin, dass der Anspruch auf die Installation von Steckersolargeräten nicht durch überzogene Vorgaben über das „Wie" der Installation ausgehöhlt werden darf.

Ungeachtet der Tatsache, dass öffentlich-rechtliche Vorgaben bei der ordnungsmäßigen Verwaltung stets zu berücksichtigen sind, ist es nicht zulässig, durch zu weitreichende Vorgaben zum „Wie" letztlich die Installation eines Steckersolargerätes zu verhindern. Der BGH hat in seiner Entscheidung vom 9. Februar 2024 – V ZR 244/22 bestätigt, dass ein Anspruch auf eine privilegierte Maßnahme im Rahmen eines Regel-Ausnahme-Verhältnisses regelmäßig besteht, wenn die verlangte bauliche Veränderung einem der gesetzlich privilegierten Zwecke dient.

b) Sichtbar installierte Steckersolargeräte sind von der Privilegierung erfasst

§ 20 Absatz 2 Satz 1 Nummer 5 WEG-E ist hinsichtlich etwaiger Standorte für die Installation bewusst offen formuliert, um der Praxis möglichst weite Entscheidungsmöglichkeiten einzuräumen.

Eine sichtbare Installation von Steckersolargeräten ist in der Praxis der Regelfall. Dieser Fall wird von § 20 Absatz 2 Satz 1 Nummer 5 WEG-E erfasst.

Der Ausschuss geht davon aus, dass Steckersolargeräte grundsätzlich auch auf Terrassen und Grünflächen installiert werden können. Wie bei allen privilegierten Vorhaben des § 20 Absatz 2 WEG obliegt es auch bei Steckersolargeräten der Gemeinschaft der Wohnungseigentümer, über das „Wie" der Installation zu entscheiden. Zu diesem „Wie" gehört auch der Installationsort.

Auch bei der sichtbaren Installation von Steckersolargeräten liegt in der Regel keine grundlegende Umgestaltung im Sinne von § 20 Absatz 4 WEG vor, und zwar selbst dann nicht, wenn solche Geräte bei mehreren oder gar allen Einheiten installiert werden.

c) Fälle der Installation von Steckersolargeräten, die keine bauliche Veränderung darstellen

Eine Ergänzung des § 14 WEG für Fälle der Installation von Steckersolargeräten, die keine bauliche Veränderung darstellen, ist nicht erforderlich.

Es ist davon auszugehen, dass die Anbringung von Steckersolargeräten in der Regel mit einem Substanzeingriff verbunden sein wird und damit eine bauliche Veränderung im Sinne des § 20 Absatz 1 WEG vorliegt. Dies gilt auch bei einer Anbringung mit Schellen, wenn beispielsweise Leitungen verlegt oder Steckdosen angebracht werden müssen.

Auch ohne einen solchen Substanzeingriff stellt nach der herrschenden Meinung in der Literatur auch eine optische Veränderung des Erscheinungsbildes in der Regel eine bauliche Veränderung dar. Dies ist allerdings umstritten. Diese Streitfrage soll durch den vorliegenden Gesetzentwurf weder geregelt noch entschieden werden. Die Installation von Steckersolargeräten führt damit auch künftig nicht notwendigerweise zu einer baulichen Veränderung. Abhängig von den Umständen des Einzelfalls kann es sich bei der Installation eines Steckersolargerätes auch um einen bloßen Gebrauch des Gemeinschaftseigentums handeln, dessen Zulässigkeit nach § 16 Absatz 1 Satz 3 in Verbindung mit § 14 WEG zu beurteilen ist.

Nach § 14 Absatz 1 Nummer 2 WEG sind die Wohnungseigentümerinnen und -eigentümer verpflichtet, Einwirkungen auf das gemeinschaftliche Eigentum zu dulden, aus denen ihnen keine über das bei einem geordneten Zusammenleben unvermeidliche Maß hinausgehenden Nachteile erwachsen. Aus der Privilegierung von Steckersolargeräten in § 20 Absatz 2 Satz 1 Nummer 5 WEG-E ist ersichtlich, dass die Anbringung von Steckersolargeräten gerade kein solcher Nachteil ist. Wenn schon die mit einem Substanzeingriff verbundene Installation zulässig ist, gilt für die Anbringung ohne Substanzeingriff bei der Wertung nach § 14 WEG nichts anderes.

d) Keine gesetzliche Einschränkung von Rückbauansprüchen der Vermieterinnen und Vermieter erforderlich

Eine Regelung zur Einschränkung etwaiger Rückbauansprüche der Vermieterinnen und Vermieter ist nicht erforderlich.

Typischerweise werden sich Mieterinnen und Mieter bereits im Vorfeld der Installation mit ihren Vermieterinnen und Vermietern darauf einigen, wie im Falle eines Auszugs hinsichtlich des Steckersolargerätes vorzugehen ist. Im Übrigen ist zwischen der zu schaffenden Infrastruktur und dem Steckersolargerät als solchem zu unterscheiden:

Die zu schaffende Infrastruktur wird nur in seltenen Fällen aufwändig sein. In der Regel wird es um die Anbringung einer Außensteckdose am Balkon gehen. Vermieterinnen und Vermieter dürften bei Beendigung des Mietverhältnisses Interesse am Fortbestand von fachgerecht installierten Außensteckdosen haben und daher auf den Rückbau verzichten. Einem etwaigen Rückbauverlangen kann zudem unter Umständen ein Verstoß gegen Treu und Glauben (§ 242 des Bürgerlichen Gesetzbuchs – BGB) entgegengehalten werden. Ein treuwidriges Rückbauverlangen kann insbesondere dann in Betracht zu ziehen sein, wenn die fachgerecht geschaffene Infrastruktur auch nach dem Auszug weiter genutzt werden kann und der Rückbau mit einem erheblichen Beseitigungsaufwand einher geht (vergleiche Drucksache 19/18791, S. 87 unter Hinweis auf Oberlandesgericht Frankfurt, Urteil vom 19. Dezember 1991 – 6 U 108/90, Randnummer 181, zitiert nach juris).

Das Steckersolargerät als solches ist ein elektrisches Gerät, das die Mieterin oder der Mieter beim Auszug wie jedes andere Gerät grundsätzlich mitnehmen muss.

e) Dach-Photovoltaikanlagen

Eine Privilegierung von Dach-Photovoltaikanlagen in § 20 Absatz 2 WEG ist nicht erforderlich.

Der Betrieb und die Nutzung von Dach-Photovoltaikanlagen durch Gemeinschaften der Wohnungseigentümer begegnete bis vor Kurzem nicht unerheblichen steuerrechtlichen und energierechtlichen Schwierigkeiten, die aber zwischenzeitlich behoben wurden. Im Steuerrecht wurde die sogenannte Mieterstromproblematik durch das Jahressteuergesetz 2022 gelöst. Im Energierecht sieht das Gesetz zur Änderung des Erneuerbare-Energien-Gesetzes und weiterer energiewirtschaftsrechtlicher Vorschriften zur Steigerung des Ausbaus photovoltaischer Energieerzeugung die Schaffung einer sogenannten Gemeinschaftlichen Gebäudeversorgung vor (§ 42b des Energiewirtschaftsgesetzes – EnWG). Die bislang für Gemeinschaften der Wohnungseigentümer bestehenden praktischen Schwierigkeiten beim gemeinsamen Betrieb von Photovoltaikanlagen werden dadurch beseitigt. Für Gemeinschaften der Wohnungseigentümer sieht § 42b Absatz 6 EnWG vor, dass die Wohnungseigentümerinnen und -eigentümer eine Gemeinschaftliche Gebäudeversorgung beschließen können.

Es ist zu erwarten, dass diese Änderungen im Steuer- und Energierecht dazu führen werden, dass Gemeinschaften der Wohnungseigentümer die Installation von Dach-Photovoltaikanlagen verstärkt beschließen werden, ohne dass es einer Privilegierung dieser Anlagen bedarf. Ob sich diese Erwartung erfüllt, wird sorgfältig zu beobachten sein. Vor diesem Hintergrund soll im Rahmen der für das Jahr 2027 vorgesehenen

Evaluation der WEG-Reform 2020 auch geprüft werden, ob Bedarf für eine Privilegierung von Dach-Photovoltaikanlagen besteht.

3. Übertragbarkeit beschränkter persönlicher Dienstbarkeiten

Eine ergänzende Klarstellung im Normtext von § 1092 Absatz 3 BGB, dass auch Unterlassungs- und Ausschlussdienstbarkeiten erfasst sind, ist nicht erforderlich.

§ 1092 Absatz 3 Satz 1 BGB erfasst auch ohne eine solche Ergänzung Ausschluss- und Unterlassungsdienstbarkeiten an dem Anlagegrundstück oder an Nachbargrundstücken. Der Wortlaut des § 1092 Absatz 3 Satz 1 BGB-E spricht von einer Dienstbarkeit, die dazu berechtigt, „ein Grundstück zu nutzen". Dies stellt eine bewusste Veränderung gegenüber der bisherigen Gesetzesfassung („ein Grundstück zu benutzen") dar. Dadurch wird klargestellt, dass § 1092 Absatz 3 Satz 1 BGB nicht lediglich Benutzungsdienstbarkeiten im Sinne von § 1018 erste Variante BGB zum Gegenstand hat. § 1092 Absatz 3 Satz 1 BGB erfasst vielmehr jede Dienstbarkeit, die dazu dient, ein Grundstück in einem wirtschaftlichen Sinne für eine privilegierten Anlage nutzbar zu machen.

Zu Artikel 1 Nummer 4 – § 48 Absatz 6 WEG-E

In § 48 WEG soll ein neuer Absatz 6 aufgenommen werden, der vorsieht, dass bis einschließlich 2028 mindestens einmal im Jahr eine Präsenzversammlung durchzuführen ist, wenn die Wohnungseigentümerinnen und -eigentümer vor dem 1. Januar 2028 einen Beschluss nach § 23 Absatz 1a WEG-E fassen. Auf die Durchführung dieser Präsenzversammlung können die Wohnungseigentümerinnen und -eigentümer durch einstimmigen Beschluss verzichten.

Durch diese Übergangsregelung soll den Wohnungseigentümerinnen und -eigentümern die Umstellung auf virtuelle Wohnungseigentümerversammlungen erleichtert werden.

Die Übergangsregelung erfasst nur virtuelle Versammlungen, die auf der Grundlage einer entsprechenden Beschlussfassung nach § 23 Absatz 1a WEG-E durchgeführt werden, nicht auch solche, die auf einer Vereinbarung aller Wohnungseigentümer beruhen. Denn im Falle der schon bislang möglichen vereinbarten virtuellen Versammlungen besteht kein Grund, die Gemeinschaften der Wohnungseigentümer zur Durchführung von Präsenzversammlungen zu verpflichten.

Da kein Grund ersichtlich ist, auch Gemeinschaften der Wohnungseigentümer zur Durchführung von Präsenzversammlungen zu verpflichten, bei denen keine Wohnungseigentümerin bzw. kein Wohnungseigentümer Interesse an solchen Präsenzversammlungen hat, sieht der Vorschlag vor, dass die Wohnungseigentümerinnen und -eigentümer hierauf durch einstimmigen Beschluss verzichten können. Für den Verzicht ist also eine weitere Beschlussfassung erforderlich. Einstimmigkeit in der

Wohnungseigentümerversammlung bedeutet, dass keine Gegenstimme gegen den Beschlussantrag abgegeben wird.

In zeitlicher Hinsicht sieht die Übergangsregelung vor, dass bis einschließlich 2028 jährlich mindestens eine Präsenzversammlung durchgeführt werden muss. Insofern wird ein Zusammenhang mit der für 2027 vorgesehenen Evaluation der WEG-Reform hergestellt. Dieser Zeitrahmen ermöglicht es, die Ergebnisse der für 2027 vorgesehenen Evaluation angemessen auszuwerten. Der Ausschuss geht davon aus, dass die Ergebnisse der Evaluation im Jahr 2027 so rechtzeitig vorgelegt werden, dass ein sich daran anschließendes Gesetzgebungsverfahren noch im Jahr 2028 im Deutschen Bundestag abgeschlossen werden kann.

Die Regelung sieht ausdrücklich vor, dass ein Verstoß gegen die Pflicht zur jährlichen Durchführung einer Präsenzversammlung nicht zur Nichtigkeit oder Anfechtbarkeit von Beschlüssen führt, die in virtuellen Wohnungseigentümerversammlungen gefasst wurden. Dadurch werden Rechtsunsicherheit und etwaige erhebliche Nachteile und Zusatzkosten für die Gemeinschaften der Wohnungseigentümer vermieden.

Berlin, den 3. Juli 2024

Daniel Rinkert
Berichterstatter

Dr. Jan-Marco Luczak
Berichterstatter

Hanna Steinmüller
Berichterstatterin

Katharina Willkomm
Berichterstatterin

Fabian Jacobi
Berichterstatter

Amtliche Begründung zum Gesetz zur Zulassung virtueller Wohnungseigentümerversammlungen, zur Erleichterung des Einsatzes von Steckersolargeräten und zur Übertragbarkeit beschränkter persönlicher Dienstbarkeiten für Erneuerbare-Energien-Anlagen*

A. Allgemeiner Teil

I. Zielsetzung und Notwendigkeit der Regelungen

Nach dem Wohnungseigentumsgesetz (WEG) können Wohnungseigentümerversammlungen derzeit lediglich als Präsenzversammlungen abgehalten werden oder in hybrider Form stattfinden, also als Präsenzveranstaltung mit Online-Teilnahmemöglichkeit. Eine rein virtuelle Versammlung ohne Teilnahmemöglichkeit in Präsenz ist hingegen nur möglich, wenn die Wohnungseigentümerinnen und -eigentümer eine entsprechende Vereinbarung getroffen haben. Die Durchführung virtueller Wohnungseigentümerversammlungen soll erleichtert werden.

Im Zuge der Energiewende und vor dem Hintergrund der geopolitischen Lage sind die erneuerbaren Energien verstärkt auszubauen. Dieser Ausbau begegnet in der Praxis verschiedenen Hindernissen, die auch das Wohnungseigentumsrecht, das Mietrecht und das Recht der beschränkten persönlichen Dienstbarkeiten betreffen und insoweit beseitigt werden sollen.

Im Wohnungseigentumsrecht stellt die Installation von Steckersolargeräten regelmäßig eine bauliche Veränderung dar, für die ein Mehrheitsbeschluss der Wohnungseigentümerinnen und -eigentümer erforderlich ist. In der Praxis kann es schwierig sein, die erforderliche Mehrheit zu erlangen. Im Mietrecht kann die Erlangung der Zustimmung der Vermieterin oder des Vermieters zur Installation eines Steckersolargerätes ebenfalls schwierig sein, wenn mit der Installation eine Modifizierung der Substanz der Mietsache verbunden ist.

Bei der Nutzung von Grundstücken für die Errichtung von Anlagen zur Erzeugung erneuerbarer Energie spielen beschränkte persönliche Dienstbarkeiten eine wichtige Rolle. Es ist davon auszugehen, dass dies künftig auch bei Anlagen zur elektrochemischen Herstellung von Wasserstoff sowie Anlagen zur Erzeugung von Strom aus Wasserstoff der Fall sein wird. Beschränkte persönliche Dienstbarkeiten sind grundsätzlich nicht übertragbar. Da allerdings in bestimmten Fällen ein Bedarf für einen Wechsel des Anlagenbetreibers und damit für eine Übertragung der beschränkten

* BT-Drucksache 20/9890 S.10–22

persönlichen Dienstbarkeit besteht, muss sich die Praxis derzeit mit aufwändigen und komplizierten vertraglichen Ausgestaltungen behelfen. Die Notwendigkeit derartiger Ersatzlösungen soll entfallen.

Dieser Entwurf steht im Kontext der gefährdeten rechtzeitigen Erreichung der Nachhaltigkeitsziele der Resolution der Generalversammlung der Vereinten Nationen vom 25. September 2015 „Transformation unserer Welt: die Agenda 2030 für nachhaltige Entwicklung". Der Entwurf soll insbesondere zur Erreichung des Nachhaltigkeitsziels 7 beitragen, das die deutliche Erhöhung des Anteils erneuerbarer Energie verlangt. Im Sinne des systemischen Zusammendenkens der Nachhaltigkeitsziele soll der Entwurf gleichzeitig zur Umsetzung des Ziels 16 beitragen, das die bedarfsorientierte Entscheidungsfindung auf allen Ebenen verlangt.

II. Wesentlicher Inhalt des Entwurfs

Im Wohnungseigentumsgesetz wird eine Beschlusskompetenz für virtuelle Wohnungseigentümerversammlungen geschaffen.

Im Wohnungseigentumsrecht und im Mietrecht wird die Stromerzeugung durch Steckersolargeräte in den Katalog der sogenannten privilegierten Maßnahmen aufgenommen.

Die Ausnahmen von der Unübertragbarkeit beschränkter persönlicher Dienstbarkeiten in § 1092 Absatz 3 Satz 1 des Bürgerlichen Gesetzbuchs werden für juristische Personen und für rechtsfähige Personengesellschaften um Anlagen zur Erzeugung erneuerbarer Energie erweitert.

Dieser Entwurf trägt insbesondere zur Erreichung des Nachhaltigkeitsziels 7 der UN-Agenda 2030 bei, den Zugang zu bezahlbarer, verlässlicher, nachhaltiger und moderner Energie für alle zu sichern.

III. Alternativen

Keine.

IV. Gesetzgebungskompetenz

Die Gesetzgebungskompetenz des Bundes ergibt sich aus Artikel 74 Absatz 1 Nummer 1 des Grundgesetzes.

V. Vereinbarkeit mit dem Recht der Europäischen Union und völkerrechtlichen Verträgen

Der Entwurf ist mit dem Recht der Europäischen Union und völkerrechtlichen Verträgen, die die Bundesrepublik Deutschland geschlossen hat, vereinbar.

VI. Gesetzesfolgen

1. Rechts- und Verwaltungsvereinfachung

Durch die Ermöglichung virtueller Wohnungseigentümerversammlungen wird das Wohnungseigentumsrecht vereinfacht. Gemeinschaften der Wohnungseigentümer, in denen eine große Mehrheit der Wohnungseigentümerinnen und -eigentümer reine Online-Versammlungen ohne physische Präsenz für das beste Austauschformat hält, können sich künftig nach entsprechender Beschlussfassung dieser Versammlungsform bedienen.

Durch Erweiterung der Übertragbarkeit beschränkter persönlicher Dienstbarkeiten wird die dingliche Absicherung vereinfacht. Die bisher notwendigen aufwändigen Vertragsgestaltungen und ihre Absicherung durch eine oder mehrere Vormerkungen, mit denen ein vergleichbares Ergebnis erreicht werden sollte, können durch die Rechtsänderung entfallen.

2. Nachhaltigkeitsaspekte

Der Entwurf steht im Einklang mit den Leitgedanken der Bundesregierung zur nachhaltigen Entwicklung im Sinne der Deutschen Nachhaltigkeitsstrategie, die der Umsetzung der Agenda 2030 für nachhaltige Entwicklung der Vereinten Nationen dient.

Indem der Entwurf das Wohnungseigentumsrecht vereinfacht, leistet er einen Beitrag zur Verwirklichung des Nachhaltigkeitsziels 16: „Friedliche und inklusive Gesellschaften für eine nachhaltige Entwicklung fördern, allen Menschen Zugang zur Justiz ermöglichen und leistungsfähige, rechenschaftspflichtige und inklusive Institutionen auf allen Ebenen aufbauen." Dieses Nachhaltigkeitsziel verlangt in seinen Zielvorgaben 16.6 und 16.7, leistungsfähige, rechenschaftspflichtige und transparente Institutionen auf allen Ebenen aufzubauen und dafür zu sorgen, dass die Entscheidungsfindung bedarfsorientiert, inklusiv, partizipatorisch und repräsentativ ist. Der Entwurf fördert die Erreichung dieser Zielvorgaben, indem er virtuelle Wohnungseigentümerversammlungen ermöglicht und somit deren Entscheidungsfindungen auch in Bezug auf die Nutzung erneuerbarer Energien erleichtert. Gleichzeitig leistet das vorliegende Regelungsvorhaben damit in seinen Wirkungen einen Beitrag insbesondere zur Erreichung des Nachhaltigkeitsziels (SDG) 7: „Zugang zu bezahlbarer, verlässlicher, nachhaltiger und moderner Energie für alle sichern". Dieses Nachhaltigkeitsziel verlangt in seiner Zielvorgabe 7.2, bis 2030 den Anteil erneuerbarer Energie am globalen Energiemix deutlich zu erhöhen. Der Entwurf fördert die Erreichung dieser Zielvorgabe, indem er die Installation von Steckersolargeräten im Wohnungseigentumsrecht und im Mietrecht in den Katalog der privilegierten baulichen Veränderungen aufnimmt sowie die Übertragbarkeit beschränkter persönlicher Dienstbarkeiten, die zur Nutzung eines Grundstücks für Anlagen zur Erzeugung erneuerbarer Energien berechtigen, ermöglicht und so die Errichtung und den Betrieb solcher Anlagen erleichtert.

Der Entwurf folgt damit den Prinzipien der Deutschen Nachhaltigkeitsstrategie „(1.) Nachhaltige Entwicklung als Leitprinzip konsequent in allen Bereichen und bei allen Entscheidungen anwenden“, „(3.) Natürliche Lebensgrundlagen erhalten“ und „(5.) Sozialen Zusammenhalt in einer offenen Gesellschaft wahren und verbessern“.

3. Haushaltsausgaben ohne Erfüllungsaufwand

Keine.

4. Erfüllungsaufwand

Der Erfüllungsaufwand für die Bürgerinnen und Bürger verringert sich um ca. 7,233 Millionen Euro sowie um Zeitaufwand in Höhe von rund 100 885 Stunden, der Erfüllungsaufwand für die Wirtschaft um insgesamt ca. 13,695 Millionen Euro. Mit Blick auf die „One in, one out“-Regelung der Bundesregierung bedeutet dies ein „Out“ in vorgenannter Höhe.

Für die Verwaltung entsteht eine Entlastung, die sich allerdings nicht genau beziffern lässt.

Besondere Belange kleiner und mittlerer Unternehmen (KMU) wurden geprüft. Es ist davon auszugehen, dass Wohnungseigentumsverwaltungen überwiegend mittelständische Unternehmen sind. Der Erfüllungsaufwand für diese Unternehmen verringert sich durch das Gesetzgebungsvorhaben.

Vorgesehene Änderung	Erfüllungsaufwand Bürgerinnen und Bürger in Euro	Zeitaufwand Bürgerinnen und Bürger in Stunden	Erfüllungsaufwand Wirtschaft in Euro
1. Beschlusskompetenz für virtuelle Wohnungseigentümerversammlungen	- 7,233 Millionen	- 59 584	- 12,679 Millionen
a) An- und Abfahrt Wohnungseigentümerinnen und -eigentümer	- 357 500	- 59 584	- 2,199 Millionen
b) Raummiete	- 5,625 Millionen		- 5,625 Millionen
c) Zusatzkosten für Hybridversammlungen	- 1,25 Millionen		- 1,25 Millionen
d) Zeitersparnis für Verwalterinnen und Verwalter			- 3,23 Millionen
e) Fahrtkosten Verwalterinnen und Verwalter			- 375 000

Vorgesehene Änderung	Erfüllungsaufwand Bürgerinnen und Bürger in Euro	Zeitaufwand Bürgerinnen und Bürger in Stunden	Erfüllungsaufwand Wirtschaft in Euro
2. Privilegierung von Steckersolargeräten		- 41 301	- 1,016 Millionen
a) Verlangen der baulichen Veränderung		- 19 667	
b) Entscheidung über das Verlangen bei selbstgenutzten Eigentumswohnungen		- 21 634	- 798 295
c) Entscheidung über das Verlangen bei vermieteten Eigentumswohnungen			- 218 000
3. Erweiterung der Übertragbarkeit beschränkter persönlicher Dienstbarkeiten	Nicht konkret bezifferbar	Nicht konkret bezifferbar	Nicht konkret bezifferbar
Insgesamt	**7,233 Millionen**	**100 885**	**13,695 Millionen**

Grundannahmen

Bei der Zahl der Eigentumswohnungen in Deutschland sowie der Zahl der Gemeinschaften der Wohnungseigentümer und weiterer vergleichbarer statistischer Daten erscheint es für das vorliegende Gesetzgebungsverfahren gerechtfertigt, die Daten der WEG-Reform von 2020 zugrunde zu legen (vergleiche Bundestagsdrucksache 19/18791). Damit ist von 9,29 Millionen Eigentumswohnungen, von 427 000 Gemeinschaften der Wohnungseigentümer, von einer durchschnittlichen Größe der Gemeinschaften der Wohnungseigentümer von 22 Einheiten und von einer Anwesenheitsquote in den Wohnungseigentümerversammlungen von 25 Prozent auszugehen.

Konkrete Zahlen dazu, wie viele Wohnungseigentümerversammlungen jährlich stattfinden, liegen nicht vor. Trotz der Pflicht, mindesten einmal jährlich eine Versammlung durchzuführen, muss davon ausgegangen werden, dass dies nicht bei allen Gemeinschaften der Wohnungseigentümer geschieht. Allerdings gibt es auch etliche Gemeinschaften, in denen in einem Jahr mehrere Versammlungen stattfinden. Vor diesem Hintergrund erscheint es angemessen, von 500 000 Eigentümerversammlungen jährlich auszugehen.

Auch zu weiteren Daten, die für die Darstellung des Erfüllungsaufwands erforderlich sind, liegen keine belastbaren Zahlen vor, so dass mit plausiblen Schätzungen und Erfahrungswerten gearbeitet werden muss. Dies gilt etwa für die Frage, bei welchem Anteil von Wohnungseigentümerversammlungen ein Raum angemietet werden muss, welche Kosten dafür durchschnittlich entstehen, bei welchem Anteil von Versammlungen eine Online-Teilnahme möglich ist, wie sich Hybridversammlungen kostenmäßig durchschnittlich von Präsenzversammlungen unterschieden, wie lange Wohnungseigentümerinnen und -eigentümer durchschnittlich brauchen, um Präsenzversammlungen zu erreichen, welche Kosten ihnen durchschnittlich für die Teilnahme an Präsenzversammlungen entstehen und wie aufwändig es ist, einen Raum anzumieten und ihn für Hybridversammlungen vor- und nachzubereiten.

Beschlusskompetenz für virtuelle Wohnungseigentümerversammlungen

Die durch § 23 Absatz 1a WEG-E eingeführte Beschlusskompetenz für virtuelle Wohnungseigentümerversammlungen führt bei denjenigen Gemeinschaften der Wohnungseigentümer, die sich für diese Art der Wohnungseigentümerversammlung entschieden, zu einer Verringerung des Erfüllungsaufwands. Gegenüber Präsenzversammlungen entfallen für die Wohnungseigentümerinnen und -eigentümer die Zeit und etwaige Kosten, um zum Versammlungsort und wieder zurück zu kommen. Für die Gemeinschaften der Wohnungseigentümer entfallen die Kosten für die Anmietung von Versammlungsräumen. Gegenüber Präsenzversammlungen, an denen auch online teilgenommen werden kann (hybride Wohnungseigentümerversammlungen) entfallen zudem Kosten für die im Versammlungsraum erforderliche Technik zur Ermöglichung der Online-Teilnahme. Auch entfällt der erhöhte Personalaufwand seitens der Verwaltungen, von dem bei Hybridversammlungen auszugehen ist. Zusätzliche Kosten bei den Wohnungseigentümerinnen und -eigentümern für die Technik fallen hingegen nicht an, weil unterstellt werden kann, dass in Gemeinschaften der Wohnungseigentümer, in denen sich mehr als 75 Prozent der Wohnungseigentümerinnen und -eigentümer für virtuelle Versammlungen aussprechen, die technische Ausrüstung bereits vorhanden ist. Sofern dies im Einzelfall nicht der Fall sein sollte, ist davon auszugehen, dass sich die Wohnungseigentümerinnen und -eigentümer untereinander helfen, ohne dass hierfür Kosten anfallen (etwa Teilnahme an der Versammlung beim Nachbarn).

Konkrete Zahlen dazu, in wie vielen Fällen für die Eigentümerversammlung Räume angemietet werden müssen und welche Kosten hierfür jeweils entstehen, liegen nicht vor. Gleiches gilt für die Frage, wie viel Zeit die Wohnungseigentümerinnen und -eigentümer dafür benötigen, zum Versammlungsort zu kommen und welche Kosten ihnen hierfür entstehen. Es kann unterstellt werden, dass für 75 Prozent der Versammlungen ein Raum angemietet werden muss und dass hierfür durchschnittlich 200 Euro Kosten entstehen. Sofern man unterstellt, dass künftig 15 Prozent der Gemeinschaften der Wohnungseigentümer von der Möglichkeit Gebrauch machen, Wohnungseigentümerversammlungen ausschließlich online durchzuführen, ergibt sich eine Reduzierung des Erfüllungsaufwands in Höhe von 11,25 Millionen Euro (500 000 Versammlungen x 75 Prozent = 375 000 anzumietende Versammlungsräume; hiervon entfallen 15 Prozent, also 56 250 Anmietungen; ersparte Kosten 56 250 x 200 Euro = 11,25 Millionen Euro).

Geht man davon aus, dass derzeit 30 Prozent der Gemeinschaften der Wohnungseigentümer Hybridversammlungen durchführen, dass bei der Hälfte dieser Gemeinschaften durchschnittlich Zusatzkosten für die Möglichkeit zur Online-Teilnahme von 100 Euro pro Versammlung entstehen (Technik und personeller Mehraufwand) und dass sich ein Drittel dieser Gemeinschaften nach der Zulassung virtueller Versammlungen für reine Online-Versammlungen entscheiden werden, ergibt sich eine weitere Verringerung des Erfüllungsaufwands um 2,5 Millionen Euro (30 Prozent von 500 000 Versammlungen = 150 000 Hybridversammlungen, davon 1/3 = 50 000 Versammlungen, die künftig virtuelle Versammlungen sein werden; bei der Hälfte davon entfallen 100 Euro Kosten: 25 000 x 100 Euro = 2,5 Millionen Euro).

Bei den künftig jährlich 75 000 ausschließlich online stattfindenden Eigentümerversammlungen (15 Prozent von 500 000) entfällt für die 412 500 Teilnehmer (22 Mitglieder der Gemeinschaft x 25 Prozent Teilnahmequote = 5,5 Teilnehmer pro Versammlung; 5,5 Teilnehmer x 75 000 Versammlungen = 412 500 Teilnehmer insgesamt) die Zeit, um zum Versammlungsort und wieder zurückzukommen, soweit sie nicht schon bislang die Möglichkeit zur Online-Teilnahme an Hybridversammlungen wahrgenommen haben. Geht man – wie oben – davon aus, dass derzeit 30 Prozent der Gemeinschaften der Wohnungseigentümer Hybridversammlungen durchführen, dass sich ein Drittel dieser Gemeinschaften der Wohnungseigentümer künftig für reine Online-Versammlungen entscheiden wird und dass bei Hybridversammlungen 20 Prozent der teilnehmenden Wohnungseigentümerinnen und -eigentümer online teilnehmen, haben bislang bereits 55 000 Personen online an den Versammlungen teilgenommen (30 Prozent von 500 000 Versammlungen = 150 000 Hybridversammlungen, davon 1/3 = 50 000 Versammlungen, die künftig virtuelle Versammlungen sein werden; an diesen Versammlungen nehmen insgesamt 50 000 x 5,5 = 275 500 Personen teil, 20 Prozent davon online, also 55 000). Bei 357 500 Personen (412 500 – 55 000) entsteht mithin Zeitersparnis und entfallen Kosten für die An- und Abreise. Konkrete Daten zur durchschnittlichen Dauer von Hin- und Rückfahrt sowie zu den durchschnittlich damit verbundenen Kosten liegen nicht vor. Werden pro Weg durchschnittlich zehn Minuten angesetzt (die Anreisezeiten können sehr unterschiedlich sein und in Fällen, in denen eine Anreise aus von weit entfernten Orten erfolgt, auch mehrere Stunden dauern), ergibt sich eine Zeitersparnis von 119 167 Stunden. Entstehen den Personen durchschnittlich 2 Euro Kosten für die An- und Abreise, entfällt zudem Erfüllungsaufwand in Höhe von 715 000 Euro.

Ist eine Eigentumswohnung vermietet, so ist der den vermietenden Wohnungseigentümerinnen und -eigentümern entstehende Erfüllungsaufwand der Wirtschaft zuzuordnen. Nach statistischen Erhebungen ist die Zahl der selbstgenutzten Eigentumswohnungen und der vermieteten Eigentumswohnungen annähernd gleich groß (Statistisches Bundesamt (2018), Wirtschaftsrechnungen, Fachserie 15 Heft 2, S. 86.). Vor diesem Hintergrund ist die Hälfte der durch die Neuregelung entstehenden Verringerung des Erfüllungsaufwands als Entlastung der Wirtschaft einzuordnen. Neben 5,625 Millionen Euro entfallender Raummiete (11,25 Millionen Euro : 2), 1,25 Millionen Euro entfallender Zusatzkosten für Hybridversammlungen (2,5 Millionen

Euro : 2) und 357 500 Euro entfallender Kosten für An- und Abfahrt (715 000 Euro : 2) sind das 59 584 Stunden (119 167 Stunden : 2). Bei Heranziehung des durchschnittlichen Lohnsatzes des Wirtschaftsabschnitts „L Grundstücks- und Wohnungswesen" in Höhe von 36,90 Euro pro Stunde ist diese Zeitersparnis mit 2,199 Millionen Euro zu bewerten.

Auch für die Verwalter – und damit für die Wirtschaft – entfällt bei virtuellen Wohnungseigentümerversammlungen Erfüllungsaufwand. Sie müssen sich nicht um Versammlungsräume kümmern, müssen angemietete Versammlungsräume nicht für die Versammlungen vorbereiten und müssen auch nicht mehr zu den oftmals weiter entfernten Wohnungseigentümerversammlungen anreisen. Unterstellt man 15 Minuten Zeitaufwand für die Beschaffung des Versammlungsraums (einschließlich Abrechnung der Kosten für den Raum), 15 Minuten für die Vor- und Nachbereitung des Versammlungsraums sowie jeweils 20 Minuten für An- und Abfahrt, ergibt sich pro Versammlung eine Zeitersparnis von 70 Minuten, bei 75 000 virtuellen Versammlungen mithin 87 500 Stunden. Bei Heranziehung des durchschnittlichen Lohnsatzes des Wirtschaftsabschnitts „L Grundstücks- und Wohnungswesen" in Höhe von 36,90 Euro pro Stunde ergibt sich damit eine Entlastung von 3,23 Millionen Euro. Hinzu kommen entfallende Fahrtkosten. Unterstellt man hierfür 5 Euro pro Versammlung, so entfallen weitere 375 000 Euro Erfüllungsaufwand.

Insgesamt führt die Möglichkeit, virtuelle Wohnungseigentümerversammlungen beschließen zu können, daher zu einer Verringerung des Erfüllungsaufwands für die Bürgerinnen und Bürger um 7,233 Millionen Euro und einer Zeitersparnis von 59 584 Stunden und zu einer Verringerung des Erfüllungsaufwands der Wirtschaft um ca. 12,679 Millionen Euro.

Privilegierung von Steckersolargeräten

Der Markt für Steckersolargeräte ist relativ neu, es ist davon auszugehen, dass das Interesse an der Installation von Steckersolargeräten in den nächsten Jahren deutlich ansteigen wird. Viele Wohnungseigentümerinnen und -eigentümer sowie Mieterinnen und Mieter haben Interesse an der Installation eines Steckersolargerätes, weil sie ihre Stromrechnung damit senken und einen Beitrag zur Energiewende leisten wollen. Auch nach der derzeitigen Rechtslage kann die Installation von Steckersolargeräten genehmigt werden. Es wird geschätzt, dass derzeit zwei Drittel der gestellten Anträge genehmigt und ein Drittel abgelehnt wird; konkrete Zahlen hierzu liegen nicht vor. Im Hinblick auf diesen nicht unerheblichen Anteil an Genehmigungen ist davon auszugehen, dass Personen, die ein Steckersolargerät installieren wollen, bereits derzeit tatsächlich einen entsprechenden Antrag stellen, sich also nicht wegen „faktischer Aussichtslosigkeit" von einer Antragstellung abhalten lassen. Es ist daher nicht davon auszugehen, dass die Neuregelung zu einem Ansteigen der Antragszahlen führen wird. Ein Ansteigen ist vielmehr ohnehin aufgrund der Marktentwicklung zu erwarten. Für die zu erwartenden Anträge verringert die Rechtsänderung den Aufwand und führt damit zu einer Reduzierung des Erfüllungsaufwands.

Einer Studie der Hochschule für Technik und Wirtschaft Berlin (HTW) auf Grundlage von Befragungen der Anbieter von Steckersolargeräte zufolge gibt es in Deutschland hochgerechnet 190 000 installierte Steckersolargeräte (Hochschule für Technik und Wirtschaft Berlin (2022), Der Markt für Steckersolargeräte 2022, Ergebnisse einer Erhebung und Befragung von Anbietern zu Marktvolumen, -struktur und -entwicklung in Deutschland. Unter: https://solar.htw-berlin.de/wp-content/uploads/BERGNER-2022-Marktstudie-Steckersolar.pdf). Der Hochrechnung zufolge wurden im Jahr 2020 ca. 49 000 und im Jahr 2021 ca. 80 000 Geräte verkauft. Laut Photovoltaik-Strategie des BMWK (www.bmwk.de/Redaktion/DE/Publikationen/Energie/photovoltaik-stategie-2023.html) sind derzeit in Deutschland ca. 250 000 Steckersolargeräte installiert. Unterstellt man auf der Basis dieser Daten, dass Wohnungseigentümerinnen und -eigentümer sowie Mieterinnen und Mieter im Jahr 2022 30 000 Steckersolargeräte gekauft und installiert haben (zu einem Kauf dürfte es in der Regel erst dann kommen, wenn eine Genehmigung vorliegt), und unterstellt man für die kommenden fünf Jahre einen jeweiligen Anstieg um 50 Prozent, so ist im Durchschnitt für Jahre die 2023 bis 2027 jeweils mit 118 000 Anträgen auf Genehmigung zu rechnen.

Bei der Ermittlung des Erfüllungsaufwands sind selbstnutzende Wohnungseigentümerinnen und -eigentümer bzw. Mieterinnen und Mieter dem Normadressaten Bürgerinnen und Bürger zuzuordnen, vermietende Wohnungseigentümerinnen und -eigentümer sowie andere Vermieterinnen und Vermieter hingegen dem Normadressaten Wirtschaft. In Deutschland gibt es ca. 19,9 Millionen Hauptmieterhaushalte (vergleiche Pressemitteilung Destatis vom 31. März 2023). Wegen der jeweils hälftigen Selbstnutzung und Vermietung von Eigentumswohnungen wird davon ausgegangen, dass bauliche Veränderungen zur Installation eines Steckersolargerätes bei Wohnungseigentum zur Hälfte von selbstnutzenden Wohnungseigentümerinnen und -eigentümern bzw. Mieterinnen und Mietern und zur anderen Hälfte von vermietenden Wohnungseigentümerinnen und -eigentümern verlangt werden.

Verlangen der baulichen Veränderung

Während nach geltender Rechtslage die antragstellende Person ihren Antrag gegenüber der Vermieterin oder dem Vermieter oder der Gemeinschaft der Wohnungseigentümer begründen muss, entfällt dieser Begründungsaufwand mit der Gewährung eines Anspruchs auf die bauliche Veränderung. Im Rahmen der WEG-Reform 2020 wurde der Zeitaufwand für Wohnungseigentümerinnen und -eigentümer bzw. Mieterinnen und Mieter, das Verlangen nach einer privilegierten baulichen Maßnahme zu stellen, auf durchschnittlich 27 Minuten pro Vorhaben geschätzt (vergleiche Bundestagsdrucksache 19/18791, S. 35: 15 Minuten für das Zusammenstellen von Informationen über die begehrte Maßnahme, zehn Minuten für die Aufbereitung und das Aufsetzen eines entsprechenden Schreibens und zwei Minuten für die Übermittlung des Schreibens; Sachkosten fallen nicht an). Es kann unterstellt werden, dass dieser Zeitaufwand derzeit ohne die Privilegierung durchschnittlich zehn Minuten größer ist, weil mehr Informationen über die Sinnhaftigkeit der Installation eines

Steckersolargerätes zusammengetragen und aufbereitet werden müssen. Dieser zusätzliche Aufwand wird künftig entfallen, wodurch sich für die Bürgerinnen und Bürger eine Reduzierung des jährlichen Erfüllungsaufwands um ca. 19 667 Stunden ergibt (118 000 Anträge x 10 Minuten).

Entscheidung über das Verlangen

Nach geltender und künftiger Rechtslage muss über die gestellten Verlangen auf Gestattung einer baulichen Veränderung entschieden werden. Im Falle von Wohnungseigentum geschieht das – unabhängig davon, ob es sich um selbstgenutzte oder um vermietete Wohnungen handelt – im Rahmen der Wohnungseigentümerversammlung, im Falle der Vermietung von Mietwohnungen geschieht es durch die Vermieterin oder den Vermieter. Weil die Privilegierung einen Anspruch auf Durchführung der baulichen Veränderung bewirkt, entfällt bei der Entscheidungen Zeit für die Frage des „Ob" der Durchführung. Die dadurch entstehende Zeitersparnis wird im Fall von Wohnungseigentum typischerweise größer sein als bei Mietwohnungen, denn in Wohnungseigentümerversammlungen lösen Verlangen nach der Installation von Steckersolargeräten derzeit in der Regel erheblichen Erörterungsbedarf aus. Die Vermieterinnen und Vermieter von Mietwohnungen werden demgegenüber in der Regel schneller zu Entscheidungen kommen. Für die Berechnung der Entlastung beim Erfüllungsaufwand wird unterstellt, dass sich die Entscheidung in der Wohnungseigentümerversammlung durchschnittlich um zehn Minuten verkürzt, die Entscheidung bei Vermieterinnen und Vermietern von Mietwohnungen durchschnittlich um fünf Minuten.

Es kann unterstellt werden, dass sich die 118 000 jährlich zu erwartenden Genehmigungsverlangen gleichmäßig auf selbstgenutzte Eigentumswohnungen (4,645 Millionen), vermietete Eigentumswohnungen (4,645 Millionen) und Mietwohnungen (19,9 Millionen – 4,645 Millionen = 15,255 Millionen) verteilen, also grob im Verhältnis 1/5, 1/5 und 3/5.

Bei selbstgenutzten Eigentumswohnungen handelt es sich bei dem Aufwand, der durch die Entscheidung der Wohnungseigentümerversammlung über die Verlangen entsteht, um Erfüllungsaufwand für die Bürgerinnen und Bürger, bei vermieteten Eigentumswohnungen handelt es sich um Erfüllungsaufwand für die Wirtschaft. Beides ist jeweils zur Hälfte der Fall, vergleiche oben. Bei 47 200 Verlangen, die Eigentumswohnungen betreffen (118 000 x 2/5), führt die mit der Rechtsänderung verbundene Zeitersparnis von zehn Minuten zu einer gesamten Zeitersparnis von 43 267 Stunden (5,5 Teilnehmer pro Versammlung x 10 Minuten = 55 Minuten Zeitersparnis pro Verlangen; 55 Minuten x 47 200 Verlangen = 43 267 Stunden), also für Bürger und Wirtschaft je zu 21 634 Stunden. Unter Anwendung des durchschnittlichen Lohnsatzes von 36,90 Euro pro Stunde ergibt sich eine Entlastung für die Wirtschaft von ca.798 295 Euro.

Bei Mietwohnungen ist die Vermieterin oder der Vermieter, die oder der über das Verlangen zu entschieden hat, stets der Wirtschaft zuzurechnen. Bei 70 800 Verlangen, die auf Mietwohnungen entfallen (118 000 x 3/5), und einer Zeitersparnis von fünf Minuten pro Fall, entsteht insgesamt eine Zeitersparnis von 5 900 Stunden, was bei einem Stundensatz von 36,90 Euro einer Verringerung des Erfüllungsaufwands um ca. 218 000 Euro entspricht.

Insgesamt führt die Privilegierung der Stromerzeugung durch Steckersolargeräte daher zu einer Verringerung des Erfüllungsaufwands für die Wirtschaft um ca. 1,016 Millionen Euro und zu einer Verringerung des Erfüllungsaufwands der Bürgerinnen und Bürger durch eine Zeitersparnis von 41 301 Stunden.

Erweiterung der Übertragbarkeit beschränkter persönlicher Dienstbarkeiten

Die Neuregelung hat eine Entlastungswirkung für Wirtschaft und Verwaltung zur Folge, die sich allerdings nicht konkret beziffern lässt. Zwar ergibt sich aus Statistiken des Marktstammdatenregisters der Bundesnetzagentur, dass im Jahr 2022 insgesamt 932 Projekte zum Bau und Betrieb von Anlagen zur Erzeugung von erneuerbarer Energie genehmigt wurden. Es ist aber weder bekannt, welche Rechtsform die jeweiligen Projektträger hatten, noch wie sich bei den jeweiligen Projekten die Eigentumssituation hinsichtlich der genutzten Flächen dargestellt hat (Zahl der jeweils benötigten Grundstücke, Nutzung eigener oder fremder Grundstücke, ggf. Art und Weise der Absicherung der Nutzung fremder Grundstücke). Ebenso wenig ist bekannt, ob und ggf. in wie vielen Altfällen die Beteiligten die Rechtsänderung nachträglich zum Anlass für Änderungen ihrer Vereinbarungen nehmen werden. Im Hinblick auf eine etwaige Entlastung der Verwaltung durch den Wegfall der zeitaufwändigen Feststellungsverfahren nach den §§ 1092, 1059a BGB ist nicht bekannt, in wie vielen Fällen es tatsächlich zu einer Notwendigkeit der Übertragung von beschränkten persönlichen Dienstbarkeiten kommen könnte. Auch hinsichtlich der Anlagen zur elektrochemischen Herstellung von Wasserstoff oder zur Erzeugung von Strom aus Wasserstoff lässt sich die Entlastungswirkung nicht konkret beziffern.

5. Weitere Kosten

Auswirkungen auf das Einzelpreisniveau und das allgemeine Preisniveau, insbesondere auf die Verbraucherpreise, sind nicht zu erwarten.

6. Weitere Gesetzesfolgen

Auswirkungen auf Verbraucherinnen und Verbraucher, gleichstellungspolitische und demografische Auswirkungen sowie Auswirkungen auf die Wahrung und Förderung gleichwertiger Lebensverhältnisse sind nicht zu erwarten.

VII. Befristung; Evaluierung

Eine Befristung ist nicht vorgesehen. Eine Evaluierung soll sowohl im Hinblick auf das Evaluierungskonzept der Bundesregierung als auch auf die Regelungsmaterien virtuelle Wohnungseigentümerversammlung und Steckersolargeräte durchgeführt werden. Bezüglich der Privilegierung der Stromerzeugung durch Steckersolargeräte wird durch Befragung von Verwalterverbänden sowie Vermieter- und Mieterverbänden zu ermitteln sein, ob die Privilegierung den Aufwand und etwaige Streitigkeiten zwischen den Beteiligten verringert hat. Bezüglich der Beschlusskompetenz für virtuelle Wohnungseigentümerversammlungen wird durch Befragung von Eigentümer- und Verwalterverbänden zu ermitteln sein, welche Erfahrungen mit virtuellen Versammlungen gemacht wurden, welche Erleichterungen oder Schwierigkeiten mit ihnen verbunden sind und ob die Regelung praxistauglich ist. Es erscheint zweckmäßig, die Evaluierung im Rahmen der Evaluierung der WEG-Reform durchzuführen.

B. Besonderer Teil

Zu Artikel 1 (Änderung des Wohnungseigentumsgesetzes)

Artikel 1 enthält Änderungen des Wohnungseigentumsgesetzes (WEG).

Zu Nummer 1 (Änderung von § 20 WEG)

Die Installation eines Steckersolargerätes („Balkonkraftwerk") stellt in der Regel eine bauliche Veränderung dar. Aus diesem Grund bedarf es für ihre Zulässigkeit eines Beschlusses im Sinne von § 20 Absatz 1 WEG. Weil es in der Praxis teilweise schwierig ist, die erforderliche Mehrheit für einen solchen Beschluss zu erlangen, soll der Katalog der sogenannten privilegierten Maßnahmen in § 20 Absatz 2 Satz 1 WEG um die Stromerzeugung durch Steckersolargeräte erweitert werden. § 20 Absatz 2 Satz 1 WEG begründet einen Individualanspruch jeder Wohnungseigentümerin und jedes Wohnungseigentümers auf Gestattung der dort genannten baulichen Veränderungen, sofern diese angemessen sind. Besteht dieser Anspruch auf Beschlussfassung, haben die Wohnungseigentümerinnen und -eigentümer lediglich hinsichtlich der Durchführung der Maßnahme einen Entscheidungsspielraum.

Eine grundlegende Umgestaltung der Wohnanlage im Sinne von § 20 Absatz 4 WEG wird bei der Installation von Steckersolargeräten regelmäßig nicht vorliegen, und zwar auch dann nicht, wenn solche Geräte von mehreren oder gar allen Einheiten installiert werden.

Stromerzeugung durch Steckersolargeräte stellt eine gute Möglichkeit für Wohnungseigentümerinnen und -eigentümer dar, sich teilweise selbst mit Solarstrom zu versorgen und so an der Energiewende teilzuhaben.

In der Herbstkonferenz der Justizministerinnen und Justizminister am 10. November 2022 haben die Justizministerinnen und Justizminister der Länder den Bundesminister der Justiz gebeten, einen Vorschlag zur Privilegierung der Stromerzeugung durch Steckersolargeräte vorzulegen.

Zu Buchstabe a

Bei Buchstabe a handelt es sich um eine sprachliche Folgeänderung zu der vorgesehenen Einfügung einer neuen Nummer 5 durch Buchstabe c.

Zu Buchstabe b

Bei Buchstabe b handelt es sich um eine sprachliche Folgeänderung zu der vorgesehenen Einfügung einer neuen Nummer 5 durch Buchstabe c.

Zu Buchstabe c

Mit Buchstabe c wird eine neue Nummer 5 in § 20 Absatz 2 Satz 1 WEG eingefügt.

Unter Steckersolargeräten werden gemäß den technischen Normen des Verbandes der Elektrotechnik Elektronik Informationstechnik e. V. (VDE)/Forum Netztechnik/Netzbetrieb im VDE (FNN) derzeit kleine PV-Anlagen bis maximal 600 Watt (W) Wechselrichterleistung verstanden. In der Regel handelt es sich um laienbedienbare Geräte, die aus (wenigstens) je einem Photovoltaik-Modul, einem netzgekoppelten Wechselrichter, einer Anschlussleitung und einem Stecker zum Anschluss an Endstromkreise bestehen. Die vorgeschlagene Regelung in § 20 Absatz 2 Satz 1 WEG verzichtet bewusst auf konkrete technische Vorgaben. Solche könnten sich angesichts des technischen Fortschritts sowie sich ändernder Normen und Definitionen schnell als überholt erweisen. Beispielsweise überarbeitet der VDE derzeit seine relevanten Normen zu Steckersolargeräten. Er beabsichtigt, die technischen Anforderungen an Steckersolargeräte zukünftig in einer neu zu schaffenden Produktnorm detailliert zu regeln (DIN VDE V 0126-95). Zudem ist beabsichtigt, diverse gesetzliche Regelungen zu Steckersolargeräten in das Erneuerbare-Energien-Gesetz aufzunehmen, unter anderem eine Legaldefinition von Steckersolargeräten.

Zu Nummer 2 (Änderung von § 23 WEG)

Mit Nummer 2 wird eine Beschlusskompetenz der Wohnungseigentümerinnen und -eigentümer für reine Online-Versammlungen („virtuelle Wohnungseigentümerversammlungen") geschaffen. Die bisherige Möglichkeit, die Online-Teilnahme an Präsenzversammlungen zu ermöglichen („hybride Wohnungseigentümerversammlungen"), bleibt unverändert bestehen. Die Wohnungseigentümerinnen und -eigentümer haben künftig mithin die Wahl, Wohnungseigentümerversammlungen in Präsenz, hybrid oder rein virtuell durchzuführen.

Nach § 23 Absatz 1a WEG-E können die Wohnungseigentümerinnen und -eigentümer mit mindestens drei Vierteln der abgegebenen Stimmen beschließen, dass die Versammlung innerhalb eines Zeitraums von längstens drei Jahren ab Beschlussfassung ohne physische Präsenz der Wohnungseigentümer und des Verwalters an einem Versammlungsort stattfindet oder stattfinden kann (virtuelle Wohnungseigentümerversammlung). Die virtuelle Wohnungseigentümerversammlung muss hinsichtlich der Teilnahme und Rechteausübung mit einer Präsenzversammlung vergleichbar sein.

Entscheiden sich die Wohnungseigentümerinnen und -eigentümer für virtuelle Wohnungseigentümerversammlungen, so haben sie nach § 23 Absatz 1a WEG-E die Wahl, entweder zu beschließen, dass Versammlungen nur noch als reine Online-Versammlungen durchgeführt werden („stattfindet"), oder dass sie auch als reine Online-Versammlungen durchgeführt werden können („stattfinden kann"), es mithin einer weiteren Entscheidung hierzu bedarf. Einen vergleichbaren Gedanken enthält § 118a des Aktiengesetzes (AktG). Beschließen die Wohnungseigentümerinnen und -eigentümer, dass Versammlungen rein online durchgeführt werden können, so können sie das konkrete Format für bevorstehende Versammlungen durch Geschäftsordnungsbeschlüsse regeln. Treffen sie keine solche Regelung, entscheidet die Verwalterin oder der Verwalter nach pflichtgemäßem Ermessen über die Art der Durchführung.

Der Entwurf sieht ein Quorum von 75 Prozent der in der Wohnungseigentümerversammlung abgegebenen Stimmen vor. Mit diesem hohen Quorum wird der besonderen Bedeutung Rechnung getragen, die das Wohnungseigentum typischerweise für viele Wohnungseigentümerinnen und -eigentümer hat.

Das vorgesehene 75-Prozent-Quorum orientiert sich an der Rechtslage im Aktienrecht. Wie das Wohnungseigentumsgesetz geht auch das Aktiengesetz davon aus, dass Präsenzversammlungen der Regelfall sind. Die Satzung einer Aktiengesellschaft kann allerdings virtuelle Hauptverhandlungen vorsehen (§ 118a AktG). Satzungsänderungen bedürfen nach dem Aktiengesetz eines Hauptversammlungsbeschlusses mit einer Mehrheit von mindestens drei Vierteln des bei der Beschlussfassung vertretenen Grundkapitals (§ 179 AktG). Spricht sich in einer Wohnungseigentümerversammlung mindestens eine Dreiviertelmehrheit für reine Online-Versammlungen aus, ist das ein starkes Indiz dafür, dass in dieser Gemeinschaft die Präsenzversammlung nicht für das vorzugswürdige Versammlungsformat gehalten wird.

Die vorgeschlagene Befristung auf drei Jahre übernimmt den Befristungsgedanken aus dem Aktienrecht (§ 118a AktG) und verfolgt mehrere Zwecke. Erwerberinnen und Erwerber von Wohnungen sollen nicht für unbestimmte Zeit an eine vor dem Erwerb erfolgte Beschlussfassung gebunden werden. Die Befristung trägt auch der Tatsache Rechnung, dass sich die Haltung der Wohnungseigentümerinnen und -eigentümer zu virtuellen Versammlungen ändern kann.

Im Hinblick auf die Interessen derjenigen Wohnungseigentümerinnen und -eigentümer, die sich gegen virtuelle Versammlungen aussprechen, stellen das erhöhte Quorum und die Befristung einen maßvollen Kompromiss dar. Zudem bleibt für Fälle, in denen Unterstützung für die Teilnahme an einer virtuellen Versammlung weder durch kommerzielle Angebote noch aus dem privaten Bereich oder durch Nachbarschaftshilfe möglich ist, wie nach der bisherigen Rechtslage die Möglichkeit, die eigenen Interessen durch einen Vertreter wahrnehmen zu lassen.

Virtuelle Wohnungseigentümerversammlungen müssen hinsichtlich Teilnahme und Rechteausübung mit Präsenzversammlungen vergleichbar sein. Technisch erfordert dies die Durchführung einer Videokonferenz (Zwei-Wege Audio- und Videoverbindung in Echtzeit), Versammlungen in einem Chat oder Telefonkonferenzen kommen nicht in Betracht. Hinsichtlich der Rechteausübung bedeutet dies, dass die Wohnungseigentümerinnen und -eigentümer alle Rechte ausüben können müssen (etwa Rederecht, Fragerecht, Recht zur Antragstellung, Stimmrecht). Unter Berücksichtigung der individuellen Verhältnisse der Wohnungseigentümerinnen und -eigentümer muss die eingesetzte Videokonferenztechnik gegebenenfalls barrierefrei nutzbar sein.

Bei der Durchführung von virtuellen Wohnungseigentümerversammlungen sind die Vorschriften der DSGVO zu beachten, insbesondere muss die Datenverarbeitung nach Artikel 6 DSGVO rechtmäßig sein. Insoweit wird in der Regel darauf zu achten sein, dass entsprechende Einwilligungen der teilnehmenden Wohnungseigentümerinnen und -eigentümer vorliegen. Die Einwilligung wird allerdings nicht dadurch erteilt, dass ein Wohnungseigentümer dafür stimmt, dass künftig virtuelle Versammlungen durchgeführt werden sollen oder können, sondern muss klar von dieser Abstimmungsentscheidung zu unterscheiden sein, Artikel 7 Absatz 2 DSGVO.

Nach Artikel 4 Nummer 11 DSGVO ist eine Einwilligung eine freiwillig für den bestimmten Fall, in informierter Weise und unmissverständlich abgegebene Willensbekundung in Form einer Erklärung oder einer sonstigen eindeutigen bestätigenden Handlung, mit der die betroffene Person zu verstehen gibt, dass sie mit der Verarbeitung der sie betreffenden personenbezogenen Daten einverstanden ist. Damit die Einwilligung im Einzelfall in informierter Weise erfolgen kann, hat der datenschutzrechtlich Verantwortliche (die Gemeinschaft der Wohnungseigentümer, regelmäßig vertreten durch den Verwalter) die Eigentümer vorab umfassend über u. a. die Arten der zu verarbeitenden Daten zu informieren (vgl. Artikel 13 DSGVO).

Zu Nummer 3 (Änderung von § 26a WEG)

Aufgrund des Organisationserlasses des Bundeskanzlers vom 8. Dezember 2021 (BGBl. I S. 5176) hat das Bundesministerium der Justiz und für Verbraucherschutz die Bezeichnung Bundesministerium der Justiz erhalten. Diese Änderung wird in § 26a Absatz 2 WEG-E nachvollzogen.

Zu Artikel 2 (Änderung des Bürgerlichen Gesetzbuchs)

Artikel 2 sieht Änderungen des Bürgerlichen Gesetzbuchs (BGB) vor.

Zu Nummer 1 (Änderung von § 554 BGB)

Mit Nummer 1 wird der Katalog des § 554 Absatz 1 Satz 1 BGB über bauliche Veränderungen, auf deren Erlaubnis die Mieterin oder der Mieter einen Anspruch gegen die Vermieterin oder den Vermieter hat, um die Stromerzeugung durch Steckersolargeräte erweitert. Damit wird ein Gleichlauf der Regelung zur Stromerzeugung durch Steckersolargeräte im Mietrecht und im Wohnungseigentumsrecht hergestellt. Die Installation eines Steckersolargerätes kann mit einer baulichen Veränderung im mietrechtlichen Sinn, das heißt mit einer Modifikation der Substanz der Mietsache, verbunden sein. Geht mit der Installation keine Substanzänderung einher, richtet sich die Zulässigkeit der Maßnahme wie bisher nach dem Umfang des vertragsgemäßen Gebrauchs der Mietsache.

Zu Buchstabe a

Bei Buchstabe a handelt es sich um eine sprachliche Folgeänderung zu der vorgesehenen Änderung in Buchstabe b.

Zu Buchstabe b

Durch Buchstabe b wird die Stromerzeugung durch Steckersolargeräte in den Katalog des § 554 Absatz 1 Satz 1 BGB aufgenommen. Zum Begriff „Steckersolargerät" vergleiche die Ausführungen zu Artikel 1 Nummer 1 Buchstabe c.

Zu Nummer 2 (Änderung von § 1092 BGB)

Durch Artikel 2 Nummer 2 werden die Ausnahmen von der grundsätzlichen Unübertragbarkeit beschränkter persönlicher Dienstbarkeiten in § 1092 Absatz 3 Satz 1 des Bürgerlichen Gesetzbuchs für juristische Personen und für rechtsfähige Personengesellschaften um Anlagen zur Nutzung von Wasserkraft, Windenergie, solarer Strahlungsenergie, Geothermie, Umweltwärme oder Energie aus Biomasse sowie Anlagen zur elektrochemischen Herstellung von Wasserstoff und zur Erzeugung von Strom, sogenannte Rückverstromung, aus Wasserstoff erweitert. Um die Übersichtlichkeit von § 1092 Absatz 3 Satz 1 BGB zu erhöhen, wird der bisherige Satzbau umgestellt und eine Nummerierung eingeführt; eine inhaltliche Änderung ist mit dieser Umstellung nicht verbunden. Der bisherige Wortlaut findet sich nunmehr in den Nummern 3 bis 6. Die Verwendung der Formulierung „ein Grundstück zu nutzen" stellt lediglich eine sprachliche Anpassung dar.

Beschränkte persönliche Dienstbarkeiten sind nach § 1092 Absatz 1 Satz 1 BGB nicht übertragbar. Für juristische Personen und rechtsfähige Personengesellschaften enthält § 1092 Absatz 2 und Absatz 3 BGB Ausnahmen von der Unübertragbarkeit. Um zeit- und kostenintensive Verfahren nach § 1092 Absatz 2, § 1059a BGB zu vermeiden, lässt § 1092 Absatz 3 BGB die Übertragung von Dienstbarkeiten zu, die bestimmte Transport- und Leitungsrechte betreffen.

Neben den Anlagen zur Fortleitung von Elektrizität, Gas, Fernwärme, Wasser, Abwasser, Öl oder Rohstoffen umfasst der 1996 in das BGB eingefügte § 1092 Absatz 3 BGB ausdrücklich auch alle dazugehörigen Anlagen, die der Fortleitung unmittelbar dienen. Von § 1092 Absatz 3 BGB nicht erfasst wird hingegen, wenn die Energiegewinnung durch die Anlage selbst stattfindet (Münchener Kommentar zum BGB/Mohr, § 1092 BGB Rn. 16; Grüneberg/Herrler, § 1092 BGB Rn. 4). Daher unterfallen Anlagen zur Erzeugung von Energie aus erneuerbaren Energiequellen wie Photovoltaik- und Windenergie nicht den Ausnahmen des § 1092 Absatz 3 BGB.

Beschränkte persönliche Dienstbarkeiten haben eine erhebliche praktische Bedeutung. Sie führen dazu, dass Anlagen trotz der festen Verbindung mit dem Boden im Sinne der §§ 94, 95 Absatz 1 Satz 2 BGB sonderrechtsfähig bleiben (Trennungsfunktion). In der Praxis dienen beschränkte persönliche Dienstbarkeiten für Erneuerbare-Energien-Anlagen außerdem dazu, das schuldrechtliche Nutzungsrecht der Person, die die Anlage betreibt, dinglich abzusichern (Nutzungsfunktion). Bei Photovoltaikanlagen erfolgt regelmäßig eine Absicherung durch eine beschränkte persönliche Dienstbarkeit. Mittels dieser kann auch für eine finanzierende Bank das Sicherungseigentum gesichert werden (Sicherungsfunktion) (MüKo BGB/Mohr, vor § 1018 Rn. 8 bis 11; Reymann, DNotz 2010, 84, 85 bis 91).

Da bei Erneuerbare-Energien-Anlagen in bestimmten Fällen ein Bedarf für einen Wechsel des Anlagenbetreibers und damit für eine Übertragung der beschränkten persönlichen Dienstbarkeit besteht, muss sich die Praxis derzeit mit aufwändigen und komplizierten vertraglichen Ausgestaltungen behelfen. Zur Förderung der Energiewende besteht vor diesem Hintergrund ein praktisches Bedürfnis, die Übertragbarkeit der beschränkten persönlichen Dienstbarkeit auf Erneuerbare-Energien-Anlagen auszuweiten. Die Errichtung und der Betrieb von Anlagen zur Nutzung von Wasserkraft, Windenergie, solarer Strahlungsenergie, Geothermie, Umweltwärme oder Energie aus Biomasse ist angesichts der Klimakrise und der aktuellen geopolitischen Entwicklungen ein wichtiges Ziel der Bundesregierung.

In der Frühjahrskonferenz der Justizministerinnen und Justizminister am 1./2. Juni 2022 haben die Justizministerinnen und Justizminister der Länder den Bundesminister der Justiz gebeten zu prüfen, ob die bereits bestehende Durchbrechung des Grundsatzes der Unübertragbarkeit beschränkter persönlicher Dienstbarkeiten in § 1092 Absatz 3 BGB auf die Errichtung und den Betrieb von Anlagen zur Erzeugung regenerativer Energien erweitert werden kann.

Der Begriff der erneuerbaren Energien ist im deutschen Recht nicht einheitlich geregelt. Nach spezialgesetzlichen Regelungen wie zum Beispiel § 3 Nummer 21 des

Erneuerbare-Energien-Gesetzes (EEG) oder § 3 Absatz 2 des Gebäudeenergiegesetzes (GEG) umfassen „erneuerbare Energien“ Wasserkraft, Windenergie, solare Strahlungsenergie, Geothermie, Umweltwärme und Energie aus Biomasse. An diesen spezialgesetzlichen Regelungen orientiert sich der Katalog des § 1092 Absatz 3 Satz 1 Nummer 1 BGB-E. Damit umfasst die Neuregelung alle Anlagen zur Erzeugung erneuerbarer Energien, die derzeit im Mittelpunkt der Diskussionen zur Energiewende stehen, insbesondere Photovoltaikanlagen und Windkraftanlagen. Gegen eine dynamische Verweisung etwa auf § 3 Nummer 21 EEG spricht, dass jede Änderung dieser Vorschrift unmittelbare Auswirkungen auf entsprechende beschränkte persönliche Dienstbarkeiten hätte. Dies wäre nicht mit dem im Sachenrecht besonders bedeutsamen Grundsatz der Rechtsklarheit zu vereinbaren. Zudem sprechen Gründe des Vertrauensschutzes sowohl aus Sicht der Eigentümerinnen und Eigentümer als auch der Berechtigten dagegen, dass sich die Übertragbarkeit der beschränkten persönlichen Dienstbarkeit im Falle einer dynamischen Verweisung ohne Weiteres ändern könnte.

Mit der neuen Nummer 2 werden Anlagen zur elektrochemischen Herstellung von Wasserstoff und zur Erzeugung von Strom aus Wasserstoff von § 1092 Absatz 3 Satz 1 BGB erfasst.

Die Neuaufnahme trägt der großen Bedeutung des von der Bundesregierung forcierten Wasserstoffmarkthochlaufs Rechnung. Für den Erfolg der Energiewende und für den Klimaschutz werden Alternativen zu fossilen Energieträgern benötigt. Die Nutzung von Wasserstoff wird eine wichtige Rolle bei der Dekarbonisierung und zur Sektorkopplung einnehmen, insbesondere als Flexibilitäts- und Speichertechnologie.

Eine leistungsstarke und nachhaltige inländische Herstellung von Wasserstoff mittels Elektrolyse sorgt für eine gesicherte Bedarfsdeckung mit kurzen Transportwegen und schafft die Grundlage für einen funktionierenden Heimatmarkt, der alle Wertschöpfungsstufen erfasst. Um diese Ziele zu erreichen, ist die Errichtung von Anlagen zur elektrochemischen Herstellung von Wasserstoff sowie zur Erzeugung von Strom aus Wasserstoff gleichermaßen erforderlich. Zur Förderung der Energiewende soll auch für diese Anlagen die Übertragbarkeit von beschränkten persönlichen Dienstbarkeiten erleichtert werden. Erfasst sind auch die erforderlichen Nebenanlagen von Elektrolyseuren, insbesondere Leistungselektronik (einschließlich Wechselrichter), Anlagen zur Wasseraufbereitung, Kompressoren und Speicherung des erzeugten Wasserstoffs und Sauerstoffs. Sowohl bei der elektrochemischen Herstellung von Wasserstoff als auch bei der Erzeugung von Strom aus Wasserstoff entsteht nutzbare Wärme. Von der Neuregelung sind daher auch Anlagen zur Nutzung von Abwärme und, im Fall der Erzeugung von Strom aus Wasserstoff, auch sogenannte Kraft-Wärme-Kopplungsanlagen umfasst, ohne dass dies einer ausdrücklichen Klarstellung im Gesetzestext bedarf.

Eine zusätzliche Aufnahme des Begriffs „Wasserstoff“ in Nummer 3 ist nicht erforderlich, da Wasserstoff unter den Begriff „Gas“ fällt.

Bei den von § 1092 Absatz 3 Satz 1 BGB-E erfassten beschränkten persönlichen Dienstbarkeiten kann die Übertragung mit dinglicher Wirkung durch eine im Grundbuch zu vermerkende Vereinbarung abbedungen werden (vgl. Kazele in BeckOGK, Stand 1.5.2023, § 1092 BGB Rn. 48, 65).

Eine Erweiterung der Ausnahmen des § 1092 Absatz 3 BGB auch auf beschränkte persönliche Dienstbarkeiten, die natürlichen Personen zustehen, ist abzulehnen. Bei der Ausgestaltung der verschiedenen dinglichen Nutzungsrechte hat sich der historische Gesetzgeber von dem Gedanken leiten lassen, dass einer rechtspolitisch unerwünschten Aushöhlung des Eigentumsrechts durch Beschränkungen entgegengewirkt werden sollte. Dieser Gedanke ist nach wie vor zutreffend. Bei beschränkten persönlichen Dienstbarkeiten erfolgt die Beschränkung der Reichweite insbesondere mittels der Unvererblichkeit und der grundsätzlichen Unübertragbarkeit (MüKo BGB/Mohr, vor § 1018 BGB Rn. 8). Vor diesem Hintergrund soll die Unübertragbarkeit beschränkter persönlicher Dienstbarkeiten, die natürlichen Personen zustehen, bestehen bleiben.

Zu Artikel 3 (Änderung des Einführungsgesetzes zum Bürgerlichen Gesetzbuche)

Nach Artikel 3 soll die Übertragbarkeit von beschränkten persönlichen Dienstbarkeiten, die dazu berechtigen, ein Grundstück für Anlagen zur Erzeugung erneuerbarer Energien zu nutzen, nicht auf Altfälle, das heißt auf beschränkte persönliche Dienstbarkeiten, für die die erforderliche Eintragungsbewilligung bereits vor Inkrafttreten des Gesetzes notariell beurkundet oder öffentlich beglaubigt wurde, angewendet werden. Solche beschränkten persönlichen Dienstbarkeiten konnten nach altem Recht nur unter engen Voraussetzungen (§ 1092 Absatz 2 in Verbindung mit § 1059a BGB) übertragen werden. Die an diese Rechtslage anknüpfenden Vereinbarungen der Vertragsparteien sollen respektiert werden. Dies dient zum einen dem Vertrauensschutz der Grundstückseigentümerinnen und -eigentümer, die eine beschränkte persönliche Dienstbarkeit zugunsten einer bestimmten juristischen Person oder rechtsfähigen Personengesellschaft bestellt haben und grundsätzlich nicht damit zu rechnen brauchten, dass das dingliche Recht an einen Dritten übertragen wird. Zum anderen trifft die Neuregelung auf komplexe Vertragswerke der Rechtspraxis. Die neue Übertragungsmöglichkeit kann insbesondere mit den detaillierten Behelfslösungen in Konflikt treten, derer sich die Praxis bislang mangels einer Übertragbarkeit bedient. Dies betrifft vor allem den Finanzierungsgläubiger des Anlagenbetreibers, der bei einem Zahlungsausfall des Anlagenbetreibers dessen (tatsächlichen) Nachfolger nicht mehr bestimmen kann, wenn die vorrangige beschränkte persönliche Dienstbarkeit des Anlagenbetreibers zwischenzeitlich übertragen worden ist. In die austarierten Vereinbarungen soll daher nicht nachträglich eingegriffen werden (vergleiche Artikel 229 § 18 Absatz 3 EGBGB zur ähnlichen Problematik bei Grundschuldbestellungen vor dem Risikobegrenzungsgesetz vom 12. August 2008, Lieder in MünchKomm/BGB, 9. Auflage 2023, § 1193 Rn. 8; R. Rebhan in BeckOGK, Stand 1.2.2022, § 1193 BGB Rn. 7; Volmer, MittBayNot 2009, 1 f.).

Zu Artikel 4 (Inkrafttreten)

Artikel 4 regelt das Inkrafttreten.

Zusammenstellung*

des Entwurfs eines Gesetzes zur Förderung der Elektromobilität und zur Modernisierung des Wohnungseigentumsgesetzes und zur Änderung von kosten- und grundbuchrechtlichen Vorschriften (Wohnungseigentumsmodernisierungsgesetz – WEMoG)

– Drucksachen 19/18791, 19/19369 –
mit den Beschlüssen des Ausschusses für Recht und Verbraucherschutz (6. Ausschuss)
– gemäß der Beschlussempfehlung BT-Drs. 9/22634 –**

Entwurf	Beschlüsse des 6. Ausschusses
Entwurf eines Gesetzes zur Förderung der Elektromobilität und zur Modernisierung des Wohnungseigentumsgesetzes und zur Änderung von kosten- und grundbuchrechtlichen Vorschriften	**Entwurf eines Gesetzes zur Förderung der Elektromobilität und zur Modernisierung des Wohnungseigentumsgesetzes und zur Änderung von kosten- und grundbuchrechtlichen Vorschriften**
(Wohnungseigentumsmodernisierungsgesetz – WEMoG)	**(Wohnungseigentumsmodernisierungsgesetz – WEMoG)**
Vom ...	Vom ...
Der Bundestag hat das folgende Gesetz beschlossen:	Der Bundestag hat das folgende Gesetz beschlossen:
Artikel 1	**Artikel 1**
Änderungen des Wohnungseigentumsgesetzes	**Änderungen des Wohnungseigentumsgesetzes**
Das Wohnungseigentumsgesetz in der im Bundesgesetzblatt Teil III, Gliederungsnummer 403-1, veröffentlichten bereinigten Fassung, das zuletzt durch Artikel 4 des Gesetzes vom 5. Dezember 2014 (BGBl. I S. 1962) geändert worden ist, wird wie folgt geändert:	Das Wohnungseigentumsgesetz in der im Bundesgesetzblatt Teil III, Gliederungsnummer 403-1, veröffentlichten bereinigten Fassung, das zuletzt durch Artikel 4 des Gesetzes vom 5. Dezember 2014 (BGBl. I S. 1962) geändert worden ist, wird wie folgt geändert:

* Diese Gesetzesmaterialien von 2020 berücksichtigen naturgemäß noch nicht die Gesetzesänderungen seitdem. Diese Materialien sind jedoch als weiterhin nutzbringend zur Erläuterung sowie in Auslegungsfragen in dieser Auflage beibehalten worden. (Anm. der Red.)

** Der Bundestag hat das WEMoG am 17.09.2020 mit den Änderungen gemäß dieser Zusammenstellung beschlossen (vgl. BT-PlPr 19/176 , S. 22171C).

Entwurf	Beschlüsse des 6. Ausschusses
1. Die Überschrift wird wie folgt gefasst:	1. unverändert
„Gesetz über das Wohnungseigentum und das Dauerwohnrecht	
(Wohnungseigentumsgesetz – WEG)“.	
2. Die Überschrift des I. Teils wird durch die folgenden Überschriften ersetzt:	2. unverändert
„Teil 1	
Wohnungseigentum	
Abschnitt 1	
Begriffsbestimmungen“.	
3. § 1 Absatz 5 wird wie folgt gefasst:	3. unverändert
„(5) Gemeinschaftliches Eigentum im Sinne dieses Gesetzes sind das Grundstück und das Gebäude, soweit sie nicht im Sondereigentum oder im Eigentum eines Dritten stehen.“	
4. Der bisherige 1. Abschnitt wird Abschnitt 2.	4. unverändert
5. § 3 wird wie wird folgt geändert:	5. unverändert
a) Absatz 1 wird wie folgt geändert:	
aa) Das Wort „Sondereigentum“ wird durch das Wort „Eigentum“ ersetzt und nach dem Wort „Gebäude“ wird die Angabe „(Sondereigentum)“ eingefügt.	
bb) Folgender Satz wird angefügt:	
„Stellplätze gelten als Räume im Sinne des Satzes 1.“	
b) Nach Absatz 1 wird folgender Absatz 2 eingefügt:	
„(2) Das Sondereigentum kann auf einen außerhalb des Gebäudes liegenden Teil des Grundstücks erstreckt werden, es sei denn, die Wohnung oder die nicht zu Wohnzwecken dienenden Räume bleiben dadurch wirtschaftlich nicht die Hauptsache.“	
c) Der bisherige Absatz 2 wird Absatz 3 und wird wie folgt gefasst:	
„(3) Sondereigentum soll nur eingeräumt werden, wenn die Wohnungen oder sonstigen Räume in sich abgeschlossen sind und Stellplätze sowie außerhalb des Gebäudes liegende Teile des Grundstücks durch Maßangaben im Aufteilungsplan bestimmt sind.“	

Entwurf	Beschlüsse des 6. Ausschusses
6. § 5 wird wie folgt geändert:	6. u n v e r ä n d e r t
a) Absatz 1 wird wie folgt geändert:	
aa) Die Angabe „§ 3 Abs. 1" wird durch die Wörter „§ 3 Absatz 1 Satz 1" und die Wörter „nach § 14 zulässige" werden durch die Wörter „bei einem geordneten Zusammenleben unvermeidliche" ersetzt.	
bb) Folgender Satz wird angefügt:	
„Soweit sich das Sondereigentum auf außerhalb des Gebäudes liegende Teile des Grundstücks erstreckt, gilt § 94 des Bürgerlichen Gesetzbuchs entsprechend."	
b) In Absatz 2 werden nach dem Wort „Räume" die Wörter „oder Teile des Grundstücks" eingefügt.	
c) Absatz 4 wird wie folgt geändert:	
aa) In Satz 1 werden nach dem Wort „untereinander" die Wörter „und Beschlüsse aufgrund einer solchen Vereinbarung" eingefügt und werden die Wörter „2. und 3. Abschnitts" durch die Angabe „Abschnitts 4" ersetzt.	
bb) In Satz 2 werden die Wörter „zu der Vereinbarung" gestrichen.	
cc) Satz 3 wird aufgehoben.	
7. § 7 wird wie folgt geändert:	7. u n v e r ä n d e r t
a) Absatz 2 wird wie folgt gefasst:	
„(2) Zur Eintragung eines Beschlusses im Sinne des § 5 Absatz 4 Satz 1 bedarf es der Bewilligungen der Wohnungseigentümer nicht, wenn der Beschluss durch eine Niederschrift, bei der die Unterschriften der in § 24 Absatz 6 bezeichneten Personen öffentlich beglaubigt sind, oder durch ein Urteil in einem Verfahren nach § 44 Absatz 1 Satz 2 nachgewiesen ist. Antragsberechtigt ist auch die Gemeinschaft der Wohnungseigentümer."	
b) Absatz 3 wird wie folgt geändert:	
aa) Nach dem Wort „Eintragungsbewilligung" werden die Wörter „oder einen	

Entwurf	Beschlüsse des 6. Ausschusses
Nachweis gemäß Absatz 2 Satz 1“ eingefügt.	
bb) Folgender Satz wird angefügt:	
„Veräußerungsbeschränkungen (§ 12) und die Haftung von Sondernachfolgern für Geldschulden sind jedoch ausdrücklich einzutragen.“	
c) Absatz 4 wird wie folgt geändert:	
aa) Satz 1 wird wie folgt geändert:	
aaa) Nummer 1 wird wie folgt gefasst:	
„1. eine von der Baubehörde mit Unterschrift und Siegel oder Stempel versehene Bauzeichnung, aus der die Aufteilung des Gebäudes und des Grundstücks sowie die Lage und Größe der im Sondereigentum und der im gemeinschaftlichen Eigentum stehenden Teile des Gebäudes und des Grundstücks ersichtlich ist (Aufteilungsplan); alle zu demselben Wohnungseigentum gehörenden Einzelräume und Teile des Grundstücks sind mit der jeweils gleichen Nummer zu kennzeichnen;“.	
bbb) In Nummer 2 wird die Angabe „§ 3 Abs. 2“ durch die Angabe „§ 3 Absatz 3“ ersetzt.	
bb) Die Sätze 3 bis 6 werden aufgehoben.	
8. § 8 wird wie folgt geändert:	8. unverändert
a) In Absatz 1 werden die Wörter „das Sondereigentum an einer bestimmten Wohnung oder an nicht zu Wohnzwecken dienenden bestimmten Räumen in einem auf dem Grundstück errichteten oder zu errichtenden Gebäude“ durch das Wort „Sondereigentum“ ersetzt.	

Entwurf	Beschlüsse des 6. Ausschusses
b) Absatz 2 wird wie folgt geändert:	
aa) In Satz 1 werden die Wörter „die Vorschriften des § 3 Abs. 2 und der §§ 5, 6, § 7 Abs. 1, 3 bis 5“ durch die Wörter „§ 3 Absatz 1 Satz 2, Absatz 2 und 3, § 4 Absatz 2 Satz 2 sowie die §§ 5 bis 7“ ersetzt.	
bb) Satz 2 wird aufgehoben.	
c) Folgender Absatz 3 wird angefügt:	
„(3) Wer einen Anspruch auf Übertragung von Wohnungseigentum gegen den teilenden Eigentümer hat, der durch Vormerkung im Grundbuch gesichert ist, gilt gegenüber der Gemeinschaft der Wohnungseigentümer und den anderen Wohnungseigentümern anstelle des teilenden Eigentümers als Wohnungseigentümer, sobald ihm der Besitz an den zum Sondereigentum gehörenden Räumen übergeben wurde.“	
9. § 9 Absatz 1 wird wie folgt geändert:	9. unverändert
a) Nummer 2 wird aufgehoben.	
b) Nummer 3 wird Nummer 2.	
10. Nach § 9 wird folgender Abschnitt 3 eingefügt:	10. Nach § 9 wird folgender Abschnitt 3 eingefügt:
„Abschnitt 3	„Abschnitt 3
Rechtsfähige Gemeinschaft der Wohnungseigentümer	Rechtsfähige Gemeinschaft der Wohnungseigentümer
§ 9a	§ 9a
Gemeinschaft der Wohnungseigentümer	unverändert
(1) Die Gemeinschaft der Wohnungseigentümer kann Rechte erwerben und Verbindlichkeiten eingehen, vor Gericht klagen und verklagt werden. Die Gemeinschaft der Wohnungseigentümer entsteht mit Anlegung der Wohnungsgrundbücher; dies gilt auch im Fall des § 8. Sie führt die Bezeichnung „Gemeinschaft der Wohnungseigentümer“ oder „Wohnungseigentümergemeinschaft” gefolgt von der bestimmten Angabe des gemeinschaftlichen Grundstücks.	

Entwurf	Beschlüsse des 6. Ausschusses
(2) Die Gemeinschaft der Wohnungseigentümer übt die sich aus dem gemeinschaftlichen Eigentum ergebenden Rechte sowie solche Rechte der Wohnungseigentümer aus, die eine einheitliche Rechtsverfolgung erfordern, und nimmt die entsprechenden Pflichten der Wohnungseigentümer wahr.	
(3) Für das Vermögen der Gemeinschaft der Wohnungseigentümer (Gemeinschaftsvermögen) gelten § 18, § 19 Absatz 1 und § 27 entsprechend.	
(4) Jeder Wohnungseigentümer haftet einem Gläubiger nach dem Verhältnis seines Miteigentumsanteils (§ 16 Absatz 1 Satz 2) für Verbindlichkeiten der Gemeinschaft der Wohnungseigentümer, die während seiner Zugehörigkeit entstanden oder während dieses Zeitraums fällig geworden sind; für die Haftung nach Veräußerung des Wohnungseigentums ist § 160 des Handelsgesetzbuchs entsprechend anzuwenden. Er kann gegenüber einem Gläubiger neben den in seiner Person begründeten auch die der Gemeinschaft der Wohnungseigentümer zustehenden Einwendungen und Einreden geltend machen, nicht aber seine Einwendungen und Einreden gegenüber der Gemeinschaft der Wohnungseigentümer. Für die Einrede der Anfechtbarkeit und Aufrechenbarkeit ist § 770 des Bürgerlichen Gesetzbuchs entsprechend anzuwenden.	
(5) Ein Insolvenzverfahren über das Gemeinschaftsvermögen findet nicht statt.	
§ 9b	§ 9b
Vertretung	Vertretung
(1) Die Gemeinschaft der Wohnungseigentümer wird durch den Verwalter gerichtlich und außergerichtlich vertreten. Hat die Gemeinschaft der Wohnungseigentümer keinen Verwalter, wird sie durch die Wohnungseigentümer gemeinschaftlich vertreten. Eine Beschränkung des Umfangs der Vertretungsmacht ist Dritten gegenüber unwirksam.	(1) Die Gemeinschaft der Wohnungseigentümer wird durch den Verwalter gerichtlich und außergerichtlich vertreten, **beim Abschluss eines Grundstückskauf- oder Darlehensvertrags aber nur aufgrund eines Beschlusses der Wohnungseigentümer**. Hat die Gemeinschaft der Wohnungseigentümer keinen Verwalter, wird sie durch die Wohnungseigentümer gemeinschaftlich vertreten. Eine Beschränkung des Umfangs der Vertretungsmacht ist Dritten gegenüber unwirksam.

Entwurf	Beschlüsse des 6. Ausschusses
(2) *Die* Wohnungseigentümer *beschließen über* die *Vertretung der* Gemeinschaft der Wohnungseigentümer *gegenüber dem Verwalter*."	(2) **Dem Verwalter gegenüber vertritt der Vorsitzende des Verwaltungsbeirats oder ein durch Beschluss dazu ermächtigter** Wohnungseigentümer die Gemeinschaft der Wohnungseigentümer."
11. Der bisherige 2. Abschnitt wird Abschnitt 4 und die Überschrift wird wie folgt gefasst:	11. unverändert
„Abschnitt 4	
Rechtsverhältnis der Wohnungseigentümer untereinander und zur Gemeinschaft der Wohnungseigentümer".	
12. § 10 wird wie folgt geändert:	12. unverändert
a) Absatz 1 wird aufgehoben.	
b) Absatz 2 wird Absatz 1 und wird wie folgt geändert:	
aa) In Satz 1 werden nach dem Wort „untereinander" die Wörter „und zur Gemeinschaft der Wohnungseigentümer" eingefügt.	
bb) Satz 3 wird aufgehoben.	
c) Nach Absatz 1 wird folgender Absatz 2 eingefügt:	
„(2) Jeder Wohnungseigentümer kann eine vom Gesetz abweichende Vereinbarung oder die Anpassung einer Vereinbarung verlangen, soweit ein Festhalten an der geltenden Regelung aus schwerwiegenden Gründen unter Berücksichtigung aller Umstände des Einzelfalles, insbesondere der Rechte und Interessen der anderen Wohnungseigentümer, unbillig erscheint."	
d) Absatz 3 wird wie folgt geändert:	
aa) Die Wörter „sowie die Abänderung oder Aufhebung solcher Vereinbarungen" werden durch die Wörter „die Abänderung oder Aufhebung solcher Vereinbarungen sowie Beschlüsse, die aufgrund einer Vereinbarung gefasst werden," ersetzt.	

Entwurf	Beschlüsse des 6. Ausschusses
bb) Folgender Satz wird angefügt:	
„Im Übrigen bedürfen Beschlüsse zu ihrer Wirksamkeit gegen den Sondernachfolger eines Wohnungseigentümers nicht der Eintragung in das Grundbuch.“	
e) Die Absätze 4 bis 8 werden aufgehoben.	
13. § 11 wird wie folgt geändert:	13. unverändert
a) In der Überschrift wird das Wort „Unauflöslichkeit“ durch das Wort „Aufhebung“ ersetzt.	
b) Absatz 3 wird wie folgt gefasst:	
„(3) Im Fall der Aufhebung der Gemeinschaft bestimmt sich der Anteil der Miteigentümer nach dem Verhältnis des Wertes ihrer Wohnungseigentumsrechte zur Zeit der Aufhebung der Gemeinschaft. Hat sich der Wert eines Miteigentumsanteils durch Maßnahmen verändert, deren Kosten der Wohnungseigentümer nicht getragen hat, so bleibt eine solche Veränderung bei der Berechnung des Wertes dieses Anteils außer Betracht.“	
14. § 12 Absatz 4 wird wie folgt geändert:	14. unverändert
a) In Satz 1 werden die Wörter „durch Stimmenmehrheit“ gestrichen.	
b) Die Sätze 2, 4 und 5 werden aufgehoben.	
c) Folgender Satz wird angefügt:	
„§ 7 Absatz 2 gilt entsprechend.“	
15. Die §§ 13 bis 15 werden wie folgt gefasst:	15. unverändert
„§ 13	
Rechte des Wohnungseigentümers aus dem Sondereigentum	
(1) Jeder Wohnungseigentümer kann, soweit nicht das Gesetz entgegensteht, mit seinem Sondereigentum nach Belieben verfahren, insbesondere dieses bewohnen, vermieten, verpachten oder in sonstiger Weise nutzen, und andere von Einwirkungen ausschließen.	
(2) Für Maßnahmen, die über die ordnungsmäßige Instandhaltung und Instandsetzung (Erhaltung) des Sondereigentums hinausgehen,	

Entwurf	Beschlüsse des 6. Ausschusses
gilt § 20 mit der Maßgabe entsprechend, dass es keiner Gestattung bedarf, soweit keinem der anderen Wohnungseigentümer über das bei einem geordneten Zusammenleben unvermeidliche Maß hinaus ein Nachteil erwächst.	
§ 14	
Pflichten des Wohnungseigentümers	
(1) Jeder Wohnungseigentümer ist gegenüber der Gemeinschaft der Wohnungseigentümer verpflichtet,	
1. die gesetzlichen Regelungen, Vereinbarungen und Beschlüsse einzuhalten und	
2. das Betreten seines Sondereigentums und andere Einwirkungen auf dieses und das gemeinschaftliche Eigentum zu dulden, die den Vereinbarungen oder Beschlüssen entsprechen oder, wenn keine entsprechenden Vereinbarungen oder Beschlüsse bestehen, aus denen ihm über das bei einem geordneten Zusammenleben unvermeidliche Maß hinaus kein Nachteil erwächst.	
(2) Jeder Wohnungseigentümer ist gegenüber den übrigen Wohnungseigentümern verpflichtet,	
1. deren Sondereigentum nicht über das in Absatz 1 Nummer 2 bestimmte Maß hinaus zu beeinträchtigen und	
2. Einwirkungen nach Maßgabe des Absatz 1 Nummer 2 zu dulden.	
(3) Hat der Wohnungseigentümer eine Einwirkung zu dulden, die über das zumutbare Maß hinausgeht, kann er einen angemessenen Ausgleich in Geld verlangen.	
§ 15	
Pflichten Dritter	
Wer Wohnungseigentum gebraucht, ohne Wohnungseigentümer zu sein, hat gegenüber der Gemeinschaft der Wohnungseigentümer und anderen Wohnungseigentümern zu dulden:	
1. die Erhaltung des gemeinschaftlichen Eigentums und des Sondereigentums, die ihm	

Entwurf	Beschlüsse des 6. Ausschusses
rechtzeitig angekündigt wurde; § 555a Absatz 2 des Bürgerlichen Gesetzbuchs gilt entsprechend;	
2. Maßnahmen, die über die Erhaltung hinausgehen, die spätestens drei Monate vor ihrem Beginn in Textform angekündigt wurden; § 555c Absatz 1 Satz 2 Nummer 1 und 2, Absatz 2 bis 4 und § 555d Absatz 2 bis 5 des Bürgerlichen Gesetzbuchs gelten entsprechend.“	
16. § 16 wird wie folgt geändert:	16. u n v e r ä n d e r t
a) Die Überschrift wird wie folgt gefasst:	
„§ 16	
Nutzungen und Kosten“.	
b) Absatz 1 wird wie folgt geändert:	
aa) In Satz 1 werden die Wörter „Nutzungen des gemeinschaftlichen Eigentums“ durch die Wörter „Früchte des gemeinschaftlichen Eigentums und des Gemeinschaftsvermögens“ ersetzt.	
bb) Folgender Satz wird angefügt:	
„Jeder Wohnungseigentümer ist zum Mitgebrauch des gemeinschaftlichen Eigentums nach Maßgabe des § 14 berechtigt.“	
c) Absatz 2 wird wie folgt gefasst:	
„(2) Die Kosten der Gemeinschaft der Wohnungseigentümer, insbesondere der Verwaltung und des gemeinschaftlichen Gebrauchs des gemeinschaftlichen Eigentums, hat jeder Wohnungseigentümer nach dem Verhältnis seines Anteils (Absatz 1 Satz 2) zu tragen. Die Wohnungseigentümer können für einzelne Kosten oder bestimmte Arten von Kosten eine von Satz 1 oder von einer Vereinbarung abweichende Verteilung beschließen.“	
d) Die Absätze 3 bis 8 werden durch folgenden Absatz 3 ersetzt:	
„(3) Für die Kosten und Nutzungen bei baulichen Veränderungen gilt § 21.“	
17. § 17 wird aufgehoben.	17. u n v e r ä n d e r t

Entwurf	Beschlüsse des 6. Ausschusses
18. § 18 wird § 17 und wird wie folgt geändert:	18. unverändert
a) Absatz 1 wird wie folgt geändert:	
aa) In Satz 1 werden nach dem Wort „Wohnungseigentümern“ die Wörter „oder der Gemeinschaft der Wohnungseigentümer“ eingefügt und werden die Wörter „können die anderen Wohnungseigentümer“ durch die Wörter „kann die Gemeinschaft der Wohnungseigentümer“ ersetzt.	
bb) Satz 2 wird aufgehoben.	
b) Absatz 2 wird wie folgt gefasst:	
„(2) Die Voraussetzungen des Absatzes 1 liegen insbesondere vor, wenn der Wohnungseigentümer trotz Abmahnung wiederholt gröblich gegen die ihm nach § 14 Absatz 1 und 2 obliegenden Pflichten verstößt.“	
c) Absatz 3 wird aufgehoben.	
d) Absatz 4 wird Absatz 3.	
e) Folgender Absatz 4 wird angefügt:	
„(4) Das Urteil, durch das ein Wohnungseigentümer zur Veräußerung seines Wohnungseigentums verurteilt wird, berechtigt zur Zwangsvollstreckung entsprechend den Vorschriften des Ersten Abschnitts des Gesetzes über die Zwangsversteigerung und die Zwangsverwaltung. Das Gleiche gilt für Schuldtitel im Sinne des § 794 der Zivilprozessordnung, durch die sich der Wohnungseigentümer zur Veräußerung seines Wohnungseigentums verpflichtet.“	
19. Nach § 17 wird folgender § 18 eingefügt:	19. unverändert
„§ 18	
Verwaltung und Benutzung	
(1) Die Verwaltung des gemeinschaftlichen Eigentums obliegt der Gemeinschaft der Wohnungseigentümer.	
(2) Jeder Wohnungseigentümer kann von der Gemeinschaft der Wohnungseigentümer	
1. eine Verwaltung des gemeinschaftlichen Eigentums sowie	

Entwurf	Beschlüsse des 6. Ausschusses
2. eine Benutzung des gemeinschaftlichen Eigentums und des Sondereigentums	
verlangen, die dem Interesse der Gesamtheit der Wohnungseigentümer nach billigem Ermessen (ordnungsmäßige Verwaltung und Benutzung) und, soweit solche bestehen, den gesetzlichen Regelungen, Vereinbarungen und Beschlüssen entsprechen.	
(3) Jeder Wohnungseigentümer ist berechtigt, ohne Zustimmung der anderen Wohnungseigentümer die Maßnahmen zu treffen, die zur Abwendung eines dem gemeinschaftlichen Eigentum unmittelbar drohenden Schadens notwendig sind.	
(4) Jeder Wohnungseigentümer kann von der Gemeinschaft der Wohnungseigentümer Einsicht in die Verwaltungsunterlagen verlangen.“	
20. Die Überschrift des 3. Abschnitts wird gestrichen.	20. unverändert
21. Die §§ 19 bis 22 werden wie folgt gefasst:	21. Die §§ 19 bis 22 werden wie folgt gefasst:
„§ 19	„§ 19
Regelung der Verwaltung und Benutzung durch Beschluss	Regelung der Verwaltung und Benutzung durch Beschluss
(1) Soweit die Verwaltung des gemeinschaftlichen Eigentums und die Benutzung des gemeinschaftlichen Eigentums und des Sondereigentums nicht durch Vereinbarung der Wohnungseigentümer geregelt sind, beschließen die Wohnungseigentümer eine ordnungsmäßige Verwaltung und Benutzung.	(1) unverändert
(2) Zur ordnungsmäßigen Verwaltung und Benutzung gehören insbesondere	(2) Zur ordnungsmäßigen Verwaltung und Benutzung gehören insbesondere
1. die Aufstellung einer Hausordnung,	1. unverändert
2. die ordnungsmäßige Erhaltung des gemeinschaftlichen Eigentums,	2. unverändert
3. die angemessene Versicherung des gemeinschaftlichen Eigentums zum Neuwert sowie der Wohnungseigentümer gegen Haus- und Grundbesitzerhaftpflicht,	3. unverändert
4. die Ansammlung einer angemessenen Erhaltungsrücklage *sowie*	4. die Ansammlung einer angemessenen Erhaltungsrücklage,
5. die Festsetzung von Vorschüssen nach § 28 Absatz 1 Satz 1.	5. die Festsetzung von Vorschüssen nach § 28 Absatz 1 Satz 1 **sowie**

Entwurf	Beschlüsse des 6. Ausschusses
	6. die Bestellung eines zertifizierten Verwalters nach § 26a, es sei denn, es bestehen weniger als neun Sondereigentumsrechte, ein Wohnungseigentümer wurde zum Verwalter bestellt und weniger als ein Drittel der Wohnungseigentümer (§ 25 Absatz 2) verlangt die Bestellung eines zertifizierten Verwalters.
(3) Die Wohnungseigentümer können beschließen, wann Geldforderungen fällig werden und wie sie zu erfüllen sind. Sie können ferner Regelungen für den Fall beschließen, dass ein Wohnungseigentümer seine Pflichten verletzt.	**(3) entfällt**
§ 20	§ 20
Bauliche Veränderungen	u n v e r ä n d e r t
(1) Maßnahmen, die über die ordnungsmäßige Erhaltung des gemeinschaftlichen Eigentums hinausgehen (bauliche Veränderungen), können beschlossen oder einem Wohnungseigentümer durch Beschluss gestattet werden.	
(2) Jeder Wohnungseigentümer kann angemessene bauliche Veränderungen verlangen, die	
1. dem Gebrauch durch Menschen mit Behinderungen,	
2. dem Laden elektrisch betriebener Fahrzeuge,	
3. dem Einbruchsschutz und	
4. dem Anschluss an ein Telekommunikationsnetz mit sehr hoher Kapazität	
dienen. Über die Durchführung ist im Rahmen ordnungsmäßiger Verwaltung zu beschließen.	
(3) Unbeschadet des Absatzes 2 kann jeder Wohnungseigentümer verlangen, dass ihm eine bauliche Veränderung gestattet wird, wenn alle Wohnungseigentümer, deren Rechte durch die bauliche Veränderung über das bei einem geordneten Zusammenleben unvermeidliche Maß hinaus beeinträchtigt werden, einverstanden sind.	
(4) Bauliche Veränderungen, die die Wohnanlage grundlegend umgestalten oder einen Wohnungseigentümer ohne sein Einverständnis gegenüber anderen unbillig benachteiligen, dürfen nicht beschlossen und gestattet werden; sie können auch nicht verlangt werden.	

Entwurf	**Beschlüsse des 6. Ausschusses**
§ 21	§ 21
Nutzungen und Kosten bei baulichen Veränderungen	Nutzungen und Kosten bei baulichen Veränderungen
(1) Die Kosten einer baulichen Veränderung, die einem Wohnungseigentümer gestattet oder die auf sein Verlangen nach § 20 Absatz 2 durch die Gemeinschaft der Wohnungseigentümer durchgeführt wurde, hat dieser Wohnungseigentümer zu tragen. Nur ihm gebühren die Nutzungen.	(1) unverändert
(2) Vorbehaltlich des Absatzes 1 haben alle Wohnungseigentümer die Kosten einer baulichen Veränderung nach dem Verhältnis ihrer Anteile (§ 16 Absatz 1 Satz 2) zu tragen,	(2) Vorbehaltlich des Absatzes 1 haben alle Wohnungseigentümer die Kosten einer baulichen Veränderung nach dem Verhältnis ihrer Anteile (§ 16 Absatz 1 Satz 2) zu tragen,
1. die der *Anpassung an den Zustand dient, der bei Anlagen vergleichbarer Art in der Umgebung üblich* ist, oder	1. die **mit mehr als zwei Dritteln** der **abgegebenen Stimmen und der Hälfte aller Miteigentumsanteile beschlossen wurde, es sei denn, die bauliche Veränderung** ist **mit unverhältnismäßigen Kosten verbunden**, oder
2. deren Kosten sich innerhalb eines angemessenen Zeitraums amortisieren.	2. unverändert
Für die Nutzungen gilt § 16 Absatz 1.	Für die Nutzungen gilt § 16 Absatz 1.
(3) Die Kosten anderer als der in den Absätzen 1 und 2 bezeichneten baulichen Veränderungen haben die Wohnungseigentümer, die sie beschlossen haben, nach dem Verhältnis ihrer Anteile (§ 16 Absatz 1 Satz 2) zu tragen. Ihnen gebühren die Nutzungen entsprechend § 16 Absatz 1.	(3) unverändert
(4) Ein Wohnungseigentümer, der nicht berechtigt ist, Nutzungen zu ziehen, kann verlangen, dass ihm dies nach billigem Ermessen gegen angemessenen Ausgleich gestattet wird. Für seine Beteiligung an den Nutzungen und Kosten gilt Absatz 3 entsprechend.	(4) unverändert
(5) Die Wohnungseigentümer können eine abweichende Verteilung der Kosten und Nutzungen beschließen. Durch einen solchen Beschluss dürfen einem Wohnungseigentümer, der nach den vorstehenden Absätzen Kosten nicht zu tragen hat, keine Kosten auferlegt werden.	(5) unverändert

Entwurf	Beschlüsse des 6. Ausschusses
§ 22	§ 22
Wiederaufbau	u n v e r ä n d e r t
Ist das Gebäude zu mehr als der Hälfte seines Wertes zerstört und ist der Schaden nicht durch eine Versicherung oder in anderer Weise gedeckt, so kann der Wiederaufbau nicht beschlossen oder verlangt werden.“	
22. § 23 wird wie folgt geändert:	22. § 23 wird wie folgt geändert:
a) Dem Absatz 1 wird folgender Satz angefügt:	a) u n v e r ä n d e r t
„Die Wohnungseigentümer können beschließen, dass Wohnungseigentümer an der Versammlung auch ohne Anwesenheit an deren Ort teilnehmen und sämtliche oder einzelne ihrer Rechte ganz oder teilweise im Wege elektronischer Kommunikation ausüben können.“	
b) *In* Absatz 3 wird *das Wort „schriftlich“ durch die Wörter „in Textform“ ersetzt.*	b) Absatz 3 wird **wie folgt geändert:**
	aa) Das Wort „schriftlich“ wird durch die Wörter „in Textform“ ersetzt.
	bb) Folgender Satz wird angefügt:
	„Die Wohnungseigentümer können beschließen, dass für einen einzelnen Gegenstand die Mehrheit der abgegebenen Stimmen genügt.“
23. § 24 wird wie folgt geändert:	23. § 24 wird wie folgt geändert:
a) In Absatz 2 wird das Wort „schriftlich“ durch die Wörter „in Textform“ ersetzt.	a) u n v e r ä n d e r t
b) In Absatz 3 werden die Wörter „auch, falls ein Verwaltungsbeirat bestellt ist, von dessen Vorsitzenden oder seinem Vertreter“ durch die Wörter „auch durch den Vorsitzenden des Verwaltungsbeirats, dessen Vertreter oder einen durch Beschluss ermächtigten Wohnungseigentümer“ ersetzt.	b) u n v e r ä n d e r t
c) In Absatz 4 Satz 2 wird das Wort „zwei“ durch das Wort *„vier“* ersetzt.	c) In Absatz 4 Satz 2 wird das Wort „zwei“ durch das Wort **„drei“** ersetzt.
d) Absatz 6 wird wie folgt geändert:	d) u n v e r ä n d e r t
aa) In Satz 1 wird nach dem Wort „ist“ das Wort „unverzüglich“ eingefügt.	
bb) Satz 3 wird aufgehoben.	

Entwurf	Beschlüsse des 6. Ausschusses
e) Die Absätze 7 und 8 werden aufgehoben.	**e) entfällt**
24. § 25 wird wie folgt geändert:	24. § 25 wird wie folgt geändert:
a) Die Überschrift wird wie folgt gefasst:	a) Die Überschrift wird wie folgt gefasst:
„Beschlussfassung, *Beschlusssammlung*“.	„Beschlussfassung“.
b) Absatz 1 wird wie folgt gefasst:	b) u n v e r ä n d e r t
„(1) Bei der Beschlussfassung entscheidet die Mehrheit der abgegebenen Stimmen.“	
c) Die Absätze 3 und 4 werden durch folgenden Absatz 3 ersetzt.	c) u n v e r ä n d e r t
„(3) Vollmachten bedürfen zu ihrer Gültigkeit der Textform.“	
d) Absatz 5 wird Absatz 4 und wird wie folgt geändert:	d) u n v e r ä n d e r t
aa) Die Wörter „der anderen Wohnungseigentümer“ werden gestrichen.	
bb) Die Angabe „§ 18“ wird durch die Angabe „§ 17“ ersetzt.	
e) Folgender Absatz 5 wird angefügt:	**e) entfällt**
„(5) Niederschriften über Beschlüsse und Urteile in Verfahren nach § 44 Absatz 1 sind in Textform aufzubewahren. Beschlüsse nach § 16 Absatz 2 Satz 2 und § 21 Absatz 5 Satz 1 sowie diesbezügliche Urteile sind hervorzuheben.“	
25. § 26 *Absatz 1* wird wie folgt *geändert*:	25. § 26 wird wie folgt **gefasst**:
	„§ 26
	Bestellung und Abberufung des Verwalters
	(1) Über die Bestellung und Abberufung des Verwalters beschließen die Wohnungseigentümer.
	(2) Die Bestellung kann auf höchstens fünf Jahre vorgenommen werden, im Fall der ersten Bestellung nach der Begründung von Wohnungseigentum aber auf höchstens drei Jahre. Die wiederholte Bestellung ist zulässig; sie bedarf eines erneuten Beschlusses der Wohnungseigentümer, der frühestens ein Jahr vor Ablauf der Bestellungszeit gefasst werden kann.

Entwurf	Beschlüsse des 6. Ausschusses
	(3) Der Verwalter kann jederzeit abberufen werden. Ein Vertrag mit dem Verwalter endet spätestens sechs Monate nach dessen Abberufung.
	(4) Soweit die Verwaltereigenschaft durch eine öffentlich beglaubigte Urkunde nachgewiesen werden muss, genügt die Vorlage einer Niederschrift über den Bestellungsbeschluss, bei der die Unterschriften der in § 24 Absatz 6 bezeichneten Personen öffentlich beglaubigt sind.
	(5) Abweichungen von den Absätzen 1 bis 3 sind nicht zulässig.“
a) In Satz 1 werden die Wörter „mit Stimmenmehrheit“ gestrichen.	**a) entfällt**
b) In Satz 2 wird das Wort „darf“ durch das Wort „kann“ ersetzt.	**b) entfällt**
c) Die Sätze 3 und 4 werden aufgehoben.	**c) entfällt**
d) In dem neuen Satz 3 wird das Wort „Andere“ gestrichen.	**d) entfällt**
	26. Nach § 26 wird folgender § 26a eingefügt:
	„§ 26a
	Zertifizierter Verwalter
	(1) Als zertifizierter Verwalter darf sich bezeichnen, wer vor einer Industrie- und Handelskammer durch eine Prüfung nachgewiesen hat, dass er über die für die Tätigkeit als Verwalter notwendigen rechtlichen, kaufmännischen und technischen Kenntnisse verfügt.
	(2) Das Bundesministerium der Justiz und für Verbraucherschutz wird ermächtigt, durch Rechtsverordnung nähere Bestimmungen über die Prüfung zum zertifizierten Verwalter zu erlassen. In der Rechtsverordnung nach Satz 1 können insbesondere festgelegt werden:
	1. nähere Bestimmungen zu Inhalt und Verfahren der Prüfung;
	2. Bestimmungen über das zu erteilende Zertifikat;

Entwurf	Beschlüsse des 6. Ausschusses
	3. Voraussetzungen, unter denen sich juristische Personen und Personengesellschaften als zertifizierte Verwalter bezeichnen dürfen;
	4. Bestimmungen, wonach Personen aufgrund anderweitiger Qualifikationen von der Prüfung befreit sind, insbesondere weil sie die Befähigung zum Richteramt, einen Hochschulabschluss mit immobilienwirtschaftlichem Schwerpunkt, eine abgeschlossene Berufsausbildung zum Immobilienkaufmann oder zur Immobilienkauffrau oder einen vergleichbaren Berufsabschluss besitzen.“
26. Die §§ 27 bis 29 werden wie folgt gefasst:	**27.** Die §§ 27 bis 29 werden wie folgt gefasst:
„§ 27	„§ 27
Aufgaben und Befugnisse des Verwalters	Aufgaben und Befugnisse des Verwalters
(1) Der Verwalter ist gegenüber der Gemeinschaft der Wohnungseigentümer berechtigt und verpflichtet, die Maßnahmen ordnungsmäßiger Verwaltung zu treffen,	(1) Der Verwalter ist gegenüber der Gemeinschaft der Wohnungseigentümer berechtigt und verpflichtet, die Maßnahmen ordnungsmäßiger Verwaltung zu treffen, **die**
1. *über die eine Beschlussfassung durch die Wohnungseigentümer* nicht *geboten ist* oder	1. **untergeordnete Bedeutung haben und** nicht **zu erheblichen Verpflichtungen führen** oder
2. *die* zur Wahrung einer Frist oder zur Abwendung eines Nachteils erforderlich sind.	2. zur Wahrung einer Frist oder zur Abwendung eines Nachteils erforderlich sind.
(2) Die Wohnungseigentümer können die Rechte und Pflichten nach Absatz 1 durch Beschluss einschränken oder erweitern.	(2) u n v e r ä n d e r t
§ 28	§ 28
Wirtschaftsplan, Jahresabrechnung, Vermögensbericht	Wirtschaftsplan, Jahresabrechnung, Vermögensbericht
(1) Die Wohnungseigentümer beschließen über die Vorschüsse zur Kostentragung und zu den nach § 19 Absatz 2 Nummer 4 oder durch Beschluss vorgesehenen Rücklagen. Zu diesem Zweck hat der Verwalter jeweils für ein Kalenderjahr einen Wirtschaftsplan aufzustellen, der darüber hinaus die voraussichtlichen Einnahmen und Ausgaben enthält.	(1) u n v e r ä n d e r t

Entwurf	Beschlüsse des 6. Ausschusses
(2) Nach Ablauf des Kalenderjahres beschließen die Wohnungseigentümer über die Einforderung von Nachschüssen oder die Anpassung der beschlossenen Vorschüsse. Zu diesem Zweck hat der Verwalter eine Abrechnung über den Wirtschaftsplan (Jahresabrechnung) aufzustellen, die darüber hinaus die Einnahmen und Ausgaben enthält.	(2) u n v e r ä n d e r t
	(3) Die Wohnungseigentümer können beschließen, wann Forderungen fällig werden und wie sie zu erfüllen sind.
(*3*) Der Verwalter hat nach Ablauf eines Kalenderjahres einen Vermögensbericht zu erstellen, der den Stand der in Absatz 1 Satz 1 bezeichneten Rücklagen und eine Aufstellung des wesentlichen Gemeinschaftsvermögens enthält. Der Vermögensbericht ist jedem Wohnungseigentümer zur Verfügung zu stellen.	(**4**) u n v e r ä n d e r t
§ 29	§ 29
Verwaltungsbeirat	Verwaltungsbeirat
(1) Wohnungseigentümer können durch Beschluss zum Mitglied des Verwaltungsbeirats bestellt werden. Hat der Verwaltungsbeirat mehrere Mitglieder, ist ein Vorsitzender und ein Stellvertreter zu bestimmen. Der Verwaltungsbeirat wird von dem Vorsitzenden nach Bedarf einberufen.	(1) u n v e r ä n d e r t
(2) Der Verwaltungsbeirat unterstützt den Verwalter bei der Durchführung seiner Aufgaben. Der Wirtschaftsplan und die Jahresabrechnung sollen, bevor die Beschlüsse nach § 28 Absatz 1 Satz 1 und Absatz 2 Satz 1 gefasst werden, vom Verwaltungsbeirat geprüft und mit dessen Stellungnahme versehen werden.	(2) Der Verwaltungsbeirat unterstützt **und überwacht** den Verwalter bei der Durchführung seiner Aufgaben. Der Wirtschaftsplan und die Jahresabrechnung sollen, bevor die Beschlüsse nach § 28 Absatz 1 Satz 1 und Absatz 2 Satz 1 gefasst werden, vom Verwaltungsbeirat geprüft und mit dessen Stellungnahme versehen werden.
(3) Sind Mitglieder des Verwaltungsbeirats unentgeltlich tätig, haben sie nur Vorsatz und grobe Fahrlässigkeit zu vertreten.“	(3) u n v e r ä n d e r t
27. Der bisherige 4. Abschnitt wird Abschnitt 5.	**28.** u n v e r ä n d e r t
28. Die Überschrift des § 30 wird wie folgt gefasst:	**29.** u n v e r ä n d e r t
„§ 30	
Wohnungserbbaurecht“.	
29. Der II. Teil wird Teil 2.	**30.** u n v e r ä n d e r t

Entwurf	Beschlüsse des 6. Ausschusses
30. § 32 Absatz 2 Satz 4 bis 7 werden aufgehoben.	**31.** unverändert
31. Der III. Teil wird wie folgt gefasst:	**32.** Der III. Teil wird wie folgt gefasst:
„Teil 3	„Teil 3
Verfahrensvorschriften	Verfahrensvorschriften
§ 43	§ 43
Zuständigkeit	Zuständigkeit
(1) Die Gemeinschaft der Wohnungseigentümer hat ihren allgemeinen Gerichtsstand bei dem Gericht, in dessen Bezirk das Grundstück liegt. Bei diesem Gericht kann auch die Klage gegen Wohnungseigentümer im Fall des § 9a Absatz 4 Satz 1 erhoben werden.	(1) unverändert
(2) Das Gericht, in dessen Bezirk das Grundstück liegt, ist ausschließlich zuständig für	(2) Das Gericht, in dessen Bezirk das Grundstück liegt, ist ausschließlich zuständig für
1. Streitigkeiten über die Rechte und Pflichten der Wohnungseigentümer untereinander,	1. unverändert
2. Streitigkeiten über die Rechte und Pflichten zwischen der Gemeinschaft der Wohnungseigentümer und Wohnungseigentümern,	2. unverändert
3. Streitigkeiten über die Rechte und Pflichten des Verwalters sowie	3. Streitigkeiten über die Rechte und Pflichten des Verwalters **einschließlich solcher über Ansprüche eines Wohnungseigentümers gegen den Verwalter** sowie
4. Beschlussklagen gemäß § 44.	4. unverändert
§ 44	§ 44
Beschlussklagen	unverändert
(1) Das Gericht kann auf Klage eines Wohnungseigentümers einen Beschluss für ungültig erklären (Anfechtungsklage) oder seine Nichtigkeit feststellen (Nichtigkeitsklage). Unterbleibt eine notwendige Beschlussfassung, kann das Gericht auf Klage eines Wohnungseigentümers den Beschluss fassen (Beschlussersetzungsklage).	
(2) Die Klagen sind gegen die Gemeinschaft der Wohnungseigentümer zu richten. Der Verwalter hat den Wohnungseigentümern die Er-	

Entwurf	**Beschlüsse des 6. Ausschusses**
hebung einer Klage unverzüglich bekannt zu machen. Mehrere Prozesse sind zur gleichzeitigen Verhandlung und Entscheidung zu verbinden.	
(3) Das Urteil wirkt für und gegen alle Wohnungseigentümer, auch wenn sie nicht Partei sind.	
(4) Die durch eine Nebenintervention verursachten Kosten gelten nur dann als notwendig zur zweckentsprechenden Rechtsverteidigung im Sinne des § 91 der Zivilprozessordnung, wenn die Nebenintervention geboten war.	
§ 45	§ 45
Fristen der Anfechtungsklage	u n v e r ä n d e r t
Die Anfechtungsklage muss innerhalb eines Monats nach der Beschlussfassung erhoben und innerhalb zweier Monate nach der Beschlussfassung begründet werden. Die §§ 233 bis 238 der Zivilprozessordnung gelten entsprechend.“	
32. Der IV. Teil wird Teil 4.	**33.** u n v e r ä n d e r t
33. § 61 wird § 46 und die Überschrift wird wie folgt gefasst:	**34.** u n v e r ä n d e r t
„§ 46	
Veräußerung ohne erforderliche Zustimmung“.	
34. Die §§ 62 bis 64 werden durch die folgenden §§ 47 bis 49 ersetzt:	**35.** Die §§ 62 bis 64 werden durch die folgenden §§ 47 bis 49 ersetzt:
„§ 47	„§ 47
Auslegung von Altvereinbarungen	Auslegung von Altvereinbarungen
Vereinbarungen, die vor dem … [einsetzen: Datum des Inkrafttretens nach Artikel *17* Satz 1 dieses Gesetzes] getroffen wurden und die von solchen Vorschriften dieses Gesetzes abweichen, die durch das Wohnungseigentumsmodernisierungsgesetz vom … [einsetzen: Datum und Fundstelle dieses Gesetzes] geändert wurden, stehen der Anwendung dieser Vorschriften in der vom … [einsetzen: Datum des Inkrafttretens nach Artikel *17* Satz 1 dieses Gesetzes] an geltenden Fassung nicht entgegen, soweit sich aus der Vereinbarung nicht ein anderer Wille ergibt. Ein solcher Wille ist in der Regel nicht anzunehmen.	Vereinbarungen, die vor dem … [einsetzen: Datum des Inkrafttretens nach Artikel **18** Satz 1 dieses Gesetzes] getroffen wurden und die von solchen Vorschriften dieses Gesetzes abweichen, die durch das Wohnungseigentumsmodernisierungsgesetz vom … [einsetzen: Datum und Fundstelle dieses Gesetzes] geändert wurden, stehen der Anwendung dieser Vorschriften in der vom … [einsetzen: Datum des Inkrafttretens nach Artikel **18** Satz 1 dieses Gesetzes] an geltenden Fassung nicht entgegen, soweit sich aus der Vereinbarung nicht ein anderer Wille ergibt. Ein solcher Wille ist in der Regel nicht anzunehmen.

Entwurf	**Beschlüsse des 6. Ausschusses**
§ 48	§ 48
Übergangsvorschriften	Übergangsvorschriften
(1) § 5 Absatz 4, § 7 Absatz 2 und § 10 Absatz 3 in der vom … [einsetzen: Datum des Inkrafttretens nach Artikel *17* Satz 1 dieses Gesetzes] an geltenden Fassung gelten auch für solche Beschlüsse, die vor diesem Zeitpunkt gefasst oder durch gerichtliche Entscheidung ersetzt wurden. Abweichend davon bestimmt sich die Wirksamkeit eines Beschlusses im Sinne des Satzes 1 gegen den Sondernachfolger eines Wohnungseigentümers nach § 10 Absatz 4 in der vor dem … [einsetzen: Datum des Inkrafttretens nach Artikel *17* Satz 1 dieses Gesetzes] geltenden Fassung, wenn die Sondernachfolge bis zum 31. Dezember 2025 eintritt. Jeder Wohnungseigentümer kann bis zum 31. Dezember 2025 verlangen, dass ein Beschluss im Sinne des Satzes 1 erneut gefasst wird; § 204 Absatz 1 Nummer 1 des Bürgerlichen Gesetzbuchs gilt entsprechend.	(1) § 5 Absatz 4, § 7 Absatz 2 und § 10 Absatz 3 in der vom … [einsetzen: Datum des Inkrafttretens nach Artikel **18** Satz 1 dieses Gesetzes] an geltenden Fassung gelten auch für solche Beschlüsse, die vor diesem Zeitpunkt gefasst oder durch gerichtliche Entscheidung ersetzt wurden. Abweichend davon bestimmt sich die Wirksamkeit eines Beschlusses im Sinne des Satzes 1 gegen den Sondernachfolger eines Wohnungseigentümers nach § 10 Absatz 4 in der vor dem … [einsetzen: Datum des Inkrafttretens nach Artikel **18** Satz 1 dieses Gesetzes] geltenden Fassung, wenn die Sondernachfolge bis zum 31. Dezember 2025 eintritt. Jeder Wohnungseigentümer kann bis zum 31. Dezember 2025 verlangen, dass ein Beschluss im Sinne des Satzes 1 erneut gefasst wird; § 204 Absatz 1 Nummer 1 des Bürgerlichen Gesetzbuchs gilt entsprechend.
(2) § 5 Absatz 4 Satz 3 gilt in der vor dem … [einsetzen: Datum des Inkrafttretens nach Artikel *17* Satz 1 dieses Gesetzes] geltenden Fassung weiter für Vereinbarungen und Beschlüsse, die vor diesem Zeitpunkt getroffen oder gefasst wurden, und zu denen vor dem … [einsetzen: Datum des Inkrafttretens nach Artikel *17* Satz 1 dieses Gesetzes] alle Zustimmungen erteilt wurden, die nach den vor diesem Zeitpunkt geltenden Vorschriften erforderlich waren.	(2) § 5 Absatz 4 Satz 3 gilt in der vor dem … [einsetzen: Datum des Inkrafttretens nach Artikel **18** Satz 1 dieses Gesetzes] geltenden Fassung weiter für Vereinbarungen und Beschlüsse, die vor diesem Zeitpunkt getroffen oder gefasst wurden, und zu denen vor dem … [einsetzen: Datum des Inkrafttretens nach Artikel **18** Satz 1 dieses Gesetzes] alle Zustimmungen erteilt wurden, die nach den vor diesem Zeitpunkt geltenden Vorschriften erforderlich waren.
(3) § 7 Absatz 3 Satz 2 gilt auch für Vereinbarungen und Beschlüsse, die vor dem … [einsetzen: Datum des Inkrafttretens nach Artikel *17* Satz 1 dieses Gesetzes] getroffen oder gefasst wurden. Ist eine Vereinbarung oder ein Beschluss im Sinne des Satzes 1 entgegen der Vorgabe des § 7 Absatz 3 Satz 2 nicht ausdrücklich im Grundbuch eingetragen, erfolgt die ausdrückliche Eintragung in allen Wohnungsgrundbüchern nur auf Antrag eines Wohnungseigentümers oder der Gemeinschaft der Wohnungseigentümer. Ist die Haftung von Sondernachfolgern für Geldschulden entgegen der Vorgabe des § 7 Absatz 3 Satz 2 nicht ausdrücklich im Grundbuch eingetragen, lässt dies die Wirkung gegen den Sondernachfolger eines Wohnungseigentümers unberührt, wenn die Sondernachfolge bis zum 31. Dezember 2025 eintritt.	(3) § 7 Absatz 3 Satz 2 gilt auch für Vereinbarungen und Beschlüsse, die vor dem … [einsetzen: Datum des Inkrafttretens nach Artikel **18** Satz 1 dieses Gesetzes] getroffen oder gefasst wurden. Ist eine Vereinbarung oder ein Beschluss im Sinne des Satzes 1 entgegen der Vorgabe des § 7 Absatz 3 Satz 2 nicht ausdrücklich im Grundbuch eingetragen, erfolgt die ausdrückliche Eintragung in allen Wohnungsgrundbüchern nur auf Antrag eines Wohnungseigentümers oder der Gemeinschaft der Wohnungseigentümer. Ist die Haftung von Sondernachfolgern für Geldschulden entgegen der Vorgabe des § 7 Absatz 3 Satz 2 nicht ausdrücklich im Grundbuch eingetragen, lässt dies die Wirkung gegen den Sondernachfolger eines Wohnungseigentümers unberührt, wenn die Sondernachfolge bis zum 31. Dezember 2025 eintritt.

Entwurf	Beschlüsse des 6. Ausschusses
	(4) § 19 Absatz 2 Nummer 6 ist ab dem … [einsetzen: Datum des ersten Tages des 26. auf die Verkündung folgenden Monats] anwendbar. Eine Person, die am … [einsetzen: Datum des Inkrafttretens dieses Gesetzes nach Artikel 18 Satz 1] Verwalter einer Gemeinschaft der Wohnungseigentümer war, gilt gegenüber den Wohnungseigentümern dieser Gemeinschaft der Wohnungseigentümer bis zum … [einsetzen: Datum des ersten Tages des 44. auf die Verkündung folgenden Monats] als zertifizierter Verwalter.
(*4*) Für die bereits vor dem … [einsetzen: Datum des Inkrafttretens nach Artikel *17* Satz 1 dieses Gesetzes] bei Gericht anhängigen Verfahren sind die Vorschriften des dritten Teils dieses Gesetzes in ihrer bis dahin geltenden Fassung weiter anzuwenden.	(**5**) Für die bereits vor dem … [einsetzen: Datum des Inkrafttretens nach Artikel **18** Satz 1 dieses Gesetzes] bei Gericht anhängigen Verfahren sind die Vorschriften des dritten Teils dieses Gesetzes in ihrer bis dahin geltenden Fassung weiter anzuwenden.
§ 49	§ 49
Überleitung bestehender Rechtsverhältnisse	u n v e r ä n d e r t
(1) Werden Rechtsverhältnisse, mit denen ein Rechtserfolg bezweckt wird, der den durch dieses Gesetz geschaffenen Rechtsformen entspricht, in solche Rechtsformen umgewandelt, so ist als Geschäftswert für die Berechnung der hierdurch veranlassten Gebühren der Gerichte und Notare im Falle des Wohnungseigentums ein Fünfundzwanzigstel des Einheitswertes des Grundstückes, im Falle des Dauerwohnrechtes ein Fünfundzwanzigstel des Wertes des Rechtes anzunehmen.	
(2) Durch Landesgesetz können Vorschriften zur Überleitung bestehender, auf Landesrecht beruhender Rechtsverhältnisse in die durch dieses Gesetz geschaffenen Rechtsformen getroffen werden.“	
Artikel 2	**Artikel 2**
Änderung des Bürgerlichen Gesetzbuchs	**Änderung des Bürgerlichen Gesetzbuchs**
Das Bürgerliche Gesetzbuch in der Fassung der Bekanntmachung vom 2. Januar 2002 (BGBl. I S. 42, 2909; 2003 I S. 738), das zuletzt durch Artikel 1 des	Das Bürgerliche Gesetzbuch in der Fassung der Bekanntmachung vom 2. Januar 2002 (BGBl. I S. 42, 2909; 2003 I S. 738), das zuletzt durch Artikel 1 des

Entwurf	Beschlüsse des 6. Ausschusses
Gesetzes vom *21. Dezember 2019* (BGBl. I S. *2911*) geändert worden ist, wird wie folgt geändert:	Gesetzes vom **12. Juni 2020** (BGBl. I S. **1245**) geändert worden ist, wird wie folgt geändert:
1. § 554 wird wie folgt gefasst:	1. unverändert
„§ 554	
Barrierereduzierung, E-Mobilität und Einbruchsschutz	
(1) Der Mieter kann verlangen, dass ihm der Vermieter bauliche Veränderungen der Mietsache erlaubt, die dem Gebrauch durch Menschen mit Behinderungen, dem Laden elektrisch betriebener Fahrzeuge oder dem Einbruchsschutz dienen. Der Anspruch besteht nicht, wenn die bauliche Veränderung dem Vermieter auch unter Würdigung der Interessen des Mieters nicht zugemutet werden kann. Der Mieter kann sich im Zusammenhang mit der baulichen Veränderung zur Leistung einer besonderen Sicherheit verpflichten; § 551 Absatz 3 gilt entsprechend.	
(2) Eine zum Nachteil des Mieters abweichende Vereinbarung ist unwirksam."	
2. § 554a wird aufgehoben.	2. unverändert
3. § 556a wird wie folgt geändert:	3. unverändert
a) Nach Absatz 2 wird folgender Absatz 3 eingefügt:	
„(3) Ist Wohnungseigentum vermietet und haben die Vertragsparteien nichts anderes vereinbart, sind die Betriebskosten abweichend von Absatz 1 nach dem für die Verteilung zwischen den Wohnungseigentümern jeweils geltenden Maßstab umzulegen. Widerspricht der Maßstab billigem Ermessen, ist nach Absatz 1 umzulegen."	
b) Der bisherige Absatz 3 wird Absatz 4.	
4. In § 578 Absatz 1 wird die Angabe „§§ 550" durch die Angabe „§§ 550, 554" ersetzt.	4. unverändert

Entwurf	Beschlüsse des 6. Ausschusses
Artikel 3	**Artikel 3**
Änderung des Justizaktenaufbewahrungsgesetzes	u n v e r ä n d e r t
Das Justizaktenaufbewahrungsgesetz vom 22. März 2005 (BGBl. I S. 837, 852), das durch Artikel 4 des Gesetzes vom 5. Juli 2017 (BGBl. I S. 2208) geändert worden ist, wird wie folgt geändert:	
1. In § 1 Satz 2 werden die Wörter „Namensverzeichnisse und“ durch die Wörter „Namens- und sonstige Verzeichnisse sowie“ ersetzt.	
2. § 2 Absatz 3 wird wie folgt gefasst:	
„(3) Die Länder können allgemein oder für einzelne Angelegenheiten bestimmen, dass für Akten, Aktenregister, Karteien, Namens- und sonstige Verzeichnisse, die bereits vor dem Inkrafttreten der Verordnung nach Absatz 1 weggelegt wurden, die bis dahin geltenden landesrechtlichen Aufbewahrungs- und Speicherungsfristen fortgelten.“	
Artikel 4	**Artikel 4**
Änderung des Gerichtsverfassungsgesetzes	**Änderung des Gerichtsverfassungsgesetzes**
In § 23 Nummer 2 Buchstabe c und § 72 Absatz 2 Satz 1 des Gerichtsverfassungsgesetzes in der Fassung der Bekanntmachung vom 9. Mai 1975 (BGBl. I S. 1077), das zuletzt durch Artikel *3* des Gesetzes vom *12. Dezember 2019* (BGBl. I S. *2633*) geändert worden ist, werden jeweils die Wörter „§ 43 Nr. 1 bis 4 und 6“ durch die Angabe „§ 43 Absatz 2“ ersetzt.	In § 23 Nummer 2 Buchstabe c und § 72 Absatz 2 Satz 1 des Gerichtsverfassungsgesetzes in der Fassung der Bekanntmachung vom 9. Mai 1975 (BGBl. I S. 1077), das zuletzt durch Artikel **2** des Gesetzes vom **10. Juli 2020** (BGBl. I S. **1648**) geändert worden ist, werden jeweils die Wörter „§ 43 Nr. 1 bis 4 und 6“ durch die Angabe „§ 43 Absatz 2“ ersetzt.
Artikel 5	**Artikel 5**
Änderung des Gesetzes über die Zwangsversteigerung und die Zwangsverwaltung	u n v e r ä n d e r t
Das Gesetz über die Zwangsversteigerung und die Zwangsverwaltung in der im Bundesgesetzblatt Teil III, Gliederungsnummer 310-14, veröffentlichten be-	

Entwurf	Beschlüsse des 6. Ausschusses
reinigten Fassung, das zuletzt durch Artikel 9 des Gesetzes vom 24. Mai 2016 (BGBl. I S. 1217) geändert worden ist, wird wie folgt geändert:	
1. In § 10 Absatz 1 Nummer 2 Satz 1 und § 156 Absatz 1 Satz 2 wird jeweils die Angabe „Abs. 2 und 5“ durch die Wörter „Absatz 1 und 2“ ersetzt.	
2. § 10 Absatz 3 wird wie folgt geändert:	
a) Satz 1 wird aufgehoben.	
b) In dem neuen Satz 1 werden nach den Wörtern „Für die Vollstreckung“ die Wörter „mit dem Range nach Absatz 1 Nummer 2“ eingefügt.	
3. In § 45 Absatz 3 Satz 1 werden die Wörter „der Wohnungseigentümer“ gestrichen.	
	Artikel 6
	Änderung der Grundbuchordnung
	In § 150 Absatz 6 der Grundbuchordnung in der Fassung der Bekanntmachung vom 26. Mai 1994 (BGBl. I S. 1114), die zuletzt durch Artikel 11 des Gesetzes vom 12. Dezember 2019 (BGBl. I S. 2602) geändert worden ist, wird die Angabe **„2020“** durch die Angabe **„2024“** ersetzt.
Artikel *6*	**Artikel 7**
Änderung der Grundbuchverfügung	unverändert
In § 113 Absatz 3 Satz 3 der Grundbuchverfügung in der Fassung der Bekanntmachung vom 24. Januar 1995 (BGBl. I S. 114), die zuletzt durch Artikel 12 des Gesetzes vom 12. Dezember 2019 (BGBl. I S. 2602) geändert worden ist, wird die Angabe „31. Dezember 2020“ durch die Angabe „31. Dezember 2030“ ersetzt.	
Artikel *7*	**Artikel 8**
Änderung der Wohnungsgrundbuchverfügung	unverändert
§ 3 der Wohnungsgrundbuchverfügung in der Fassung der Bekanntmachung vom 24. Januar 1995	

Entwurf	Beschlüsse des 6. Ausschusses
(BGBl. I S. 134), die durch Artikel 3 des Gesetzes vom 1. Oktober 2013 (BGBl. I S. 3719) geändert worden ist, wird wie folgt geändert:	
1. In Absatz 1 Buchstabe c werden die Wörter „an bestimmten Räumen" gestrichen.	
2. Absatz 2 wird wie folgt gefasst:	
„(2) Wegen des Gegenstandes und des Inhalts des Sondereigentums kann auf die Eintragungsbewilligung und einen Nachweis nach § 7 Absatz 2 Satz 1 des Wohnungseigentumsgesetzes Bezug genommen werden (§ 7 Absatz 3 Satz 1 des Wohnungseigentumsgesetzes); vereinbarte Veräußerungsbeschränkungen (§ 12 des Wohnungseigentumsgesetzes) und Vereinbarungen über die Haftung von Sondernachfolgern für Geldschulden sind jedoch ausdrücklich einzutragen (§ 7 Absatz 3 Satz 2 des Wohnungseigentumsgesetzes)."	
Artikel *8*	**Artikel 9**
Änderung des Gerichtskostengesetzes	**Änderung des Gerichtskostengesetzes**
Das Gerichtskostengesetz in der Fassung der Bekanntmachung vom 27. Februar 2014 (BGBl. I S. 154), das zuletzt durch Artikel 4 des Gesetzes vom *9. Dezember 2019* (BGBl. I S. *2146*) geändert worden ist, wird wie folgt geändert:	Das Gerichtskostengesetz in der Fassung der Bekanntmachung vom 27. Februar 2014 (BGBl. I S. 154), das zuletzt durch Artikel **2 Absatz** 4 des Gesetzes vom **25. Juni 2020** (BGBl. I S. **1474**) geändert worden ist, wird wie folgt geändert:
1. In der Inhaltsübersicht werden die Angaben zu den §§ 49 und 49a durch folgende Angabe ersetzt:	1. u n v e r ä n d e r t
„§ 49 Beschlussklagen nach dem Wohnungseigentumsgesetz".	
2. § 49 wird wie folgt gefasst:	2. § 49 wird wie folgt gefasst:
„§ 49	„§ 49
Beschlussklagen nach dem Wohnungseigentumsgesetz	Beschlussklagen nach dem Wohnungseigentumsgesetz
Der Streitwert in Verfahren nach § 44 Absatz 1 des Wohnungseigentumsgesetzes ist auf das Interesse aller Wohnungseigentümer an der Entscheidung festzusetzen. Er darf *das Fünffache* des *Wertes des* Interesses des Klägers und der auf	Der Streitwert in Verfahren nach § 44 Absatz 1 des Wohnungseigentumsgesetzes ist auf das Interesse aller Wohnungseigentümer an der Entscheidung festzusetzen. Er darf **den siebeneinhalbfachen Wert** des Interesses des Klägers und der auf seiner Seite Beigetretenen sowie den

Entwurf	Beschlüsse des 6. Ausschusses
seiner Seite Beigetretenen sowie den Verkehrswert ihres Wohnungseigentums nicht übersteigen."	Verkehrswert ihres Wohnungseigentums nicht übersteigen."
3. § 49a wird aufgehoben.	3. u n v e r ä n d e r t
4. Der Anlage 1 (Kostenverzeichnis) wird folgende Nummer 9020 angefügt:	4. Der Anlage 1 (Kostenverzeichnis) wird folgende Nummer 9020 angefügt:

Entwurf

Nr.	Auslagentatbestand	Höhe
„9020	Umsatzsteuer auf die Kosten .... Dies gilt nicht, wenn die Umsatzsteuer nach § 19 Abs. 1 UStG unerhoben bleibt.	in voller Höhe".

Beschlüsse des Ausschusses für Recht und Verbraucherschutz

u n v e r ä n d e r t

Entwurf	Beschlüsse des 6. Ausschusses
Artikel 9	**Artikel 10**
Änderung des Gesetzes über Gerichtskosten in Familiensachen	**Änderung des Gesetzes über Gerichtskosten in Familiensachen**
Der Anlage 1 (Kostenverzeichnis) zum Gesetz über Gerichtskosten in Familiensachen vom 17. Dezember 2008 (BGBl. I S. 2586, 2666), das zuletzt durch Artikel 5 des Gesetzes vom 19. Juni 2019 (BGBl. I S. 840) geändert worden ist, wird folgende Nummer 2016 angefügt:	Der Anlage 1 (Kostenverzeichnis) zum Gesetz über Gerichtskosten in Familiensachen vom 17. Dezember 2008 (BGBl. I S. 2586, 2666), das zuletzt durch Artikel 5 des Gesetzes vom 19. Juni 2019 (BGBl. I S. 840) geändert worden ist, wird folgende Nummer 2016 angefügt:

Entwurf

Nr.	Auslagentatbestand	Höhe
„2016	Umsatzsteuer auf die Kosten .... Dies gilt nicht, wenn die Umsatzsteuer nach § 19 Abs. 1 UStG unerhoben bleibt.	in voller Höhe".

Beschlüsse des Ausschusses für Recht und Verbraucherschutz

u n v e r ä n d e r t

Entwurf	Beschlüsse des 6. Ausschusses
Artikel *10*	**Artikel 11**
Änderung des Gerichts- und Notarkostengesetzes	**Änderung des Gerichts- und Notarkostengesetzes**
Die Anlage 1 (Kostenverzeichnis) zum Gerichts- und Notarkostengesetz vom 23. Juli 2013 (BGBl. I S. 2586), das zuletzt durch Artikel 7 des Gesetzes vom 17. Dezember 2018 (BGBl. I S. 2573) geändert worden ist, wird wie folgt geändert:	Die Anlage 1 (Kostenverzeichnis) zum Gerichts- und Notarkostengesetz vom 23. Juli 2013 (BGBl. I S. 2586), das zuletzt durch Artikel 7 des Gesetzes vom 17. Dezember 2018 (BGBl. I S. 2573) geändert worden ist, wird wie folgt geändert:
1. *Der* Anmerkung zu Nummer 14160 *wird folgender Satz angefügt:*	1. **In Nummer 5 der** Anmerkung zu Nummer 14160 **werden vor dem Punkt am Ende ein Semikolon und die Wörter „im Fall der Löschung einer Veräußerungsbeschränkung nach § 12 des Wohnungseigentumsgesetzes beträgt die Summe der zu erhebenden Gebühren höchstens 100,00 €“ eingefügt.**
„Im Fall der Löschung einer Veräußerungsbeschränkung nach § 12 des Wohnungseigentumsgesetzes beträgt die Summe der zu erhebenden Gebühren höchstens 100,00 €.“	**entfällt**
2. Nach Nummer 31016 wird folgende Nummer 31017 eingefügt:	2. Nach Nummer 31016 wird folgende Nummer 31017 eingefügt:

Entwurf

Nr.	Auslagentatbestand	Höhe
„31017	Umsatzsteuer auf die Kosten .... Dies gilt nicht, wenn die Umsatzsteuer nach § 19 Abs. 1 UStG unerhoben bleibt.	in voller Höhe“.

Beschlüsse des Ausschusses für Recht und Verbraucherschutz

u n v e r ä n d e r t

Entwurf	Beschlüsse des 6. Ausschusses
Artikel *11*	**Artikel 12**
Änderung des Gerichtsvollzieherkostengesetzes	**Änderung des Gerichtsvollzieherkostengesetzes**
Der Anlage (Kostenverzeichnis) zum Gerichtsvollzieherkostengesetz vom 19. April 2001 (BGBl. I S. 623), das zuletzt durch Artikel 17 des Gesetzes vom 12. Dezember 2019 (BGBl. I S. 2652) geändert worden ist, wird folgende Nummer 717 angefügt:	Der Anlage (Kostenverzeichnis) zum Gerichtsvollzieherkostengesetz vom 19. April 2001 (BGBl. I S. 623), das zuletzt durch Artikel 17 des Gesetzes vom 12. Dezember 2019 (BGBl. I S. 2652) geändert worden ist, wird folgende Nummer 717 angefügt:

Entwurf

Nr.	Auslagentatbestand	Höhe
„717	Umsatzsteuer auf die Kosten .... Dies gilt nicht, wenn die Umsatzsteuer nach § 19 Abs. 1 UStG unerhoben bleibt.	in voller Höhe“.

Beschlüsse des Ausschusses für Recht und Verbraucherschutz

unverändert

Entwurf	Beschlüsse des 6. Ausschusses
Artikel *12*	**Artikel 13**
Änderung des Grunderwerbsteuergesetzes	**Änderung des Grunderwerbsteuergesetzes**
In § 2 Absatz 2 Nummer 3 des Grunderwerbsteuergesetzes in der Fassung der Bekanntmachung vom 26. Februar 1997 (BGBl. I S. 418, 1804), das zuletzt durch Artikel *6 des Gesetzes* vom *25. März 2019* (BGBl. I S. *357*) geändert worden ist, werden die Wörter „im Sinne des § 15“ durch die Wörter „nach den Vorschriften“ ersetzt.	In § 2 Absatz 2 Nummer 3 des Grunderwerbsteuergesetzes in der Fassung der Bekanntmachung vom 26. Februar 1997 (BGBl. I S. 418, 1804), das zuletzt durch Artikel **196 der Verordnung** vom **19. Juni 2020** (BGBl. I S. **1328**) geändert worden ist, werden die Wörter „im Sinne des § 15“ durch die Wörter „nach den Vorschriften“ ersetzt.
Artikel *13*	**Artikel 14**
Änderung des Gewerbesteuergesetzes	**Änderung des Gewerbesteuergesetzes**
In § 9 Nummer 1 Satz 2 des Gewerbesteuergesetzes in der Fassung der Bekanntmachung vom 15. Oktober 2002 (BGBl. I S. 4167), das zuletzt durch Artikel *9* des Gesetzes vom *12. Dezember 2019* (BGBl. I	In § 9 Nummer 1 Satz 2 des Gewerbesteuergesetzes in der Fassung der Bekanntmachung vom 15. Oktober 2002 (BGBl. I S. 4167), das zuletzt durch Artikel **5** des Gesetzes vom **29. Juni 2020** (BGBl. I S. **1512**)

Entwurf	Beschlüsse des 6. Ausschusses
S. *2451*) geändert worden ist, werden die Wörter „Eigentumswohnungen im Sinne des Ersten Teils des Wohnungseigentumsgesetzes in der im Bundesgesetzblatt Teil III, Gliederungsnummer 403-1, veröffentlichten bereinigten Fassung, zuletzt geändert durch Artikel 28 des Gesetzes vom 14. Dezember 1984 (BGBl. I S. 1493)“ durch die Wörter „Eigentumswohnungen im Sinne des Wohnungseigentumsgesetzes in der jeweils geltenden Fassung“ ersetzt.	geändert worden ist, werden die Wörter „Eigentumswohnungen im Sinne des Ersten Teils des Wohnungseigentumsgesetzes in der im Bundesgesetzblatt Teil III, Gliederungsnummer 403-1, veröffentlichten bereinigten Fassung, zuletzt geändert durch Artikel 28 des Gesetzes vom 14. Dezember 1984 (BGBl. I S. 1493)“ durch die Wörter „Eigentumswohnungen im Sinne des Wohnungseigentumsgesetzes in der jeweils geltenden Fassung“ ersetzt.
Artikel *14*	**Artikel 15**
Änderung der Verordnung über Formblätter für die Gliederung des Jahresabschlusses von Wohnungsunternehmen	unverändert
In § 1 Absatz 3 der Verordnung über Formblätter für die Gliederung des Jahresabschlusses von Wohnungsunternehmen vom 22. September 1970 (BGBl. I S. 1334), die zuletzt durch Artikel 8 Absatz 12 des Gesetzes vom 17. Juli 2015 (BGBl. I S. 1245) geändert worden ist, werden die Wörter „im Sinne des Ersten Teils des Wohnungseigentumsgesetzes“ durch die Wörter „im Sinne des Teil 1 des Wohnungseigentumsgesetzes“ ersetzt.	
Artikel *15*	**Artikel 16**
Änderung des Schornsteinfeger-Handwerksgesetzes	unverändert
In § 19 Absatz 1 Satz 1 Nummer 1 Buchstabe b und § 19a Satz 1 des Schornsteinfeger-Handwerksgesetzes vom 26. November 2008 (BGBl. I S. 2242), das zuletzt durch Artikel 57 Absatz 7 des Gesetzes vom 12. Dezember 2019 (BGBl. I S. 2652) geändert worden ist, wird jeweils die Angabe „nach § 20“ durch die Wörter „im Sinne“ ersetzt.	
Artikel *16*	**Artikel 17**
Bekanntmachungserlaubnis	**Bekanntmachungserlaubnis**
Das Bundesministerium der Justiz und für Verbraucherschutz kann den Wortlaut des Wohnungseigentumsgesetzes in der vom … [einsetzen: Datum des	Das Bundesministerium der Justiz und für Verbraucherschutz kann den Wortlaut des Wohnungseigentumsgesetzes in der vom … [einsetzen: Datum des

Entwurf	Beschlüsse des 6. Ausschusses
Inkrafttretens nach Artikel *17* Satz 1 dieses Gesetzes] an geltenden Fassung im Bundesgesetzblatt bekannt machen.	Inkrafttretens nach Artikel **18** Satz 1 dieses Gesetzes] an geltenden Fassung im Bundesgesetzblatt bekannt machen.
Artikel *17*	**Artikel 18**
Inkrafttreten	**Inkrafttreten**
Dieses Gesetz tritt vorbehaltlich des Satzes 2 am ... [einsetzen: Datum des ersten Tages des zweiten auf die Verkündung folgenden Kalendermonats] in Kraft. Die Artikel 3 und *8* Nummer 4 sowie die Artikel *9* bis *11* treten am Tag nach der Verkündung in Kraft.	Dieses Gesetz tritt vorbehaltlich des Satzes 2 am ... [einsetzen: Datum des ersten Tages des zweiten auf die Verkündung folgenden Kalendermonats] in Kraft. Die Artikel 3, **6** und **9** Nummer 4 sowie die Artikel **10** bis **12** treten am Tag nach der Verkündung in Kraft.

Begründung der Änderungen
– Auszug aus BT-Drs. 19/22634 –

IV. Zur Begründung der Beschlussempfehlung

Zu Buchstabe a

Im Folgenden werden lediglich die vom Ausschuss für Recht und Verbraucherschutz empfohlenen Änderungen gegenüber der ursprünglichen Fassung des Gesetzentwurfs erläutert. Soweit der Ausschuss die unveränderte Annahme des Gesetzentwurfs empfiehlt, wird auf die Begründung in Drucksachen 19/18791, 19/19369 verwiesen.

Allgemeines

Erwogen hat der Rechtsausschuss eine Harmonisierung der wohnungseigentums- und mietrechtlichen Gebrauchsvorschriften. Da die denkbaren Gebrauchskonflikte jedoch zu vielfältig für eine abstrakt-generelle Regelung sind, folgt der Ausschuss der Empfehlung aus dem Abschlussbericht der Bund-Länder-Arbeitsgruppe zur Reform des Wohnungseigentumsrechts und überlässt die Lösung dieses Problems der Rechtsprechung. Die wesentlichen Leitlinien ergeben sich bereits aus den Entscheidungen des Bundesgerichtshofs (BGH) vom 25. Oktober 2019 und vom 24. Januar 2020. Demnach setzen sich die wohnungseigentumsrechtlichen Regelungen grundsätzlich gegenüber den mietrechtlichen Regelungen durch (vergleiche BGH, Urteile vom 25. Oktober 2019 – V ZR 271/18 sowie vom 24. Januar 2020 – V ZR 295/16). Im Übrigen hat es der Vermieter grundsätzlich in der Hand, beim Abschluss des Mietvertrags einen Änderungsvorbehalt aufzunehmen, um etwaige nachträgliche wohnungseigentumsrechtliche Gebrauchsbeschränkungen auf den Mieter überzuleiten.

Erwogen hat der Rechtsausschuss zudem, die Verbrauchereigenschaft der Ein-Personen-Gemeinschaft ausdrücklich in das Gesetz aufzunehmen. Er hat dies im Ergebnis jedoch nicht für notwendig erachtet. Denn dieses Ergebnis ergibt sich bereits aus § 13 BGB und der dazu ergangenen Rechtsprechung des BGH. Die Bundesregierung führt in der Begründung ihres Entwurfs dazu zutreffend aus (vergleiche Bundestagsdrucksache 19/18791, Seite 45): „Die Erwerber werden zudem dadurch geschützt, dass die Ein-Personen-Gemeinschaft in der Regel Verbraucherin im Sinne des § 13 BGB ist und die von ihr geschlossenen Verträge deshalb den verbraucherschützenden Vorschriften der §§ 305 ff. BGB genügen müssen." Eine Ausnahme von diesem Grundsatz ist in Ansehung der genannten Rechtsprechung nur dann zu machen, wenn von vornherein klar ist, dass kein Verbraucher Mitglied der Gemeinschaft werden wird. Denn etwa beim Bau eines Einkaufszentrums wäre es widersinnig, die Ein-Personen-Gemeinschaft als Verbraucherin einzuordnen. Sobald jedoch mindestens eine Wohnung gebaut wird, kann der Erwerb durch einen Verbraucher nicht ausgeschlossen werden, so dass die Ein-Personen-Gemeinschaft in einem solchen Fall als Verbraucherin anzusehen ist.

Der Entwurf sieht in § 23 Absatz 1 Satz 2 vor, dass die Wohnungseigentümer die Online-Teilnahme an ihren Versammlungen beschließen können. Es wurde erwogen, eine entsprechende Regelung für die Zusammenkünfte des Verwaltungsbeirats zu schaffen. Eine solche wurde jedoch als entbehrlich angesehen. Denn bereits nach geltendem Recht können sich die Verwaltungsbeiräte online zu einer Versammlung treffen (statt aller Lehmann-Richter, in: Staudinger, WEG, 2018, § 29 Randnummer 29). Denn § 29 spricht – anders als die Regelung für die Wohnungseigentümerversammlung in § 23 – nicht von einer „Versammlung“ der Verwaltungsbeiräte, die zwingend als Präsenzversammlung durchgeführt werden muss. Es obliegt deshalb den Verwaltungsbeiräten über die Form ihrer Zusammenkunft zu entscheiden; sie können sich insbesondere zu einer reinen Online-Konferenz treffen. Daran ändert der Entwurf bewusst nichts.

Erwogen wurde außerdem, den nach § 21 Absatz 2 Satz 1 Nummer 2 maßgeblichen Amortisationszeitraum gesetzlich zu präzisieren. Davon wurde abgesehen, um im Einzelfall zu sachgerechten Ergebnissen zu gelangen. Die diesbezüglichen Ausführungen in der Regierungsbegründung erscheinen dem Rechtsausschuss jedoch zu weitgehend. Der Zeitraum von 10 Jahren, auf den auch die Rechtsprechung abstellt (BGH, Urteil vom 14. Dezember 2012 – V ZR 224/11 Randnummer 10), soll aber in jedem Fall ein wichtiger Anhaltspunkt sein.

Der Rechtsausschuss hält es für erforderlich, darauf hinzuweisen, dass der Entwurf den Anspruch der Wohnungseigentümer auf einen korrekten Wirtschaftsplan und eine korrekte Jahresabrechnung nicht in Frage stellt. Jeder Wohnungseigentümer kann diesen Anspruch auch weiterhin gerichtlich durchsetzen, nämlich im Wege der Leistungsklage. Die durch die Neufassung des § 28 bewirkte Trennung zwischen den Zahlenwerken (vergleiche § 28 Absatz 1 Satz 2 und Absatz 2 Satz 2) und den Beschlüssen, die Zahlungspflichten begründen (vergleiche § 28 Absatz 1 Satz 1 und Absatz 2 Satz 1), zielt lediglich darauf, dass unnötige Anfechtungsstreitigkeiten vermieden werden und die Liquidität der Gemeinschaft nicht dadurch gefährdet wird, dass Zahlungspflichten aus formalen Gründen gerichtlich aufgehoben werden.

Zu den einzelnen Änderungen

Die vom Ausschuss empfohlenen Änderungen des Gesetzentwurfs werden im Einzelnen wie folgt begründet:

Zu Artikel 1 (Änderung des Wohnungseigentumsgesetzes)
Zu Nummer 10 (Abschnitt 3 – §§ 9a und 9b)
Zu § 9b Absatz 1 Satz 1

Die grundsätzlich umfassende Vertretungsmacht des Verwalters bedarf nach Ansicht des Ausschusses der Einschränkung. Sie besteht deshalb nicht beim Abschluss von Grundstückskauf- und Darlehensverträgen. Beim Abschluss eines solchen Vertrags kann der Verwalter die Gemeinschaft der Wohnungseigentümer nur dann vertreten, wenn er dazu durch einen Beschluss der Wohnungseigentümer ermächtigt ist. Die Wohnungseigentümer können Ermächtigungsbeschlüsse für einzelne zu schließende Verträge fassen, den Verwalter aber auch in bestimmten Grenzen oder umfassend zum Abschluss solcher Verträge ermächtigen, wenn sie hinreichendes Vertrauen zu ihm haben. Die Einschränkung der Vertretungsmacht gilt, wie sich aus dem Wortlaut ergibt, nur für den Abschluss der dort genannten Verträge, nicht aber für Erklärungen im Rahmen der Vertragsabwicklung; auch dingliche Rechtsgeschäfte sind von der Beschränkung nicht erfasst.

Zu § 9b Absatz 2

Die Gemeinschaft der Wohnungseigentümer wird gegenüber dem Verwalter durch den Vorsitzenden des Verwaltungsbeirats oder einen durch Beschluss dazu ermächtigten Wohnungseigentümer vertreten. Damit wird die Durchsetzung von Ansprüchen der Gemeinschaft der Wohnungseigentümer gegenüber dem Verwalter erleichtert. Weil der Vorsitzende des Verwaltungsbeirats bereits kraft Gesetzes zur Vertretung befugt ist, ist eine gesonderte Beschlussfassung über die Vertretung, wie sie der Regierungsentwurf vorsah, nicht mehr zwingend erforderlich.

Zu Nummer 21 (§§ 19 bis 22)
Zu § 19 Absatz 2 Nummer 6

Der Rechtsausschuss erkennt, dass sich mit den beabsichtigten Änderungen des Wohnungseigentumsrechts die Anforderungen an eine qualifizierte Verwaltung von Wohnungseigentumsanlagen erhöht. Der zunehmende Bedarf an einer fachkundigen Verwaltung resultiert aber auch aus den immer komplexer werdenden gesellschaftlichen und rechtlichen Zusammenhängen, die die Verwaltertätigkeit prägen. Der Rechtsausschuss hält es daher für erforderlich, den Wohnungseigentümern das rechtliche Instrumentarium dafür bereit zu stellen, dass sie nach ihren Bedürfnissen und ihrem Ermessen die Verwaltung einer sach- und fachkundigen Person übertragen können.

Zur ordnungsmäßigen Verwaltung soll deshalb künftig die Bestellung eines zertifizierten Verwalters nach § 26a gehören. Damit soll jedem Wohnungseigentümer ein Anspruch darauf eingeräumt werden, dass ein solcher Verwalter bestellt wird. Das lässt die Möglichkeit unberührt, dass mit einem Verwalter, der nicht über ein Zertifikat verfügt, aber das Vertrauen aller Wohnungseigentümer besitzt, weiterhin zusammengearbeitet wird.

Eine Ausnahme besteht in kleineren Anlagen für Fälle der sogenannten Eigenverwaltung. Diese Ausnahme setzt voraus, dass die Anlage aus weniger als neun Sondereigentumsrechten besteht und ein Wohnungseigentümer zum Verwalter bestellt wurde. Denn in solchen Kleinanlagen nimmt der Verwaltungsaufwand typischerweise einen geringeren Umfang ein. Ein Anspruch auf Bestellung eines zertifizierten Verwalters besteht jedoch auch in solchen Anlagen, wenn mindestens ein Drittel der Wohnungseigentümer dies verlangt; dabei kommt es auf die Zahl der Wohnungseigentümer an, wie der Verweis auf § 25 Absatz 2 zeigt. Diese Voraussetzung stellt sicher, dass der als Verwalter tätige Wohnungseigentümer über hinreichenden Rückhalt in der Gemeinschaft verfügt.

§ 19 Absatz 2 Nummer 6 ist nach § 48 Absatz 4 Satz 1 erst zwei Jahre nach Inkrafttreten des Gesetzes anwendbar, um die Entwicklung und Umsetzung der notwendigen Zertifizierungsverfahren zu ermöglichen.

Zu § 19 Absatz 3

Die nach dem Entwurf in Satz 1 vorgesehene Beschlusskompetenz über die Fälligkeit von Geldforderungen und die Art und Weise ihrer Erfüllung wird in § 28 Absatz 3 geregelt, da sie im sachlichen Zusammenhang mit den Vorschriften zum Wirtschaftsplan und zur Jahresabrechnung steht.

Die nach dem Entwurf in Satz 2 vorgesehene Möglichkeit, Vertragsstrafen zu beschließen, wird gestrichen. Damit wird auch den Bedenken des Bundesrats (Bundestagsdrucksache 19/19369, Seite 3) Rechnung getragen. Anstelle der vom Bundesrat empfohlenen Einschränkung der Vorschrift erscheint allerdings deren Streichung sachgerecht.

Zu § 21 Absatz 2 Satz 1 Nummer 1

Gegen den Vorschlag aus dem Regierungsentwurf, wonach die Kosten einer baulichen Veränderung dann von allen Wohnungseigentümern zu tragen sind, wenn sie der Anpassung an den Zustand dient, der bei Anlagen vergleichbarer Art in der Umgebung üblich ist, hat der Rechtsausschuss Bedenken. Die Vorschrift könnte einerseits zu weitgehende Folgen haben (in einer Umgebung mit sehr hohem baulichen Standard), andererseits die Entwicklung der konkreten Wohnanlage behindern (in einer Umgebung mit sehr niedrigem baulichen Standard). Stattdessen schlägt der Ausschuss vor, dass die Kosten einer baulichen Veränderung nach § 21 Absatz 2 Satz 1 Nummer 1 grundsätzlich von allen Wohnungseigentümern zu tragen sein sollen, wenn die bauliche Veränderung mit zwei Dritteln der abgegebenen Stimmen und der Hälfte aller Miteigentumsanteile beschlossen wurde, also der Beschluss nach § 20 Absatz 1 eine solche Mehrheit erreicht hat.

Dieser Regelung liegt der Gedanke zugrunde, dass eine bauliche Veränderung, die von einem so großen Teil der Wohnungseigentümer befürwortet wird, typischerweise sinnvoll und angemessen ist und deshalb von allen Wohnungseigentümern bezahlt werden sollte. Diese Vermutung kann aber widerlegt werden. Ist die bauliche Veränderung mit unverhältnismäßigen Kosten verbunden, scheidet eine Kostentragung der überstimmten Minderheit aus. Maßgeblich sind dabei nicht nur die zu erwartenden Baukosten, sondern auch die zu erwartenden Folgekosten für Gebrauch und Erhaltung. Diese Kosten sind in das Verhältnis zu den Vorteilen zu setzen, die die bauliche Veränderung verspricht. Dies verlangt eine wertende Betrachtung. Dabei ist ein objektiver, auf die konkrete Anlage bezogener Maßstab anzulegen. Entscheidend sind deshalb nicht die Bedürfnisse und finanziellen Mittel des einzelnen überstimmten Wohnungseigentümers, sondern die der Gesamtheit der Wohnungseigentümer in der Anlage. Je nach Charakter der Anlage und der Alters- und Sozialstruktur der Wohnungseigentümer kann die Bewertung unterschiedlich ausfallen. Bei besonders hohen Kosten ist eine Unverhältnismäßigkeit auch dann nicht ausgeschlossen, wenn alle Wohnungseigentümer finanziell in der Lage sind, diese Kosten zu tragen.

Wie bei § 21 Absatz 2 Satz 1 Nummer 2 kommt es allein auf die ex-ante-Beurteilung zum Zeitpunkt der Beschlussfassung an, also auf die zu erwartenden Kosten; die sich erst später zeigenden tatsächlichen Kosten spielen dagegen keine Rolle.

Die negative Formulierung bringt zum Ausdruck, dass derjenige die Unverhältnismäßigkeit zu beweisen hat, der sie behauptet.

Der Rechtsausschuss verkennt nicht, dass diese Regelung dazu führen kann, dass die individuelle Kostentragungspflicht erst nach der Beschlussfassung feststeht, wenn nämlich im Vorfeld nicht abgeschätzt werden kann, ob das Quorum erreicht wird. Dieses Problem kann durch eine geeignete Gestaltung des Abstimmungsverfahrens gelöst werden. Insbesondere in kleineren Gemeinschaften kann es sinnvoll sein, die Abstimmung im Subtraktionsverfahren vorzunehmen. Dabei wird nicht nach den „Ja"-Stimmen, sondern nach den „Nein"-Stimmen gefragt. So kann jeder Wohnungseigentümer, wenn er sieht, dass die Zahl der „Nein"-Stimmen ein Drittel übersteigt, das Quorum also nicht erreicht werden kann, seine Hand auch noch heben. Daneben ist es auch möglich, den Beschluss über die bauliche Veränderung unter die Bedingung einer entsprechenden Kostentragung zu stellen. Jeder Wohnungseigentümer, der die Baumaßnahme befürwortet, sich aber höchstens entsprechend seinem Miteigentumsanteil an den Kosten beteiligen möchte, kann dann bedenkenlos mit „Ja" stimmen, denn wirksam wird der Beschluss eben nur dann, wenn es nach dem Stimmverhalten zu einer entsprechenden Kostentragung durch alle Wohnungseigentümer kommt.

Zu Nummer 22 Buchstabe b (§ 23 Absatz 3)

§ 23 Absatz 3 Satz 2 sieht eine weitere Erleichterung bei der Fassung eines sogenannten Umlaufbeschlusses vor. Die Wohnungseigentümer können beschließen, dass für einen einzelnen Gegenstand auch im Umlaufverfahren die Mehrheit der abgegebenen Stimmen genügt. In diesem Fall bedarf es abweichend von § 23 Absatz 3 Satz 1 also nicht der Zustimmung aller Wohnungseigentümer. Wenn sich die Wohnungseigentümer etwa in der Eigentümerversammlung mangels hinreichender Informationen nicht in der Lage sehen, abschließend einen Beschluss über einen bestimmten Gegenstand zu fassen, können sie beschließen, diesen Beschluss im Umlaufverfahren nachzuholen.

Zu Nummer 23 (§ 24)
Zu § 24 Absatz 4 Satz 2

Die Ladungsfrist zur Eigentümerversammlung wird von zwei auf drei Wochen verlängert.

Zu § 24 Absatz 7 und 8

Nach Ansicht des Ausschusses hat sich die Beschluss-Sammlung in ihrer gegenwärtigen Form bewährt und soll deshalb beibehalten werden.

Zu Nummer 24 (§ 25)

Es handelt sich um Folgeänderungen zur Beibehaltung der Beschluss-Sammlung in ihrer gegenwärtigen Form.

Zu Nummer 25 (§ 26)

Die Neufassung des § 26 dient der Übersichtlichkeit dieser Vorschrift. Inhaltliche Änderungen im Vergleich zum geltenden Recht enthält lediglich Absatz 3.

Zu § 26 Absatz 1

§ 26 Absatz 1 regelt die Zuständigkeit für die Bestellung und Abberufung des Verwalters. Er entspricht dem geltenden § 26 Absatz 1 Satz 1, wobei der aufgrund der Neufassung von § 25 Absatz 1 überflüssige Hinweis auf die notwendige Stimmenmehrheit gestrichen wird.

Zu § 26 Absatz 2

§ 26 Absatz 2 regelt die Höchstfristen für die Bestellung und die Möglichkeit der erneuten Bestellung. Er entspricht dem geltenden § 26 Absatz 1 Satz 2 und Absatz 2. Im Wortlaut wird durch Verwendung des Wortes „kann" klargestellt, dass ein Verstoß gegen § 26 Absatz 2 Satz 1 zur zumindest teilweisen Unwirksamkeit des Bestellungsbeschlusses führt, weil die Vorschrift die Beschlusskompetenz der Wohnungseigentümer begrenzt; das entspricht der herrschenden Meinung zum geltenden Recht (etwa Jacoby, in: Staudinger, WEG, 2018, § 26 Randnummer 9).

Zu § 26 Absatz 3

Nach § 26 Absatz 3 Satz 1 kann der Verwalter jederzeit abberufen werden. Eine Beschränkung der Abberufungsmöglichkeit ist nach § 26 Absatz 5 nicht zulässig. Die Abberufung des Verwalters kann insbesondere nicht mehr auf das Vorliegen eines wichtigen Grundes beschränkt werden. Denn ein berechtigtes Interesse, die Abberufung des Verwalters als Organ der Gemeinschaft der Wohnungseigentümer zu beschränken, ist nicht ersichtlich. Vielmehr sollen die Wohnungseigentümer stets die Möglichkeit haben, sich von einem Verwalter zu trennen, wenn sie das Vertrauen in ihn verloren haben.

Von der Abberufung als Organ unabhängig ist grundsätzlich der Vergütungsanspruch des Verwalters, der sich aus den diesbezüglichen vertraglichen Vereinbarungen ergibt. Damit die Wohnungseigentümer nicht durch fortbestehende Vergütungsansprüche von der Abberufung eines Verwalters abgehalten werden, sieht § 26 Absatz 3 Satz 2 vor, dass der Verwaltervertrag spätestens sechs Monate nach der Abberufung endet. Diese Beendigung tritt kraft Gesetzes ein; einer Kündigung bedarf es nicht. Die Möglichkeit, den Verwaltervertrag mit kürzerer Frist zu kündigen, insbesondere aus wichtigem Grund oder aufgrund einer entsprechenden vertraglichen Vereinbarung, bleibt unberührt.

Zu § 26 Absatz 4

§ 26 Absatz 4 entspricht dem geltenden § 26 Absatz 3.

Zu § 26 Absatz 5

Nach § 26 Absatz 5 sind Abweichungen von den Vorschriften des § 26 Absatz 1 bis 3 unzulässig. Etwa die jederzeitige Abberufung kann nicht durch Vereinbarung, Beschluss oder Vertrag abbedungen oder erschwert werden. Auch die Höchstbestellungszeit nach Absatz 2 Satz 1 kann nicht verlängert werden; dasselbe gilt für die Frist des Absatzes 3 Satz 2. Die Frist nach Absatz 2 Satz 2, nach deren Ablauf eine erneute Bestellung möglich ist, kann wiederum nicht verkürzt werden.

Zu Nummer 26 (§ 26a)

Nach § 19 Absatz 2 Nummer 6 gehört zur ordnungsmäßigen Verwaltung des gemeinschaftlichen Eigentums die Bestellung eines zertifizierten Verwalters. Der neue § 26a regelt die Voraussetzungen, unter denen sich eine Person als zertifizierter Verwalter bezeichnen darf. Nach Absatz 1 muss sie dafür vor einer Industrie- und Handelskammer durch eine Prüfung nachgewiesen haben, dass sie über die für die Tätigkeit als Verwalter notwendigen rechtlichen, kaufmännischen und technischen Kenntnisse verfügt.

§ 26a stellt keine gewerberechtlichen Anforderungen auf. Die Zertifizierung ist insbesondere keine Voraussetzung für die Erteilung der Erlaubnis nach § 34c der Gewerbeordnung. Die Tätigkeit als Verwalter ist deshalb auch dann gewerberechtlich zulässig, wenn der Verwalter über kein Zertifikat verfügt.

Das Bundesministerium der Justiz und für Verbraucherschutz wird durch Absatz 2 ermächtigt, nähere Bestimmungen über die Prüfung zum zertifizierten Verwalter zu erlassen. Durch Rechtsverordnung werden dabei insbesondere das Verfahren und die Schwerpunkte der Prüfungsinhalte festzulegen sein (Satz 2 Nummer 1). Nach Nummer 2 können die Anforderungen an das zu erteilende Zertifikat näher bestimmt werden. Außerdem kann bestimmt werden, unter welchen Voraussetzungen sich juristische Personen und Personengesellschaften als zertifizierte Verwalter bezeichnen dürfen (Nummer 3). Der Ausschuss geht davon aus, dass insoweit inhaltlich an die entsprechende Regelung zur Fortbildungspflicht in § 34c Absatz 2a Satz 1 der Gewerbeordnung angeknüpft werden kann. Diese Regelung stellt auf die Personen ab, die unmittelbar bei der Verwaltungstätigkeit mitwirken. Dementsprechend müssten sich Personen, die allein untergeordnete Tätigkeiten ausführen (etwa im Sekretariat oder als Hausmeister), keine Prüfung ablegen, damit die sich die juristische Person oder Personengesellschaft, bei der sie beschäftigt sind, als zertifizierter Verwalter bezeichnen darf. Schließlich wird festzulegen sein, welche Personen, die über anderweitige Berufsqualifikationen verfügen, von der Prüfung befreit sind, aber dennoch einem zertifizierten Verwalter gleichgestellt werden (Nummer 4).

Zu Nummer 27 (§§ 27 bis 29)
Zu § 27 Absatz 1

Nach dem Entwurf der Bundesregierung soll der Verwalter solche Maßnahmen ordnungsgemäßer Verwaltung treffen können, „über die eine Beschlussfassung durch die Wohnungseigentümer nicht geboten ist". Die Formulierung ist nach Ansicht des Rechtsausschusses zu unbestimmt und bedarf der Präzisierung. Deshalb soll geregelt werden, dass der Verwalter ohne Beschluss der Wohnungseigentümer nur Maßnahmen von untergeordneter Bedeutung treffen darf, mit denen keine erheblichen Verpflichtungen einhergehen.

Ob eine Verpflichtung erheblich ist, hängt von der Sichtweise eines durchschnittlichen Wohnungseigentümers in der konkreten Anlage ab. Maßgeblich ist deshalb nicht etwa die absolute Höhe der finanziellen Verpflichtung, sondern ob derjenige Teil der Verpflichtung, für den der einzelne Wohnungseigentümer nach § 9a Absatz 4 einstehen muss, so bedeutsam ist, dass eine vorherige Beschlussfassung geboten ist. Wo diese Erheblichkeitsschwelle konkret liegt, hängt von den Umständen des Einzelfalls ab. Mit der Größe der Anlage wächst in der Regel der Kreis der Maßnahmen, die der Verwalter eigenverantwortlich treffen kann und muss. Je nach Größe der Anlage und Art der regelmäßig anfallenden Maßnahmen kann etwa die Erledigung von kleineren Reparaturen oder der Abschluss von Versorgungs- oder Dienstleistungsverträgen in beschränktem Umfang zum Kreis der Maßnahmen nach Nummer 1 gehören. Das Gleiche gilt für die gerichtliche Durchsetzung von Hausgeldforderungen.

Gegenüber dem geltenden Recht ändert sich im Hinblick auf die Aufgaben des Verwalters im Übrigen nichts: Er hat die Beschlüsse und Vereinbarungen der Wohnungseigentümer durchzuführen und für die Durchführung der Hausordnung zu sorgen. Weiterhin hat er auch die für die ordnungsgemäße Instandsetzung erforderlichen Maßnahmen zu treffen. Ob über die erforderlichen Maßnahmen zunächst eine Beschlussfassung der Wohnungseigentümer erforderlich ist, bestimmt sich – wie oben beschrieben – nach den Umständen des Einzelfalls, zu denen jedenfalls die Größe der Anlage und der Umfang der Maßnahmen zählen. In der Regel wird es beispielsweise für den Austausch defekter Leuchtelemente im Bereich des Gemeinschaftseigentums oder für die Instandsetzung eines Fensterglases oder die Graffitientfernung keiner Beschlussfassung bedürfen. Anders ist das bei kostenträchtigen Sanierungsmaßnahmen, für die stets ein Beschluss der Wohnungseigentümer notwendig ist. Der Verwalter hat auch unverändert in dringenden Fällen sonstige zur Erhaltung des gemeinschaftlichen Eigentums erforderliche Maßnahmen zu treffen (vergleiche Nummer 2). Für diese Maßnahmen ist zwangsläufig eine vorherige Beschlussfassung durch die Wohnungseigentümer nicht erforderlich, denn es liegt im Wesen der Notgeschäftsführung, dass der Verwalter sofort handeln können muss. Ohne zusätzliche Beschlussfassung kann auch die Aufgabe erfüllt werden, Kostenbeiträge in Empfang zu nehmen und Zahlungen zu bewirken, die mit der laufenden Verwaltung des gemeinschaftlichen Eigentums zusammenhängen. Der Verwalter ist nämlich berechtigt und verpflichtet, die dem beschlossenen Wirtschaftsplan entsprechenden Vorschüsse abzurufen. Darüber hinaus ergeben sich weitere Aufgaben, die der Verwalter zu erfüllen hat, ohne dass es dazu eines Beschlusses der Wohnungseigentümer bedarf (zum Beispiel die Pflicht zur ordnungsmäßigen Verwaltung eingenommener Gelder, die Pflicht zur Einberufung der Eigentümerversammlung, die Pflicht zur Aufstellung des Wirtschaftsplans und der Jahresabrechnung).

Die hier keineswegs abschließende Auflistung von Aufgaben des Verwalters macht deutlich, dass eine generalisierende Einordnung in die Kategorien „untergeordnete Bedeutung" mit „nicht erheblichen Verpflichtungen" nicht möglich ist. Vielmehr ist eine Einzelfallbetrachtung erforderlich, die wiederum dann an Bedeutung verlieren kann, je konkreter die Wohnungseigentümer von der Möglichkeit Gebrauch machen, Rechte und Pflichten des Verwalters nach Absatz 2 durch Beschluss einzuschränken oder zu erweitern. Denn zu betonen ist, dass § 27 Absatz 1 Nummer 1 nur vorbehaltlich eines Beschlusses nach § 27 Absatz 2 gilt. Nach dieser Vorschrift haben die Wohnungseigentümer – etwa im Zusammenhang mit dem Abschluss des Verwaltervertrags – die Möglichkeit, diejenigen Maßnahmen selbst zu definieren, deren Erledigung sie in die Verantwortung des Verwalters legen wollen. Dazu können sie etwa Wertgrenzen oder Maßnahmenkataloge aufstellen. Möglich ist es auch, einzelne Handlungen des Verwalters (zum Beispiel Zahlungen ab einem bestimmten Betrag) von der Zustimmung eines Wohnungseigentümers, des Verwaltungsbeirats oder eines Dritten abhängig zu machen.

Die Rechte und Pflichte nach § 27 bestehen allein gegenüber der Gemeinschaft der Wohnungseigentümer. Die aus dem Verwaltervertrag fließenden Rechtsbeziehungen regelt § 27 dagegen nicht. Die Vorschrift steht deshalb auch der Einordnung des Verwaltervertrags als Vertrag mit Schutzwirkung zugunsten der Wohnungseigentümer nicht entgegen (vergleiche BGH, Urteil vom 8. Februar 2019 – V ZR 153/18, NJW 2019, 3446 Randnummer 9). Soweit die Voraussetzungen dieses Rechtsinstituts vorliegen, kann ein geschädigter Wohnungseigentümer daher vertraglichen Schadensersatz vom Verwalter verlangen.

Zu § 28 Absatz 3

Die in § 19 Absatz 3 Satz 1 des Entwurfs enthaltene Vorschrift, wonach die Wohnungseigentümer beschließen können, wann Forderungen fällig werden und wie sie zu erfüllen sind, wird aus systematischen Gründen in § 28 Absatz 3 übernommen.

Zu § 29 Absatz 2 Satz 1

Der Verwaltungsbeirat unterstützt den Verwalter bei der Durchführung seiner Aufgaben nicht nur, sondern überwacht ihn auch. Dadurch wird der gestiegenen Bedeutung der Rolle des Verwaltungsbeirats Rechnung getragen. Denn er hat nicht mehr nur die Aufgabe, anstelle des Verwalters eine Versammlung einzuberufen (§ 24 Absatz 3), den Wirtschaftsplan und die Jahresabrechnung zu prüfen (§ 29 Absatz 2 Satz 2) und die Niederschrift über die Versammlungen zu unterzeichnen (§ 24 Absatz 6 Satz 2). Künftig ist er auch dazu berufen, die Gemeinschaft der Wohnungseigentümer gegenüber dem Verwalter zu vertreten (§ 9b Absatz 2), insbesondere wenn es darum geht, Ansprüche gegen diesen durchzusetzen. § 29 Absatz 2 Satz 1 verleiht dem Beirat indes nicht das Recht, sich die Kompetenzen des Verwalters anzueignen.

Zu Nummer 32 (Teil 3 – §§ 43 bis 45)

Die Ergänzung in § 43 Absatz 2 Nummer 3 dient der Klarstellung. Die durch diese Vorschrift begründete gerichtliche Zuständigkeit gilt auch für Streitigkeiten über Ansprüche der Wohnungseigentümer gegen den Verwalter, insbesondere für Schadensersatzansprüche eines Wohnungseigentümers, der in den Schutzbereich des Verwaltervertrags einbezogen ist.

Zu Nummer 35 (§§ 47 bis 49)
Zu § 47 und § 48 Absatz 1 bis 3 und 5

Es handelt sich jeweils um redaktionelle Anpassungen infolge der Ergänzung des Gesetzentwurfs.

Zu § 48 Absatz 4

§ 19 Absatz 2 Nummer 6, der den Anspruch auf Bestellung eines zertifizierten Verwalters begründet, ist nach § 48 Absatz 4 Satz 1 erst zwei Jahre nach Inkrafttreten des Gesetzes anwendbar, um die Entwicklung und Umsetzung der notwendigen Zertifizierungsverfahren zu ermöglichen.

§ 48 Absatz 4 Satz 2 sieht eine Übergangsfrist für Personen vor, die bei Inkrafttreten des Gesetzes bereits zum Verwalter einer Gemeinschaft der Wohnungseigentümer bestellt sind. Sie gelten gegenüber den Wohnungseigentümern dieser Gemeinschaft der Wohnungseigentümer noch für weitere dreieinhalb Jahre als zertifizierter Verwalter. Verwaltern, die bereits über praktische Erfahrung verfügen, soll damit etwas Zeit eingeräumt werden, die Prüfung abzulegen. Dies entlastet zugleich die Prüfungsstellen und lässt ihnen Kapazität für die noch jungen Verwalter.

Zu Artikel 6 (Änderung der Grundbuchordnung)

Mit dem „Gesetz zur Einführung eines Datenbankgrundbuchs (DaBaGG)“ vom 1. Oktober 2013 (BGBl. I Seite 3719) wurden die rechtlichen Voraussetzungen für die Einführung eines bundeseinheitlichen Datenbankgrundbuchs geschaffen. Im Zuge der geplanten Einführung des Datenbankgrundbuchs wird der Inhalt von etwa 37 Millionen Grundbuchblättern in eine Datenbankstruktur zu überführen sein. Die Umwandlung dieser Daten in eine strukturierte Textform ist mit vertretbarem Aufwand nur möglich, wenn diese Migration durch ein automatisiertes Zeichenerkennungsverfahren wirkungsvoll unterstützt wird. Die Effektivität eines solchen Migrationsprogramms hängt maßgeblich davon ab, dass für dessen Entwicklung und Test Echtdaten aus den Grundbüchern zur Verfügung gestellt werden. In § 134a GBO wird die Übermittlung von Grundbuchdaten an den Entwickler des Migrationsprogramms zugelassen, der Zweck der Datennutzung definiert, die Auswahl der benötigten Daten beschrieben und die Dauer der Aufbewahrung der Daten festgelegt.

Im Jahr 2011 war man davon ausgegangen, dass die Entwicklung des Migrationsprogramms spätestens im Jahr 2020 abgeschlossen sein würde und hat deshalb die Geltungsdauer der Vorschrift bis zum 31. Dezember 2020 beschränkt (vergleiche § 150 Absatz 6 GBO). Die Arbeiten an dem Programm können jedoch nicht wie geplant abgeschlossen werden. Die fachliche Komplexität des Projekts führte in der Vergangenheit zu unvorhersehbaren Problemen und Verzögerungen. Nach derzeitiger Einschätzung muss davon ausgegangen werden, dass mit der Pilotierung nicht vor dem Jahr 2023 begonnen werden kann. Unter Berücksichtigung einer Pilotierungsdauer in den beiden Pilotländern von jeweils 6 Monaten werden Echtdaten damit auch noch im Jahr 2024 für entsprechende Programmtests benötigt.

Die Geltungsdauer von § 134a GBO muss deshalb verlängert werden; die Verlängerung soll bis zum 31. Dezember 2024 erfolgen.

Zu Artikel 9 (Änderung des Gerichtskostengesetzes)

Die Wertobergrenze für Beschlussklagen nach § 49 Satz 2 GKG wird auf den 7,5fachen Wert des Klägerinteresses und der auf seiner Seite Beigetretenen festgesetzt. Mit der Änderung soll der Wegfall der Mehrvertretungsgebühr für den Beklagtenvertreter kompensiert werden, der daraus resultiert, dass Beschlussklagen nach § 44 Absatz 2 Satz 1 WEG nunmehr gegen die Gemeinschaft der Wohnungseigentümer zu richten sind.

Zu Artikel 11 (Änderung des Gerichts- und Notarkostengesetzes)

Die Formulierung geht auf die Stellungnahme des Bundesrats zum Regierungsentwurf (Bundestagsdrucksache 19/19369, Seite 4) und die Gegenäußerung der Bundesregierung dazu (Bundestagsdrucksache 19/19369, Seite 8) zurück. Inhaltliche Änderungen gegenüber dem Entwurf sind damit nicht verbunden.

Zu den Artikeln 17 und 18 (Bekanntmachungserlaubnis, Inkrafttreten)

Es handelt sich jeweils um redaktionelle Anpassungen infolge der Ergänzung des Gesetzentwurfs.

Entwurf eines Gesetzes zur Förderung der Elektromobilität und zur Modernisierung des Wohnungseigentumsgesetzes und zur Änderung von kosten- und grundbuchrechtlichen Vorschriften (Wohnungseigentumsmodernisierungsgesetz – WEMoG)

BT-Drs. 19/18791

Begründung

A. ALLGEMEINER TEIL

I. Zielsetzung und Notwendigkeit der Regelungen

Das Wohnungseigentumsgesetz (WEG) ist eine Erfolgsgeschichte. Es erlaubt die Schaffung von „Eigentum auf der Etage" und ermöglicht so breiten Teilen der Bevölkerung, Immobilieneigentum zu erwerben. Seit seiner Einführung im Jahre 1951 sind in der Bundesrepublik Deutschland bereits rund 9 Millionen Eigentumswohnungen geschaffen worden (vergleiche Statistisches Bundesamt, Zensus 2011: Gebäude und Wohnungen, Seite 6). Dies unterstreicht die besondere Bedeutung des WEG für die Versorgung der Bevölkerung mit Wohnraum. Für viele Eigentümerinnen und Eigentümer ist das Wohnungseigentum auch ein bedeutsamer Baustein beim Aufbau ihrer privaten Altersversorgung.

Dennoch wachsen seit einiger Zeit die Herausforderungen, denen sich das Wohnungseigentumsrecht stellen muss: Der Neubau von Wohnungen ist zwar gerade in Ballungsräumen weiterhin wichtig. Daneben muss sich das WEG aber verstärkt auch bei der Verwaltung älterer Wohnanlagen bewähren, insbesondere bei ihrem Aus- und Umbau. Dabei verstärkt der demografische Wandel das Bedürfnis, Wohnungen altersgerecht umzubauen. Die energetische Sanierung von Bestandsgebäuden ist für die Erreichung der Klimaziele unerlässlich. Solche Sanierungsmaßnahmen, aber auch die Maßnahmen zur Barrierereduzierung und zur Förderung der Elektromobilität verlangen Eingriffe in die Bausubstanz, um zum Beispiel Aufzüge ein- oder anzubauen und die notwendigen Lademöglichkeiten zu schaffen. Diesen Herausforderungen wird das geltende WEG in vielen Fällen nicht gerecht, insbesondere, weil es für bauliche Maßnahmen häufig die Zustimmung aller oder eines hohen Anteils der Wohnungseigentümer verlangt. Darüber hinaus wird das Wohnungseigentumsrecht vielfach als eine nur schwer durchdringbare Materie angesehen, deren Verständnis oft Spezialwissen erfordert. Diese Komplexität trägt dazu bei, dass das Wohnungseigentumsrecht in besonderem Maße streitanfällig ist.

Die Defizite des geltenden Rechts beruhen im Wesentlichen darauf, dass das WEG seit seiner Schaffung nur punktuell geändert, aber nicht grundlegend modernisiert wurde. Es spiegelt daher in weiten Teilen den Stand der Rechtsentwicklung nicht mehr hinreichend präzise wider. Beschleunigt wurde diese Entwicklung im Jahr 2005 durch die Anerkennung der Rechtsfähigkeit der Gemeinschaft der Wohnungseigentümer durch die grundlegende Entscheidung des Bundesgerichtshofs (Beschluss vom 2. Juni 2005 – V ZB 32/05). Diese Entscheidung hat eine Vielzahl grundlegender Fragen aufgeworfen, die auf Basis des damals geltenden Rechts nur unzureichend gelöst werden konnten. Zwar wurde das WEG im Jahr 2007 novelliert (durch das Gesetz zur Änderung des WEG und anderer Gesetze vom 26. März 2007, BGBl. I Seite 370). Als der Bundesgerichtshof (BGH) die grundlegende Entscheidung zur Rechtsfähigkeit der Gemeinschaft der Wohnungseigentümer traf, war dieses Gesetzgebungsverfahren aber schon weit fortgeschritten (vergleiche Bundesratsdrucksache 397/05). Die Auswirkungen der Entscheidung konnten deshalb nicht vollumfänglich berücksichtigt werden, zumal ihre wissenschaftliche Aufarbeitung gerade erst begonnen hatte.

Im Frühjahr 2018 haben die Justizministerinnen und Justizminister der Länder eine Bund-Länder-Arbeitsgruppe zur Reform des WEG eingesetzt. Sie hat den Reformbedarf umfassend analysiert und Vorschläge für gesetzgeberische Änderungen unterbreitet (vergleiche den Abschlussbericht der Arbeitsgruppe, der in der Zeitschrift für Wohnungseigentumsrecht – ZWE 2019, Seiten 430 ff. veröffentlicht ist). Aufbauend auf diesen Vorschlägen verfolgt der Entwurf das Ziel, die beschriebenen Defizite zu beseitigen und das WEG zu modernisieren.

II. Wesentlicher Inhalt des Entwurfs

Der Entwurf sieht eine Modernisierung des WEG vor, die insbesondere folgende Aspekte umfasst:

1. Förderung der Elektromobilität, der Barrierereduzierung, des Einbruchsschutzes und des Glasfaseranschlusses

Nach geltendem Recht bedarf jede bauliche Veränderung des gemeinschaftlichen Eigentums der Zustimmung aller Wohnungseigentümer, die durch die Maßnahme über das bei einem geordneten Zusammenleben unvermeidliche Maß hinaus beeinträchtigt werden (§ 22 Absatz 1 in Verbindung mit § 14 Nummer 1 WEG). Nach Ansicht der Rechtsprechung liegt die Schwelle zu einer Beeinträchtigung recht niedrig. Deshalb dürfen bauliche Veränderungen des gemeinschaftlichen Eigentums häufig nur mit Zustimmung aller Wohnungseigentümer vorgenommen werden. Dabei kann jeder Wohnungseigentümer seine Zustimmung auch ohne ernsthaften Grund verweigern, solange seine Rechte jedenfalls im Rechtssinne beeinträchtigt sind. Die Zustimmung aller Wohnungseigentümer und Wohnungseigentümerinnen ist in der Praxis gerade in größeren Gemeinschaften kaum zu erreichen. Selbst wenn eine Maßnahme als Modernisierung im Sinne des § 22 Absatz 2 WEG einzuordnen ist, muss sie durch eine Mehrheit von drei Vierteln aller stimmberechtigten Wohnungseigentümer und mehr als der Hälfte aller Miteigentumsanteile beschlossen werden. Auch diese hohen Quoren werden in der Praxis selten erreicht. Zudem besteht die Vorgabe, dass durch die bauliche Maßnahme die „Eigenart der Wohnanlage" nicht geändert werden darf. Die geltende Rechtslage führt so dazu, dass der bauliche Zustand der Wohnungseigentumsanlage „versteinert". Daneben werden aber auch bauliche Veränderungen verhindert, die für einzelne Wohnungseigentümer und Wohnungseigentümerinnen besonders bedeutsam und aus gesamtgesellschaftlicher Perspektive sinnvoll sind. Dies gilt insbesondere für die Errichtung einer Lademöglichkeit für elektrisch betriebene Fahrzeuge sowie für Maßnahmen der Barrierereduzierung, des Einbruchsschutzes und des Glasfaseranschlusses.

Der Entwurf sieht deshalb vor, dass bauliche Maßnahmen zur Errichtung einer Lademöglichkeit für elektrisch betriebene Fahrzeuge, zur Barrierereduzierung, zum Einbruchsschutz sowie zum Glasfaseranschluss privilegiert werden. Diese Maßnahmen sollen künftig nicht mehr der Zustimmung aller Wohnungseigentümer bedürfen. Vielmehr soll jeder Wohnungseigentümer beziehungsweise jede Wohnungseigentümerin grundsätzlich einen Rechtsanspruch darauf haben (§ 20 Absatz 2 des Wohnungseigentumsgesetzes in der Entwurfsfassung – WEG-E). Die Eigentümerversammlung darf die Baumaßnahmen in der Regel nicht verwehren. Sie darf aber auf die Art der Durchführung der Maßnahme Einfluss nehmen und zum Beispiel beschließen, dass die Gemeinschaft die Baumaßnahme organisiert, damit diese den Überblick über den baulichen Zustand der Wohnanlage behält. Die Kosten der Maßnahme soll der begünstigte Wohnungseigentümer tragen.

Zusätzlich soll grundsätzlich auch jeder Mieter beziehungsweise jede Mieterin einen Anspruch gegen den jeweiligen Vermieter beziehungsweise die jeweilige Vermieterin erhalten, dass ihm beziehungsweise ihr bauliche Maßnahmen zur Errichtung einer Lademöglichkeit für elektrisch betriebene Fahrzeuge, zur Barrierereduzierung sowie zum Einbruchsschutz auf seine beziehungsweise ihre Kosten erlaubt werden (§ 554 des Bürgerlichen Gesetzbuches in der Entwurfsfassung – BGB-E).

Der Entwurf liefert damit auch einen wichtigen Beitrag für das Erreichen der Klimaziele. Denn die rechtliche Erleichterung des Einbaus von Lademöglichkeiten für Elektrofahrzeuge ist für die Förderung der Elektromobilität unerlässlich.

2. Erleichterung baulicher Maßnahmen

Wohnungseigentumsanlagen weisen im Vergleich zu anderen Wohnanlagen häufig einen erhöhten Sanierungsbedarf auf. Das liegt insbesondere an den rechtlichen Rahmenbedingungen. Denn das geltende WEG unterscheidet eine Vielzahl verschiedener Maßnahmen (Instandhaltung und Instandsetzung, modernisierende Instandsetzung, Modernisierung oder Anpassung an den Stand der Technik, sonstige bauliche Veränderungen) mit jeweils unterschiedlichen Anforderungen. Zugleich verlangt das geltende Recht in vielen Fällen die Einstimmigkeit oder die Zustimmung von mindestens drei Vierteln aller stimmberechtigten Wohnungseigentümer und mehr als der Hälfte aller Miteigentumsanteile. Diese Voraussetzungen werden in der Praxis selten erreicht. Das geltende Recht wird daher dem Bedürfnis, den baulichen Zustand von Wohnungseigentumsanlagen an die sich stetig ändernden Gebrauchsbedürfnisse anzupassen, nicht hinreichend gerecht.

Der Entwurf sieht eine Vereinfachung des Rechts der baulichen Maßnahmen vor. Insbesondere sollen bauliche Veränderungen grundsätzlich mit einfacher Stimmenmehrheit beschlossen werden können (§ 20 Absatz 1 WEG-E). Die Wohnungseigentumsanlage darf durch die bauliche Veränderung aber nicht grundlegend umgestaltet und kein Wohnungseigentümer darf durch die Baumaßnahme unbillig benachteiligt werden. Dies dürfte nur in Ausnahmefällen auftreten und bei den privilegierten Maßnahmen (§ 20 Absatz 2 WEG-E) zumindest typischerweise nicht der Fall sein.

Im Hinblick auf die Kosten baulicher Veränderungen schafft der Entwurf einen angemessenen Ausgleich der womöglich widerstreitenden Interessen der Wohnungseigentümer: Die Kosten baulicher Veränderungen, insbesondere von energetischen Sanierungsmaßnahmen, die sich innerhalb eines angemessenen Zeitraums amortisieren, sollen von allen Wohnungseigentümern zu tragen sein; das Gleiche gilt für Maßnahmen, die der Anpassung der Wohnungseigentumsanlage an einen zeitgemäßen Zustand dienen (§ 21 Absatz 2 Satz 1 WEG-E). Denn dadurch wird verhindert, dass Wohnungseigentumsanlagen auf dem baulichen Zustand ihrer Errichtung „versteinern". Andere bauliche Veränderungen sind dagegen nur von den Wohnungseigentümern zu bezahlen, die für die bauliche Veränderung gestimmt haben (§ 21 Absatz 3 Satz 1 WEG-E). Umgekehrt sollen aber auch nur diese Wohnungseigentümer zur Nutzung des umgestalteten gemeinschaftlichen Eigentums berechtigt sein (§ 21 Absatz 3 Satz 2 WEG-E).

3. Stärkung der Rechte der Wohnungseigentümerinnen und Wohnungseigentümer

Der Entwurf sieht eine Reihe von Regelungen vor, die die Rechte der Wohnungseigentümer stärken und transparenter hervorheben:

- Für die Wohnungseigentümer ist es von grundlegender Bedeutung, über den Stand der Verwaltung und die wirtschaftliche Lage der Gemeinschaft informiert zu sein. Dieses Informationsinteresse sichert der Entwurf in zwei Richtungen ab: Zum einen wird das Recht jedes Wohnungseigentümers auf Einsichtnahme in die Verwaltungsunterlagen ausdrücklich im Gesetz festgeschrieben (§ 18 Absatz 4 WEG-E). Daneben wird der Verwalter verpflichtet, für die Wohnungseigentümer jährlich einen Vermögensbericht zu erstellen, der über die wirtschaftliche Lage der Gemeinschaft der Wohnungseigentümer Auskunft gibt (§ 28 Absatz 3 WEG-E).

- Die Beschlusssammlung wird optimiert und für die Wohnungseigentümer transparenter gestaltet (§ 25 Absatz 5 WEG-E). Zudem wird im Gesetz ausdrücklich klargestellt, dass Niederschriften unverzüglich nach der jeweiligen Versammlung zu erstellen sind (§ 24 Absatz 6 Satz 1 WEG-E).

- Der Entwurf stärkt die Versammlung der Wohnungseigentümer als zentralen Ort der Entscheidungsfindung. Dafür wird die Ladungsfrist von zwei auf vier Wochen verlängert (§ 24 Absatz 4 Satz 2 WEG-E) und dadurch den Wohnungseigentümern mehr Zeit eingeräumt, sich auf die Versammlung vorzubereiten, indem sie sich etwa zu bestimmten Themen beraten lassen. Außerdem können sich die Wohnungseigentümer den Versammlungstermin früher freihalten, was die Chance erhöht, dass sie an der Versammlung persönlich teilnehmen können. Um in Zukunft überflüssige und ärgerliche Teilnahmen an Versammlungen zu vermeiden, die sich als nicht beschlussfähig herausstellen, soll zudem das Beschlussfähigkeitsquorum aufgehoben werden. In Zukunft soll also jede Versammlung unabhängig von der Zahl der vertretenen Miteigentumsanteile beschussfähig sein (vergleiche § 25 WEG-E). Dies stärkt die Verwaltungskompetenz der Wohnungseigentümerinnen und Wohnungseigentümer, die sich in Zukunft darauf verlassen können, dass eine Versammlung, zu der sie erscheinen, auch Beschlüsse fassen kann.

- Nach geltendem Recht können die Wohnungseigentümer zwar grundsätzlich über die Verteilung der Kosten, insbesondere von Baumaßnahmen, abweichend von dem durch das Gesetz oder durch die Gemeinschaftsordnung vorgegebenen Maßstab beschließen (§ 16 Absatz 4 WEG). Dies gilt aber nur, wenn es sich um einen „Einzelfall" handelt. Ein solcher Beschluss bedarf zudem der Zustimmung von mindestens drei Vierteln aller stimmberechtigten Wohnungseigentümer und mehr als der Hälfte der Miteigentumsanteile. Diese Regelung führt dazu, dass in der Praxis eine sinnvolle und gerechte Kostenverteilung häufig unterbleibt, zumal das Kriterium des „Einzelfalls" in der Praxis schwer zu beantwortende Folgefragen auslöst. Der Entwurf sieht deshalb vor, dass die Wohnungseigentümer mit einfacher Stimmenmehrheit über die Verteilung einzelner Kosten oder bestimmter Arten von Kosten entscheiden können (§ 16 Absatz 2 Satz 2 WEG-E).

- Der Entwurf macht es den Wohnungseigentümern zukünftig einfacher, sich von einem Verwalter zu trennen, mit dessen Arbeit sie nicht zufrieden sind. Es soll nämlich nicht mehr zulässig sein, das Abberufungsrecht der Wohnungseigentümer auf einen wichtigen Grund zu beschränken (§ 26 Absatz 1 Satz 3 WEG-E). Zugleich wird damit der oft als sehr belastend empfundene Streit darüber vermieden, ob die Voraussetzungen für eine Abberufung vorliegen.

- Der Entwurf sieht vor, dass ein Wohnungseigentümer durch Beschluss ermächtigt werden kann, die Versammlung einzuberufen (§ 24 Absatz 3 WEG-E). Das erleichtert insbesondere in kleineren Gemeinschaften, die keinen Verwalter und keinen Verwaltungsbeirat bestellt haben, die Organisation von Versammlungen.

- Schließlich gibt der Entwurf den Wohnungseigentümern auch die Möglichkeit, Verstöße gegen die Gemeinschaftsordnung effektiver als bisher zu unterbinden. Er sieht nämlich vor, dass die Wohnungseigentümer die Einführung von Vertragsstrafen beschließen können (§ 19 Absatz 3 Satz 2 WEG-E). Mit einer solchen Vertragsstrafe kann insbesondere denjenigen Wohnungseigentümern begegnet werden, die die Gemeinschaft durch wiederholte Verstöße gegen die Gemeinschaftsordnung belasten, deren Fehlverhalten aber keine Entziehung des Wohnungseigentums rechtfertigt.

4. Stärkung des Verwaltungsbeirats

Der Entwurf sieht eine Stärkung des Verwaltungsbeirats als wichtigem Kontrollorgan vor. Die Tätigkeit im Verwaltungsbeirat soll attraktiver werden, indem die Haftung der Mitglieder des Verwaltungsbeirats auf Vorsatz und grobe Fahrlässigkeit beschränkt wird (§ 29 Absatz 3 WEG-E). Zudem sieht der Entwurf eine Flexibilisierung dahingehend vor, dass die Wohnungseigentümer die Größe des Verwaltungsbeirats nach den Bedürfnissen ihrer konkreten Gemeinschaft festlegen können (§ 29 Absatz 1 WEG-E).

5. Nutzung der Möglichkeiten der Digitalisierung

Der Entwurf öffnet das Wohnungseigentumsrecht für die Möglichkeiten der Digitalisierung. Das gilt zum einen für die Wohnungseigentümerversammlung. Denn das geltende Recht sieht nur eine Teilnahme an der Versammlung durch persönliche Anwesenheit vor. Auch wenn die Mehrheit der Wohnungseigentümer einverstanden ist, darf ein interessierter Wohnungseigentümer nach geltendem Recht etwa nicht im Wege der Videoübertragung teilnehmen. Um die Möglichkeiten der Digitalisierung in diesem Bereich zu nutzen, ist vorgesehen, dass die Wohnungseigentümer ihre Versammlungen einer sogenannten Online-Teilnahme öffnen können (§ 23 Absatz 1 Satz 2 WEG-E).

Der Entwurf sieht zudem vor, dass Umlaufbeschlüsse nicht mehr zwingend schriftlich, also mit Unterschriften der Wohnungseigentümer versehen, gefasst werden müssen. Stattdessen genügt die Textform (§ 23 Absatz 3 WEG-E). Dadurch wird erstmals eine elektronisch unterstützte Beschlussfassung ermöglicht. Die gesetzlichen Vorgaben stehen damit insbesondere der Fassung von einstimmigen Beschlüssen über entsprechende Plattformen oder Apps nicht mehr im Wege.

Auch eine Führung der Beschlusssammlung in elektronischer Form soll ermöglicht werden (§ 25 Absatz 5 WEG-E).

6. Rechtssicherheit in der Begründungsphase

Der Entwurf schafft Rechtssicherheit in der Begründungsphase der Wohnungseigentümergemeinschaft. Denn insbesondere beim Erwerb des Wohnungseigentums vom

Bauträger stellt sich die Frage, ab welchem Zeitpunkt die Vorschriften des WEG anwendbar sind, wann die Gemeinschaft der Wohnungseigentümer entsteht und wer zu welchem Zeitpunkt ihr Mitglied wird. Nach dem Konzept des historischen Gesetzgebers von 1951 ist dies erst der Fall, wenn ein Erwerber als Wohnungseigentümer im Grundbuch eingetragen ist. Nach der Rechtsprechung soll es dagegen – vereinfacht betrachtet – genügen, wenn einem Erwerber der Besitz eingeräumt wurde. Von diesem Zeitpunkt an sollen die Vorschriften des WEG anwendbar sein, weil der Erwerber als sogenannter werdender Wohnungseigentümer Mitglied der sogenannten werdenden Wohnungseigentümergemeinschaft wird. Im Einzelnen sind diese Institute aber nach wie vor umstritten, insbesondere ihr zeitlicher Anwendungsbereich (vergleiche BGH, Beschluss vom 5. Juni 2008 – V ZB 85/07 Randnummer 21). Außerdem besteht in der Praxis schon vor der Entstehung der Gemeinschaft das Bedürfnis, Verträge für die Gemeinschaft abzuschließen, etwa zur Versorgung mit Wasser und Energie.

Um in diesem gerade für Verbraucher und Verbraucherinnen wichtigen Bereich Rechtssicherheit zu schaffen, sieht der Entwurf besondere Vorschriften für die Begründungsphase vor. Er ordnet zum einen an, dass das WEG bereits mit Anlegung der Wohnungsgrundbücher anwendbar ist; in diesem Zeitpunkt entsteht auch die Gemeinschaft der Wohnungseigentümer als sogenannte Ein-Personen-Gemeinschaft (§ 9a Absatz 1 Satz 2 WEG-E). Der Entwurf regelt zudem, unter welchen Voraussetzungen ein Erwerber schon vor seiner Eintragung als Eigentümer im Grundbuch berechtigt ist, sich wie ein Wohnungseigentümer an der Verwaltung des gemeinschaftlichen Eigentums zu beteiligen (§ 8 Absatz 3 WEG-E).

7. Harmonisierung von Mietrecht und Wohnungseigentumsrecht

Rechtlich ist die Vermietung von Eigentumswohnungen ohne Einschränkungen zulässig (§ 13 Absatz 1 WEG). Auch rechtspolitisch ist dies mit Blick auf die damit einhergehende Vermögensbildung, insbesondere zur Altersvorsorge, erwünscht. Es besteht daher ein besonderes Bedürfnis, dass sich bei der Vermietung von Eigentumswohnungen keine vermeidbaren rechtlichen Friktionen ergeben.

Aus diesem Grund sieht der Entwurf zum einen aufeinander abgestimmte Regelungen zur Förderung der Elektromobilität, des Gebrauchs durch Menschen mit Behinderungen und zum Einbruchsschutz vor (siehe oben unter 1.).

Harmonisierungsbedarf besteht zum anderen bei Baumaßnahmen in der Wohnungseigentumsanlage. Die Wohnungseigentümer haben ein schutzwürdiges Interesse, dass Baumaßnahmen nicht behindert oder verhindert werden, weil Wohnungen in der Anlage vermietet sind. Umgekehrt hat jeder Mieter ein berechtigtes Interesse, über Baumaßnahmen rechtzeitig informiert zu werden, um sich auf diese einzustellen. Der Entwurf sieht daher eine auf Baumaßnahmen bezogene Duldungspflicht des Mieters vor (§ 15 WEG-E). Aus Gründen des Mieterschutzes setzt dies eine ordnungsgemäße Ankündigung der Baumaßnahme voraus. Der Mieter kann sich im Einzelfall zudem auf Härtegründe berufen.

Schließlich enthält der Entwurf auch Vorschriften zur Harmonisierung im Hinblick auf die Betriebskostenabrechnung. Denn bislang sieht das Mietrecht vor, dass die Betriebskosten grundsätzlich nach der Wohnfläche umzulegen sind (§ 556a Absatz 1 Satz 1 des Bürgerlichen Gesetzbuches – BGB). Nach den Vorschriften des WEG ist für die Verteilung dagegen in der Regel der Miteigentumsanteil des Vermieters entscheidend (§ 16 Absatz 2 WEG). Nach dem Entwurf soll bei vermieteten Eigentumswohnungen künftig die wohnungseigentumsrechtliche Verteilung maßgeblich sein. Das erspart aufwändige und fehleranfällige Umrechnungen bei der Erstellung einer Betriebskostenabrechnung für eine vermietete Eigentumswohnung.

8. Vereinfachung der Jahresabrechnung

Der Entwurf sieht eine deutliche Vereinfachung der rechtlichen Vorgaben für Wirtschaftsplan und Jahresabrechnung vor (§ 28 WEG-E). Denn gerichtliche Auseinandersetzungen in diesem Bereich sind vergleichsweise häufig. Dies liegt auch daran, dass die geltenden gesetzlichen Vorschriften unklar gefasst sind. So ist bislang etwa nicht gesetzlich geregelt, welche Bestandteile die Jahresabrechnung hat und was konkret Gegenstand des Beschlusses über die Jahresabrechnung ist. Weil auch die Gerichte zu diesen Fragen nicht immer einheitlich entscheiden, besteht in der Praxis Rechtsunsicherheit. Aus diesem Grund sieht der Entwurf eine Konkretisierung der maßgeblichen Vorschriften vor.

9. Ordnung der Rechtsbeziehungen in der Gemeinschaft

Das historische Konzept des WEG sah die Rechtsfähigkeit der Gemeinschaft der Wohnungseigentümer nicht vor. Die Anerkennung der Rechtsfähigkeit durch den Bundesgerichtshof (Beschluss vom 2. Juni 2005 – V ZB 32/05) hat daher zwangsläufig die Frage aufgeworfen, wie die rechtsfähige Gemeinschaft der Wohnungseigentümer in das geschriebene Recht integriert werden kann. Besondere Schwierigkeiten bereitet hierbei immer noch die Einbindung der Gemeinschaft der Wohnungseigentümer in die Verwaltung des gemeinschaftlichen Eigentums. Die Rechtsbeziehungen zwischen den Wohnungseigentümern untereinander einerseits und zwischen den Wohnungseigentümern und der Gemeinschaft der Wohnungseigentümer andererseits sind auch über zehn Jahre nach der WEG-Novelle 2007 nicht abschließend geklärt. Die konzeptionelle Unklarheit über die Rolle der rechtsfähigen Gemeinschaft der Wohnungseigentümer führt dazu, dass der Rechtsanwender oftmals nicht mit hinreichender Sicherheit feststellen kann, ob die rechtsfähige Gemeinschaft der Wohnungseigentümer oder die Wohnungseigentümer berechtigt beziehungsweise verpflichtet sind.

Der Entwurf beseitigt diese Rechtsunsicherheit, indem er der Gemeinschaft der Wohnungseigentümer die Aufgabe zuweist, das gemeinschaftliche Eigentum zu verwalten (§ 18 Absatz 1 WEG-E). Dieses Konzept führt zu einer klaren Ordnung der Rechtsbeziehungen und ermöglicht es, ungeklärte Rechtsfragen nach allgemeinen rechtlichen Prinzipien zu lösen.

Diese Änderungen im materiellen Recht werden durch Änderungen im Verfahrensrecht flankiert. Insbesondere die Beschlussanfechtungsklage ist nach dem Entwurf gegen die Gemeinschaft der Wohnungseigentümer zu richten (§ 44 Absatz 2 Satz 1 WEG-E).

10. Stärkung der Handlungsfähigkeit der Gemeinschaft

Nach geltendem Recht benötigt der Verwalter für die meisten Verwaltungsmaßnahmen einen Beschluss der Wohnungseigentümer, unabhängig davon, wie bedeutsam die Maßnahme für die Gemeinschaft ist. Dieses gesetzliche Konzept mag bei Entstehung des WEG angesichts der damals üblichen Verhältnisse im Bauwesen angemessen gewesen sein. Seit den 1950er-Jahren hat sich die durchschnittliche Größe von Wohnanlagen aber nahezu verdoppelt (vergleiche von Roncador, Der Wohnungsbau auf dem Gebiet der Bundesrepublik Deutschland 1945 bis 1989, Seite 61). Gerade in großen Anlagen lässt sich das gesetzliche Konzept praktisch kaum umsetzen. Denn mit der Größe der Anlage steigt auch die Zahl der zu treffenden Maßnahmen, insbesondere im Bereich der Instandhaltung und Instandsetzung des gemeinschaftlichen Eigentums. Theoretisch müssten nach geltendem Recht häufig unterjährige Eigentümerversammlungen stattfinden, um einzelne, für die Wohnungseigentümer letztlich unbedeutende Fragen zu entscheiden. In der Praxis wird das gesetzliche Konzept deshalb weitgehend durch Regelungen in den Verwalterverträgen verdrängt, in deren Rahmen dem Verwalter über das Gesetz hinausgehende Handlungskompetenzen zugewiesen werden. Diese Handhabung ist bereits aus Transparenzgründen nicht zu begrüßen, weil viele Wohnungseigentümer dem Inhalt des Verwaltervertrags nicht die notwendige Beachtung schenken. Daneben werden auch aus dogmatischen Gründen Bedenken angemeldet (siehe etwa Jacoby, in: Staudinger, WEG, 2018, § 27 Randnummer 120).

Der Entwurf sieht daher vor, das WEG an die zeitgemäßen Bedürfnisse anzupassen. Der Verwalter soll für diejenigen Maßnahmen, die eine Entscheidung durch die Wohnungseigentümer aus objektiver Sicht nicht erfordern, zuständig sein; Gleiches soll für eilbedürftige Maßnahmen gelten (§ 27 Absatz 1 WEG-E). Eine gravierende Änderung der Rechtslage ist damit im Hinblick auf die bislang nach § 27 Absatz 1 WEG bestehenden Kompetenzen des Verwalters und unter Berücksichtigung der diese oft erweiternden Regelungen in den Verwalterverträgen nicht verbunden. Daneben sollen aber vor allem die Wohnungseigentümer die Möglichkeit haben, die Zuständigkeiten des Verwalters durch Beschluss zu bestimmen, indem sie seinen Aufgabenkreis erweitern oder einschränken (§ 27 Absatz 2 WEG-E). Damit ist sichergestellt, dass die Wohnungseigentümer stets die Herren der Verwaltung ihres gemeinschaftlichen Eigentums bleiben.

11. Stärkung der Gemeinschaft der Wohnungseigentümer im Rechtsverkehr

Der Entwurf sieht im Interesse der Wohnungseigentümerinnen und Wohnungseigentümer eine Präzisierung der Regelungen über die rechtsfähige Gemeinschaft der Wohnungseigentümer im Rechtsverkehr vor. Denn nach dem Konzept des WEG nehmen die Wohnungseigentümer über die rechtsfähige Gemeinschaft der Wohnungseigentümer am Rechtsverkehr teil. In der Praxis wird dies jedoch dadurch behindert, dass potentielle Vertragspartner nach geltendem Recht nicht verlässlich ermitteln können, ob der Verwalter vertretungsberechtigt ist oder nicht. Das wirkt sich nicht nur zulasten des Rechtsverkehrs, sondern vor allem auch zulasten der Wohnungseigentümerinnen und Wohnungseigentümer aus. Besonders drängend sind die Probleme bei einseitigen Rechtsgeschäften der Gemeinschaft der Wohnungseigentümer. Denn dem Empfänger steht nach Ansicht des Bundesgerichtshofs ein Zurückweisungsrecht nach § 174 BGB zu (BGH, Urteil vom 20. Februar 2014 – III ZR 443/13). Der Entwurf löst diese Probleme, indem er klare Vorschriften zur Vertretung der Gemeinschaft der Wohnungseigentümer vorsieht (§ 9b WEG-E).

12. Sondereigentumsfähigkeit von Freiflächen

Nach geltendem Recht ist es nicht möglich, das Sondereigentum auf außerhalb des Gebäudes liegende Teile des Grundstücks zu erstrecken, etwa auf Terrassen, Gartenflächen oder Stellplätze für Fahrzeuge im Freien. Soll einzelnen Wohnungseigentümerinnen oder Wohnungseigentümern ein ausschließliches Nutzungsrecht an diesen Flächen zugewiesen werden, werden in der Praxis sogenannte Sondernutzungsrechte begründet. Diese sind gesetzlich indes nicht näher geregelt, weshalb sie im Detail eine Reihe schwieriger, teilweise noch nicht abschließend geklärter Rechtsfragen aufwerfen. Die damit zusammenhängende Rechtsunsicherheit ist für Wohnungseigentümer auch deshalb belastend, weil der wirtschaftliche Wert etwa von Terrassen, Gartenflächen und Stellplätzen im Freien parallel zu den allgemeinen Immobilienpreisen steigt.

Der Entwurf beseitigt diese Rechtsunsicherheit, indem Sondereigentum auch auf Freiflächen erstreckt werden können soll (§ 3 Absatz 1 Satz 2, Absatz 2 WEG-E). Eine „Flucht in das Sondernutzungsrecht" wird damit in den meisten Fällen entbehrlich.

13. Modernisierung des gerichtlichen Verfahrensrechts

Der Entwurf sieht eine grundlegende Modernisierung des gerichtlichen Verfahrensrechts vor. Denn nach geltendem Recht muss ein Wohnungseigentümer, wenn er einen Beschluss gerichtlich anfechten will, alle übrigen Wohnungseigentümer verklagen. Das führt nicht nur zu schwer handhabbaren Prozessen mit einer Vielzahl von Beteiligten. Es ergeben sich häufig auch Irritationen bei den Wohnungseigentümern, weil auch diejenigen Wohnungseigentümer verklagt werden müssen, die – wie der Kläger – gegen den Beschluss gestimmt haben. Gerade bei großen Gemeinschaften, die oftmals von einem häufigen Eigentümerwechsel geprägt sind, besteht außerdem die Gefahr, den Prozessgegner unrichtig zu benennen. Um diese Probleme zu lösen, sieht der Entwurf vor, dass Beschlussklagen künftig gegen die rechtsfähige Gemeinschaft der Wohnungseigentümer zu richten sind.

Diese Neuausrichtung ermöglicht es zugleich, die meisten prozessualen Sondervorschriften für Wohnungseigentumssachen aufzuheben. Denn diese Sondervorschriften dienen hauptsächlich dazu, die Probleme zu bewältigen, die sich daraus ergeben, dass bislang insbesondere Verfahren über die Anfechtung von Beschlüssen zwischen allen Wohnungseigentümern geführt werden müssen. Auf diese Weise wird die Überleitung des wohnungseigentumsrechtlichen Verfahrens in den allgemeinen Zivilprozess abgeschlossen, die mit der WEG-Novelle 2007 begonnen wurde.

14. Weitere Regelungen

Daneben soll im Grundbuchrecht die Geltungsdauer einer Vorschrift verlängert werden, die Erleichterungen bei der Löschung von Altrechten in den neuen Ländern vorsieht. Zusätzlich enthält der Entwurf vornehmlich klarstellende Anpassungen der Justizkostengesetze sowie des Justizaktenaufbewahrungsgesetzes.

III. Alternativen

Eine Alternative zu einer umfassenden Reform des WEG und damit zu dem Entwurf als solchem besteht nicht. Zur Lösung einzelner Sachfragen kommen freilich Alternativen in Betracht, insbesondere folgende:

- Der Entwurf sieht erstmals Vorschriften für die Begründungsphase der Gemeinschaft der Wohnungseigentümer vor (siehe oben II. 6.). Alternativ könnte die Klärung der mit der Begründungsphase zusammenhängenden Rechtsfragen weiterhin der Rechtsprechung überlassen werden. Denkbar wäre auch, lediglich die sogenannte Ein-Personen-Gemeinschaft gesetzlich einzuführen und die Rechtsstellung der Erwerber der vertraglichen Gestaltung zu überlassen. Gegen eine solche gesetzgeberische Zurückhaltung spricht aber das besondere Bedürfnis nach Rechtssicherheit im Zusammenhang mit dem Erwerb von Wohnungseigentum, der in aller Regel mit erheblichen finanziellen Belastungen verbunden ist (vergleiche den Abschlussbericht der Bund-Länder-Arbeitsgruppe zur Reform des Wohnungseigentumsgesetzes, ZWE 2019, 430, 436 f.).
- Zur stringenten Ordnung der Rechtsbeziehungen in der Gemeinschaft (siehe oben II. 9.) sieht der Entwurf vor, dass die Verwaltung des gemeinschaftlichen Eigentums der Gemeinschaft der Wohnungseigentümer zugewiesen wird. Alternativ käme freilich auch in Betracht, der Gemeinschaft der Wohnungseigentümer jede Funktion bei der Verwaltung abzusprechen. Ungeachtet der damit einhergehenden konzeptionellen Probleme würde eine konsequente Umsetzung dieses Konzepts erfordern, auch die Hausgeldansprüche den Wohnungseigentümern zuzuordnen. Damit würde aber ein Vorteil aufgegeben werden, der zur Anerken-

nung der Gemeinschaft der Wohnungseigentümer geführt hat, nämlich die klare Zuordnung der noch nicht vollständig beglichenen Hausgeldansprüche auch im Falle eines Eigentümerwechsels (vergleiche BGH, Beschluss vom 2. Juni 2005 – V ZB 32/05).

– Der Entwurf sieht vor, dass Sondereigentum auch auf außerhalb des Gebäudes liegende Teile des Grundstücks erstreckt werden kann (siehe oben II. 12.). Damit sollen insbesondere die Unsicherheiten beseitigt werden, die mit den gesetzlich nicht geregelten Sondernutzungsrechten einhergehen. Ein Alternativansatz zur Lösung dieser Unsicherheiten wäre es, gesetzliche Regeln für Sondernutzungsrechte zu schaffen. Dafür müsste jedoch das Sondernutzungsrecht als solches zunächst definiert werden, was angesichts seiner unterschiedlichen Erscheinungsformen (zum Beispiel befristete Sondernutzungsrechte oder Gruppensondernutzungsrechte) mit besonderen Schwierigkeiten verbunden ist. Dieser Umstand würde eine für alle Sondernutzungsrechte angemessene inhaltliche Regelung zumindest erschweren, wenn nicht sogar unmöglich machen (vergleiche den Abschlussbericht der Bund-Länder-Arbeitsgruppe zur Reform des Wohnungseigentumsgesetzes, ZWE 2019, 430, 440). Darüber hinaus bliebe in diesem Fall die nach § 3 Absatz 2 Satz 2 WEG bereits mögliche Begründung von Sondereigentum an Garagenstellplätzen ein systematisch nur schwer einzuordnender Sonderfall.

IV. Gesetzgebungskompetenz

Die Gesetzgebungskompetenz des Bundes für die Änderung des WEG, des BGB, des Gerichtsverfassungsgesetzes, des Gesetzes über die Zwangsversteigerung und die Zwangsverwaltung, der Wohnungsgrundbuchverfügung, des Justizaktenaufbewahrungsgesetzes, des Gerichtskostengesetzes, des Gesetzes über Gerichtskosten in Familiensachen, des Gerichts- und Notarkostengesetzes sowie des Gerichtsvollzieherkostengesetzes beruht auf Artikel 74 Absatz 1 Nummer 1 des Grundgesetzes (Bürgerliches Recht, Gerichtsverfassung, gerichtliches Verfahren). Für die Änderung des Grunderwerbsteuergesetzes und des Gewerbesteuergesetzes ergibt sich die Gesetzgebungskompetenz des Bundes aus Artikel 105 Absatz 2 des Grundgesetzes. Die Gesetzgebungskompetenz des Bundes zur Änderung der Verordnung über Formblätter für die Gliederung des Jahresabschlusses von Wohnungsunternehmen und des Schornsteinfeger-Handwerksgesetzes folgt aus Artikel 74 Absatz 1 Nummer 11 (Recht der Wirtschaft) in Verbindung mit Artikel 72 Absatz 2 beziehungsweise aus Artikel 74 Absatz 1 Nummer 24 (Luftreinhaltung) des Grundgesetzes.

V. Vereinbarkeit mit dem Recht der Europäischen Union und völkerrechtlichen Verträgen

Der Entwurf ist mit dem Recht der Europäischen Union und völkerrechtlichen Verträgen, die die Bundesrepublik Deutschland abgeschlossen hat, vereinbar.

VI. Gesetzesfolgen

1. Rechts- und Verwaltungsvereinfachung

Das gerichtliche Verfahrensrecht wird vereinfacht, indem prozessuale Sondervorschriften für Wohnungseigentumssachen aufgehoben werden, die von den allgemeinen Vorschriften der Zivilprozessordnung (ZPO) abweichen (vergleiche §§ 43 ff. WEG-E). Auch das Verfahren selbst wird vereinfacht, indem bei Beschlussklagen nicht mehr alle Wohnungseigentümer verklagt werden müssen, sondern nur noch die rechtsfähige Gemeinschaft der Wohnungseigentümer (§ 44 Absatz 2 WEG-E).

Das Wohnungseigentumsrecht wird insgesamt verständlicher. Die wichtige Begründungsphase der Gemeinschaft wird erstmals gesetzlich geregelt (§ 8 Absatz 3, § 9a Absatz 1 Satz 2 WEG-E). Auch die Vorschriften für den Wirtschaftsplan und die Jahresabrechnung werden klarer gefasst (§ 28 WEG-E). Zudem wird die Betriebskostenabrechnung für vermietende Wohnungseigentümer deutlich vereinfacht, indem ein einheitlicher Umlageschlüssel im Miet- und Wohnungseigentumsrecht gilt (§ 556a BGB-E). Dadurch entfällt die aufwändige Umrechnung anhand verschiedener Umlageschlüssel.

Schließlich werden unnötige Formvorschriften gelockert, indem etwa für die Fassung von Umlaufbeschlüssen (§ 23 Absatz 3 WEG-E) und das Verlangen nach einer außerordentlichen Eigentümerversammlung (§ 24 Absatz 2 WEG-E) die Textform an die Stelle der Schriftform tritt. Den Wohnungseigentümern wird zudem ermöglicht, die Online-Teilnahme an Versammlungen zuzulassen (§ 23 Absatz 1 Satz 2 WEG-E).

2. Nachhaltigkeitsaspekte

Der Entwurf steht im Einklang mit den Leitgedanken der Bundesregierung zur nachhaltigen Entwicklung im Sinne der Deutschen Nachhaltigkeitsstrategie. Die Regelungen sind insbesondere unter den Gesichtspunkten wirtschaftlicher Leistungsfähigkeit und sozialer Verantwortung dauerhaft tragfähig. Betroffen ist vor allem die Entkopplungsregel (Managementregel 4 b) der Deutschen Nachhaltigkeitsstrategie. Danach müssen unter anderem Energie- und Ressourcenverbrauch sowie die Verkehrsleistung vom Wirtschaftswachstum entkoppelt werden. Diesem Ziel dient die Förderung der Elektromobilität durch die gesetzliche Normierung eines Anspruchs jedes Wohnungseigentümers und jedes Mieters auf Errichtung einer Lademöglichkeit für elektrisch betriebene Fahrzeuge. Die vorgeschlagenen Erleichterungen verleihen auch den Belangen des Klimaschutzes mehr Gewicht. Die Managementregel zur Stärkung sozialen Zusammenhalts (Managementregel 5) ist durch den Anspruch auf Gestattung baulicher Maßnahmen zur Barrierereduzierung betroffen. Ein solcher Anspruch wird grundsätzlich jedem Wohnungseigentümer und jedem Mieter eingeräumt.

3. Demografische Auswirkungen des Gesetzes

Ein Ziel des Entwurfs besteht darin, bauliche Maßnahmen in Wohnungseigentumsanlagen rechtlich zu erleichtern. Dabei berücksichtigt der Entwurf die künftige Altersstruktur der Bevölkerung und damit auch der Wohnungseigentümerinnen und Wohnungseigentümer. Mit dem Entwurf sollen Hürden abgebaut werden, die bislang Beschlüsse von Wohnungseigentümern über altersgerechte und barrierereduzierende Umbaumaßnahmen am Gemeinschaftseigentum wegen hoher Mehrheitserfordernisse verhindert haben. Über Baumaßnahmen jeder Art soll künftig mit einfacher Stimmenmehrheit entschieden werden können. Außerdem soll jedem Wohnungseigentümer ein Anspruch auf barrierereduzierende bauliche Veränderungen am Gemeinschaftseigentum eingeräumt werden. So wird dazu beigetragen, dass älteren und behinderten Menschen ein selbstbestimmtes Leben im vertrauten Umfeld gewährleistet werden kann.

4. Haushaltsausgaben ohne Erfüllungsaufwand

Keine.

5. Erfüllungsaufwand

Die Wohnungseigentümer sind gemäß der Methodik des Erfüllungsaufwandes zwei Gruppen von Normadressaten zuzuweisen: den Bürgerinnen und Bürgern als selbstnutzende Wohnungseigentümer und -eigentümerinnen sowie der Wirtschaft als vermietendem Eigentümer.

Grundannahmen

Es liegen nur spärliche amtliche Daten zur Zahl der Eigentumswohnungen, der Wohnungseigentümer und der Wohnungseigentümergemeinschaften sowie zur Vermietung von Eigentumswohnungen vor. Auch sonstige Daten zu diesen Themen sind kaum verfügbar. Die Berechnung des Erfüllungsaufwands erfolgte deshalb auf Grundlage folgender Annahmen; soweit diesen Annahmen Daten zugrunde liegen, wird dies angegeben:

Es wird angenommen, dass es 9,29 Millionen Eigentumswohnungen gibt. Denn zum Ablauf des Jahres 2018 gab es insgesamt 42,24 Millionen Wohnungen (Statistisches Bundesamt, Gebäude und Wohnungen. Bestand an Wohnungen und Wohngebäuden, Bauabgang von Wohnungen und Wohngebäuden, Lange Reihen ab 1969-2018, 2019, Seite 7). Der Anteil der Wohnungen, die Teil einer Wohnungseigentümergemeinschaft sind, wird entsprechend der Wohngebäudezählung des Zensus 2011 auf 22 Prozent geschätzt (Statistisches Bundesamt, Gebäude- und Wohnungsbestand. Endgültige Ergebnisse, 2015, Seite 14).

Es wird angenommen, dass die Zahl der Wohnungseigentümer bei 5,66 Millionen liegt. Denn im Rahmen der Einkommens- und Verbrauchsstichprobe gab diese Anzahl an Haushalten an, über eine oder mehrere Eigentumswohnungen zu verfügen (Statistisches Bundesamt, Wirtschaftsrechnungen, Fachserie 15 Heft 2, 2018, Seite 22). Die Quote der insgesamt rund 40,60 Millionen Haushalte (vergleiche Statistisches Bundesamt, Wirtschaftsrechnungen, Fachserie 15 Heft 2, 2018, Seite 22), die über eine oder mehrere Eigentumswohnungen verfügen, liegt demnach bei rund 14 Prozent.

Nach statistischen Erhebungen ist die Zahl der selbstgenutzten Eigentumswohnungen (4,87 Millionen) und der vermieteten Eigentumswohnungen (4,42 Millionen) annähernd gleich groß (Statistisches Bundesamt, Wirtschaftsrechnungen, Fachserie 15 Heft 2, 2018, Seite 86). Es wird deshalb von einer Vermietungsquote von 50 Prozent ausgegangen.

Es liegen keine Informationen vor, wie viele Eigentumswohnungen durch einen gewerblichen Verwalter verwaltet werden. Auch Zahlen zur Größe der Wohnungseigentümergemeinschaften fehlen. Ausgehend von den Annahmen, dass 90 Prozent der Eigentumswohnungen durch einen gewerblichen Verwalter verwaltet werden und dass eine gewerblich verwaltete Wohnungseigentumsanlage aus durchschnittlich 25 Einheiten besteht, wird von 334 000 gewerblich verwalteten Wohnungseigentümergemeinschaften ausgegangen. Bei den übrigen 10 Prozent der Eigentumswohnungen, bei denen entweder ein Wohnungseigentümer zum Verwalter bestellt wurde oder zumindest faktisch die Aufgaben des Verwalters übernimmt, wird dagegen nur von durchschnittlich 10 Einheiten ausgegangen, mithin von 93 000 selbstverwalteten Wohnungseigentümergemeinschaften. Insgesamt wird demnach von 427 000 Wohnungseigentümergemeinschaften ausgegangen. Ausgehend von einer Vermietungsquote von 50 Prozent ist anzunehmen, dass in den 93 000 selbstverwalteten Wohnungseigentümergemeinschaften rund 46 000 vermietende Wohnungseigentümer und 46 000 selbstnutzende Wohnungseigentümer rechtlich oder faktisch die Aufgaben eines Verwalters übernehmen.

Gestattung baulicher Veränderungen (§ 20 Absatz 2 WEG-E; § 554 BGB-E)

Der Entwurf sieht vor, dass Wohnungseigentümer und Mieter einen Anspruch auf Gestattung bestimmter baulicher Veränderung haben, nämlich solcher, die dem Laden elektrisch betriebener Fahrzeuge, der Barrierereduzierung, dem Einbruchsschutz und dem Glasfaseranschluss dienen (§ 20 Absatz 2 WEG-E; § 554 BGB-E). Erfüllungsaufwand entsteht dadurch, dass die Wohnungseigentümer beziehungsweise Mieter ein entsprechendes Verlangen stellen und die Wohnungseigentümergemeinschaft beziehungsweise der Vermieter über dieses Verlangen entscheiden müssen. Der Erfüllungsaufwand setzt sich aus dem einmaligen Umstellungsaufwand für die Fälle zusammen, in denen in zeitlichem Zusammenhang mit dem Inkrafttreten der Neureglung eine entsprechende bauliche Veränderung verlangt wird, und aus dem laufenden Aufwand für Fälle, in denen dies erst später passiert.

Wie viele Mieter und Wohnungseigentümer in zeitlichem Zusammenhang mit der Neuregelung eine Lademöglichkeit für elektrisch betriebene Fahrzeuge verlangen, kann nur annäherungsweise anhand der Zahl zugelassener elektrisch betriebener Fahrzeuge beziffert werden. Der Bestand der elektrisch betriebenen Fahrzeuge (vollelektrische und Plug-In-Hybrid-Fahrzeuge) liegt gegenwärtig bei rund 225 000 Fahrzeugen (Kraftfahrt-Bundesamt, Neuzulassungsbarometer im September 2019). Für die Folgejahre ist mit weiterhin steigenden Zulassungszahlen zu rechnen. In einem mittelfristigen Zeitraum (drei bis fünf Jahre) erscheint beim gegenwärtigen Wachstum eine Zulassungszahl von 250 000 pro Jahr realistisch. Ausgehend von der allgemeinen Verteilung entfallen davon 90 Prozent (225 000) auf private Halter und 10 Prozent (25 000) auf gewerbliche Halter (Kraftfahrt-Bundesamt, Bestand an Pkw am 1. Januar 2019 nach privaten und gewerblichen Haltern).

Eine Lademöglichkeit können nur Halter verlangen, die in einer gemieteten oder ihnen selbst gehörenden Eigentumswohnung leben und über einen Stellplatz verfügen, der noch nicht mit einer Lademöglichkeit versehen ist. Gemäß einer konstanten Verteilung der privaten Halter über die unterschiedlichen Wohnformen wohnen rund 58 Prozent der privaten Halter zur Miete (vergleiche Statistisches Bundesamt, Wirtschaftsrechnungen, Fachserie 15 Heft 2, 2018, Seite 38); rund 14 Prozent der privaten Halter besitzen eine Eigentumswohnung. Von den Mietern haben rund 45 Prozent einen eigenen Stellplatz, von den Wohnungseigentümern rund 59 Prozent (vergleiche Statistisches Bundesamt, Fachserie 15, Sonderheft 1, Seite 16). Es wird unterstellt, dass bereits 4 Prozent der Stellplätze mit einer Lademöglichkeit versehen sind und von den übrigen Mietern beziehungsweise Wohnungseigentümern 50 Prozent ein entsprechendes Verlangen stellen werden. Aus alledem folgt, dass von den privaten Haltern von elektrisch betriebenen Fahrzeugen zum einen rund 12,5 Prozent Mieter sind, von denen anzunehmen ist, dass sie eine Lademöglichkeit verlangen werden. Zum anderen sind sie zu 4,0 Prozent Wohnungseigentümer, von denen anzunehmen ist, dass sie eine Lademöglichkeit verlangen werden; dabei entfallen 2,0 Prozent auf selbstnutzende Wohnungseigentümer und 2,0 Prozent auf vermietende Wohnungseigentümer.

Im Hinblick auf gewerbliche Halter wird unterstellt, dass diese zu 30 Prozent gewerbliche Mieter sind, von diesen wiederum 50 Prozent über einen Stellplatz verfügen und wiederum zu 50 Prozent ein entsprechendes Verlangen äußern werden. Insgesamt ist also davon auszugehen, dass 7,5 Prozent der gewerblichen Halter eine Lademöglichkeit verlangen werden.

Demnach ist in zeitlichem Zusammenhang mit der Neuregelung im Hinblick auf private Halter von rund 25 300 privaten Mietern, rund 4 000 selbstnutzenden Wohnungseigentümern, rund 4 000 vermietenden Wohnungseigentümern sowie von rund 1 700 gewerblichen Mietern auszugehen, die den Einbau einer Lademöglichkeit verlangen werden. Für die Folgejahre ist unter den gleichen Annahmen von rund 28 100 privaten Mietern, rund 4 500 selbstnutzenden Wohnungseigentümern, rund

4 500 vermietenden Wohnungseigentümern sowie von rund 1 900 gewerblichen Mietern auszugehen.

Die Größenordnung, in der Maßnahmen der Barrierereduzierung, des Einbruchsschutzes und des Glasfaseranschlusses verlangt werden, kann nur grob geschätzt werden. Es wird davon ausgegangen, dass unmittelbar nach Inkrafttreten und in den Folgejahren jeweils in 2 Prozent der insgesamt 427 000 Wohnungseigentümergemeinschaften ein entsprechendes Verlangen geäußert wird (rund 8 500) und dies zu 50 Prozent auf selbstnutzende Wohnungseigentümer (rund 4 300) und zu 50 Prozent auf vermietende Wohnungseigentümer (rund 4 300) entfällt. Bei den übrigen Mietern wird von jeweils 10 000 Verlangen pro Jahr nach Barrierereduzierung und Einbruchsschutz ausgegangen. Bei gewerblichen Mietern werden pauschal jeweils 500 Fälle angesetzt.

Insgesamt ist demnach in zeitlichem Zusammenhang mit der Neuregelung von rund 45 300 Verlangen von privaten Mietern, rund 8 300 Verlangen von selbstnutzenden Wohnungseigentümern, rund 8 300 Verlangen von vermietenden Wohnungseigentümern sowie von rund 2 700 Verlangen von gewerblichen Mietern auszugehen. In den Folgejahren ist von rund 48 100 Verlangen von privaten Mietern, rund 8 800 Verlangen von selbstnutzenden Wohnungseigentümern, rund 8 800 Verlangen von vermietenden Wohnungseigentümern sowie von rund 2 900 Verlangen von gewerblichen Mietern auszugehen.

Der Zeitaufwand für Wohnungseigentümer beziehungsweise Mieter, das Verlangen nach einer privilegierten baulichen Maßnahme zu stellen, wird auf durchschnittlich 27 Minuten pro Vorhaben geschätzt. Dabei wird nicht zwischen Maßnahmen der E-Mobilität, der Barrierereduzierung, des Einbruchsschutzes und des Glasfaseranschlusses differenziert. Der Zeitaufwand setzt sich aus 15 Minuten für das Zusammenstellen der Informationen über die Maßnahme, 10 Minuten für deren Aufbereitung und das Aufsetzen eines entsprechenden Schreibens und 2 Minuten für dessen Übermittlung und Ablage zusammen.

Aus alledem entsteht aufgrund der Möglichkeit des § 20 Absatz 2 WEG-E, bestimmte bauliche Maßnahmen verlangen zu können, folgender Aufwand: Für selbstnutzende Wohnungseigentümer entsteht ein Umstellungsaufwand von rund 3 700 Stunden und laufender Aufwand von rund 4 000 Stunden jährlich. Setzt man für vermietende Wohnungseigentümer den Durchschnittslohnsatz des Wirtschaftszweigs L68 (Grundstücks- und Wohnungswesen) von 33,50 Euro pro Stunde an, entsteht ein Umstellungsaufwand von rund 125 000 Euro und laufender Aufwand von rund 133 000 Euro jährlich. Für private Mieter entsteht ein Umstellungsaufwand von rund 20 400 Stunden und laufender Aufwand von rund 21 600 Stunden jährlich. Setzt man für gewerbliche Mieter den Durchschnittslohnsatz der Gesamtwirtschaft von 34,50 Euro pro Stunde an, entsteht ein Umstellungsaufwand von rund 42 000 Euro und laufender Aufwand von rund 45 000 Euro jährlich.

Über das Verlangen muss anschließend entschieden werden, was weiteren Aufwand erzeugt. Über das Verlangen eines Wohnungseigentümers entscheidet die Eigentümerversammlung durch Beschluss. Entsprechend den obigen Annahmen ist insgesamt von rund 16 500 Verlangen in zeitlichem Zusammenhang mit der Neureglung auszugehen und danach jährlich von rund 17 500 Verlangen. Für die Entscheidung über ein Verlangen wird ein Zeitaufwand von 15 Minuten geschätzt. Zugleich wird davon ausgegangen, dass von den durchschnittlich 25 Mitgliedern der Gemeinschaft nur 25 Prozent anwesend sind, wobei selbstnutzende und vermietende Wohnungseigentümer ihrem Verhältnis entsprechend gleichermaßen anwesend sind, und sich die übrigen Wohnungseigentümer vertreten lassen oder gar nicht teilnehmen. Daraus ergibt sich ein Umstellungsaufwand für selbstnutzende Wohnungseigentümer von rund 12 900 Stunden und ein laufender Aufwand von rund 13 700 Stunden jährlich. Setzt man für vermietende Wohnungseigentümer den Durchschnittslohnsatz des Wirtschaftszweigs L68 (Grundstücks- und Wohnungswesen) von 33,50 Euro pro Stunde an, ergibt sich für sie ein Umstellungsaufwand von rund 432 000 Euro und ein laufender Aufwand von rund 458 000 Euro jährlich.

Über das Verlangen eines Mieters entscheidet der Vermieter. Entsprechend den obigen Annahmen ist von 48 000 Verlangen in zeitlichem Zusammenhang mit der Neureglung auszugehen und danach jährlich von 51 000 Verlangen. Für die Entscheidung über ein Verlangen wird ein Zeitaufwand von 15 Minuten angesetzt. Daraus ergibt sich ein Umstellungsaufwand von rund 402 000 Euro und ein laufender Aufwand von rund 427 000 Euro jährlich. Handelt es sich um eine vermietete Eigentumswohnung, kann der Vermieter über das Verlangen des Mieters nicht abschließend entscheiden, sondern muss seinerseits ein Verlangen gegenüber der Gemeinschaft der Wohnungseigentümer stellen. Dies ist in der Zahl der Verlangen vermietender Wohnungseigentümer bereits berücksichtigt.

Eintragung von Beschlüssen in das Grundbuch (§ 5 Absatz 4 Satz 1 WEG-E)

Nach § 5 Absatz 4 Satz 1, § 10 Absatz 3 WEG-E ist vorgesehen, dass Beschlüsse aufgrund einer Vereinbarung zum Schutz von Erwerbern diesen gegenüber nur gelten, wenn sie im Grundbuch eingetragen sind. Es wird davon ausgegangen, dass 20 Prozent der Wohnungseigentümergemeinschaften eine Gemeinschaftsordnung mit Öffnungsklausel haben, auf deren Grundlage solche Beschlüsse gefasst werden können, und dass von einer solchen Öffnungsklausel durchschnittlich alle 15 Jahre Gebrauch gemacht wird. Demnach ist mit rund 5 700 Eintragungen pro Jahr zu rechnen. Es ist von Sachkosten (einschließlich der notariellen Beglaubigung) von rund 50 Euro pro Eintragung auszugehen. Für die Normadressaten Bürgerinnen und Bürger (selbstnutzende Wohnungseigentümer) und für die Wirtschaft (vermietende Wohnungseigentümer) ergibt sich daraus ein Aufwand von jeweils rund 143 000 Euro jährlich. Dem stehen Erleichterungen für Erwerber von Wohnungseigentum entgegen, die sich künftig einfacher über Beschlüsse informieren können. Diese können jedoch mangels Datengrundlage nicht quantifiziert werden.

Für die Länder (Grundbuchämter) entsteht allenfalls ein geringfügiger Erfüllungsaufwand. Für die Eintragung der anzunehmenden rund 5 700 Beschlüsse ist jeweils ein durchschnittlicher Zeitaufwand von 30 Minuten für einen Beschäftigten des gehobenen Dienstes (Lohnsatz gehobener Dienst Land: 40,80 Euro pro Stunde) anzusetzen. Daraus ergibt sich ein jährlicher Erfüllungsaufwand von rund 116 000 Euro. Mit Blick auf den Aufwand für das Grundbuchamt sind im Übrigen auch die Zeitgewinne bei Eintragungen, die Stellplätze im Freien betreffen und die nach dem Entwurf dem Sondereigentum zugeordnet werden können (§ 3 Absatz 1 Satz 2 WEG-E), zu berücksichtigen. Denn die Buchung von Sondereigentum ist weniger aufwändig als die Eintragung von Sondernutzungsrechten. Die konkrete Zeitersparnis kann jedoch nicht einmal annähernd geschätzt werden.

Online-Teilnahme an Eigentümerversammlungen (§ 23 Absatz 1 Satz 2 WEG-E)

Der Entwurf sieht vor, dass die Wohnungseigentümer über die Online-Teilnahme an ihren Versammlungen beschließen können (§ 23 Absatz 1 Satz 2 WEG-E). In welchem Umfang von dieser Möglichkeit Gebrauch gemacht wird, kann aber nicht abgeschätzt werden. Aufgrund der Freiheiten bei der Ausgestaltung kann auch nicht abgeschätzt werden, welcher Aufwand im Zusammenhang mit einer Online-Teilnahme anfällt.

Umlaufbeschlüsse in Textform (§ 23 Absatz 3 WEG-E)

Nach § 23 Absatz 3 WEG-E können Umlaufbeschlüsse in Textform gefasst werden. Es wird davon ausgegangen, dass in einer Wohnungseigentümergemeinschaft durchschnittlich alle 10 Jahre ein Umlaufbeschluss gefasst wird. Betreffend die 4,87 Millionen selbstgenutzten Eigentumswohnungen werden demnach jährlich im Durchschnitt rund 487 000 Umlaufbeschlüsse, betreffend die 4,42 Millionen vermieteten Eigentumswohnungen rund 442 000 Umlaufbeschlüsse gefasst. Aufgrund der Formerleichterung ist von einer Zeitersparnis von durchschnittlich 5 Minuten auszugehen, da der Beschlussvorschlag nicht mehr eigenhändig unterschrieben und weitergereicht werden muss, sondern etwa per E-Mail mitgezeichnet werden kann. Daraus ergibt sich eine jährliche Zeitersparnis von rund 40 600 Stunden für die selbstnutzenden Wohnungseigentümer und -eigentümerinnen. Setzt man für vermietende Wohnungseigentümer und -eigentümerinnen den Durchschnittslohnsatz des Wirtschaftszweigs L68 (Grundstücks- und Wohnungswesen) von 33,50 Euro pro Stunde an, ergibt sich für sie eine jährliche Entlastung um 1,23 Millionen Euro.

Einberufungsverlangen in Textform (§ 24 Absatz 2 WEG-E)

Das Verlangen nach einer außerordentlichen Versammlung kann nach dem Entwurf in Textform erfolgen (§ 24 Absatz 2 WEG-E). Es wird geschätzt, dass jedes Jahr in 1 Prozent der insgesamt 427 000 Wohnungseigentümergemeinschaften die Einberufung einer außerordentlichen Versammlung verlangt wird. Weiter wird angenommen, dass das Verlangen durchschnittlich von sieben Wohnungseigentümern gestellt wird, insgesamt also von rund 30 000 Wohnungseigentümern. Diese Wohnungseigentümer und -eigentümerinnen sparen durch die Formerleichterung durchschnittlich 5 Minuten, da das Verlangen nicht mehr eigenhändig unterschrieben und weitergereicht werden muss, sondern etwa per E-Mail mitgezeichnet werden kann. Ausgehend von der Vermietungsquote von 50 Prozent sparen sich demnach vermietende Wohnungseigentümer rund 42 000 Euro jährlich, wenn man den Durchschnittslohnsatz des Wirtschaftszweigs L68 (Grundstücks- und Wohnungswesen) von 33,50 Euro pro Stunde ansetzt. Selbstnutzende Wohnungseigentümer werden um rund 1 200 Stunden pro Jahr entlastet.

Neukonzeption der Beschlusssammlung (§ 25 Absatz 5 WEG-E)

Nach dem Entwurf wird die gesetzliche Pflicht zur Führung einer separaten Beschlusssammlung aufgehoben. An ihre Stelle tritt eine Sammlung der Niederschriften und bestimmter Urteile nach Maßgabe des § 25 Absatz 5 WEG-E. Es ist davon auszugehen, dass es dadurch im Vergleich zur Führung einer separaten Beschlusssammlung zu geringfügigen Einsparungen kommen wird. Die Höhe der Einsparungen kann aber nicht abgeschätzt werden.

Aufhebung des Beschlussfähigkeitsquorums (§ 25 Absatz 3 und 4 WEG)

Nach dem Entwurf ist die Eigentümerversammlung unabhängig von der Anzahl der erschienenen Wohnungseigentümer und -eigentümerinnen beschlussfähig. Vereinfachend wird davon ausgegangen, dass dies nur die 334 000 gewerblich verwalteten, größeren Eigentümergemeinschaften betrifft. Unter Berücksichtigung von Stellungnahmen von Verbänden und in der Literatur wird davon ausgegangen, dass 8 Prozent der Versammlungen (rund 27 000 pro Jahr) nach geltendem Recht nicht beschlussfähig sind und deshalb wiederholt werden müssen. Es wird geschätzt, dass bei diesen beschlussunfähigen Versammlungen durchschnittlich 10 Prozent der durchschnittlich 25 Wohnungseigentümer einer Gemeinschaft anwesend sind, diese zu gleichen Teilen selbstnutzende und vermietende Wohnungseigentümer sind und ihnen jeweils ein zusätzlicher Zeitaufwand von 60 Minuten entsteht.

Durch die Aufhebung des Beschlussfähigkeitsquorums entfällt demnach für selbstnutzende Eigentümer ein zeitlicher Aufwand von 33 400 Stunden jährlich. Setzt man für vermietende Wohnungseigentümer den Durchschnittslohnsatz des Wirtschaftszweigs L68 (Grundstücks- und Wohnungswesen) von 33,50 Euro pro Stunde an, entfallen für sie Kosten in Höhe von 1,13 Millionen Euro. Zudem entfallen die Kosten des Verwalters für die Folgeversammlung, die den Branchenangaben entsprechend mit durchschnittlich 233 Euro angesetzt werden. Dafür fielen bislang insgesamt rund 6,22 Millionen Euro an, die sich je zur Hälfte (3,11 Millionen Euro) auf selbstnutzende Eigentümer und auf vermietende Eigentümer verteilten.

In der Summe kommt es damit für den Normadressaten Bürgerinnen und Bürger (selbstnutzende Wohnungseigentümer) zu einer Entlastung um 33 400 Stunden und 3,11 Millionen Euro jährlich sowie für die Wirtschaft zu einer Entlastung um 4,24 Millionen Euro jährlich.

Erstellung eines Vermögensberichts (§ 28 Absatz 3 WEG-E)

Nach § 28 Absatz 3 WEG-E hat der Verwalter jährlich einen Vermögensbericht zu erstellen. Der zeitliche Mehraufwand für die Erstellung dieses Vermögensberichts wird auf 15 Minuten geschätzt. Dabei wird berücksichtigt, dass der Großteil der Inhalte des Vermögensberichts schon nach geltendem Recht, insbesondere aufgrund der Vorgaben der Rechtsprechung, in der Jahresabrechnung enthalten sein muss. Nach erfolgreicher Routinebildung dürfte deshalb kein erheblicher zeitlicher Mehraufwand entstehen. Inwieweit sich dieser überschaubare Mehraufwand auf die Verwaltervergütung auswirkt, kann nicht abgeschätzt, zumal der Aufwand für Verwalter an anderer Stelle reduziert wird (zum Beispiel durch die Aufhebung der Pflicht zur Führung einer separaten Beschlusssammlung).

Vereinfachung der Betriebskostenabrechnung für vermietete Eigentumswohnungen

Die Vereinfachung der Betriebskostenabrechnung für vermietete Eigentumswohnungen führt zu einer jährlichen Entlastung der Wirtschaft um rund 14,44 Millionen Euro. Denn der durchschnittliche Gesamtaufwand für die Erstellung einer Betriebskostenabrechnung dürfte dadurch nach Schätzung des Statistischen Bundesamts von 45 Minuten auf 38,5 Minuten sinken, wobei davon auszugehen ist, dass die Erleichterung rund 90 Prozent der rund 4,42 Millionen vermieteten Eigentumswohnungen betrifft. Dabei wurde der Durchschnittslohnsatz des Wirtschaftszweigs L68 (Grundstücks- und Wohnungswesen) von 33,50 Euro pro Stunde angesetzt.

6. Weitere Kosten

Auswirkungen auf das Einzelpreisniveau und das allgemeine Preisniveau, insbesondere auf das Verbraucherpreisniveau, sind nicht zu erwarten.

7. Weitere Gesetzesfolgen

Keine.

VII. Befristung; Evaluierung

Eine Befristung ist nicht vorgesehen. Es ist beabsichtigt, die geänderten Vorschriften nach sieben Jahren zu evaluieren. Der Zeitraum von sieben Jahren ist erforderlich, weil sich die Wirksamkeit der Rechtsänderungen erst nach einem längeren Zeitraum messen lassen wird. Mit ersten Entscheidungen in Eigentümerversammlungen nach dem neuen Recht kann frühestens im Jahr 2021 gerechnet werden. Die Willensbildung in den Gemeinschaften dürfte sich bei größeren Vorhaben oftmals über einen sehr langen Zeitraum erstrecken. Dabei soll überprüft werden, ob die mit der Neuregelung verfolgten Ziele, das WEG an die gesellschaftlichen Rahmenbedingungen, die umweltpolitischen Herausforderungen und die technischen Möglichkeiten anzupassen, erreicht worden sind. Insbesondere soll überprüft werden, in wie vielen Wohnungseigentumsanlagen sich der bauliche Zustand im Ergebnis an den Zustand übriger Anlagen angeglichen hat. Im weiteren Schwerpunkt ist zu untersuchen, inwieweit sich die Einführung eines Anspruchs von Wohnungseigentümern und Mietern, bauliche Maßnahmen zur Barrierereduzierung, zum Einbau von Ladestationen für Elektrofahrzeuge, für den Einbruchsschutz und den Glasfaseranschluss verlangen zu können, bewährt hat. Die Evaluierung soll auf der Grundlage von Daten erfolgen, die von Interessenverbänden der Wohnungseigentümer, der Verwalter und Mieter erhoben werden, sowie von Daten, die vom Statistischen Bundesamtes zur Verfügung gestellt werden können.

B. BESONDERER TEIL

Zu Artikel 1 (Änderungen des Wohnungseigentumsgesetzes)
Zu Nummer 1 (Bezeichnung des Gesetzes)

Das Wohnungseigentumsgesetz erhält als Kurzbezeichnung die in der Praxis übliche Abkürzung WEG.

Zu Nummer 2 (Abschnitt 1)

§ 1 steht bislang außerhalb aller Abschnitte. Aus rechtsförmlichen Gründen wird deshalb ein neuer Abschnitt 1 geschaffen.

Zu Nummer 3 (§ 1 Absatz 5)

§ 1 Absatz 5 wird an die Änderungen in § 3 angepasst. § 3 Absatz 1 Satz 2 WEG-E fingiert zum einen die Raumeigenschaft von Stellplätzen, auch wenn sie sich außerhalb des Gebäudes befinden. Zum anderen erlaubt es § 3 Absatz 2 WEG-E, das Sondereigentum auch auf außerhalb des Gebäudes liegende Teile des Grundstücks zu erstrecken. Das Grundstück ist damit nicht mehr zwingend vollständig gemeinschaftliches Eigentum. Daher wird die Definition des gemeinschaftlichen Eigentums in § 1 Absatz 5 angepasst. Zugleich werden zur sprachlichen Straffung die Teile, Anlagen und Einrichtungen des Gebäudes nicht mehr genannt, ohne dass damit eine inhaltliche Änderung bezweckt ist.

Zu Nummer 4 (Abschnitt 2)

Aufgrund des neuen Abschnitts 1 wird der geltende 1. Abschnitt zu Abschnitt 2.

Zu Nummer 5 (§ 3)
Zu Buchstabe a (Absatz 1)
Zu Doppelbuchstabe aa (Satz 1)

In § 3 Absatz 1 Satz 1 wird eine Legaldefinition des Sondereigentums aufgenommen. Sie verdeutlicht, dass Sondereigentum Eigentum im Sinne des BGB ist. Eine inhaltliche Änderung des Sondereigentumsbegriffs ist damit nicht bezweckt.

Zu Doppelbuchstabe bb (Satz 2)

Der neue § 3 Absatz 1 Satz 2 ordnet an, dass Stellplätze als Räume in einem Gebäude gelten. Diese Fiktion tritt inhaltlich an die Stelle des geltenden § 3 Absatz 2 Satz 2. Sie bezieht sich aber nur noch auf die Raumeigenschaft. Denn auf die Abgeschlossenheit kommt es bei Stellplätzen aufgrund des neuen § 3 Absatz 3 nicht mehr an; diese Vorschrift stellt bei Stellplätzen anstelle der Abgeschlossenheit auf die Maßangaben im Aufteilungsplan ab.

§ 3 Absatz 1 Satz 2 gilt für alle Arten von Stellplätzen, unabhängig davon, ob es sich um Stellplätze in einem Gebäude oder im Freien handelt. Daher sind auch Stellplätze auf oder unter einem Gebäude sowie einzelne Stellplätze in einer Mehrfachparkanlage (sogenannte Duplex- oder Quadruplexparker) erfasst.

Aufgrund ihrer besonderen wirtschaftlichen Bedeutung können Stellplätze – anders als andere Freiflächen (vergleiche die Begründung zum neuen § 3 Absatz 2) – alleiniger Gegenstand des Sondereigentums sein.

Zu Buchstabe b (Absatz 2)

Nach geltendem Recht ist es nicht möglich, das Sondereigentum auf außerhalb des Gebäudes liegende Teile des Grundstücks zu erstrecken, etwa auf Terrassen und Gartenflächen. In der Praxis werden an solchen Flächen daher häufig sogenannte Sondernutzungsrechte begründet, die allerdings gesetzlich nicht geregelt und deshalb streitanfällig sind.

Der neue § 3 Absatz 2 sieht vor, dass Sondereigentum auch an Freiflächen begründet werden kann. Auf diese Weise können Freiflächen einzelnen Wohnungseigentümern wirtschaftlich zugeordnet werden, ohne dass damit die mit der Zuweisung von Sondernutzungsrechten verbundene Rechtsunsicherheit in Kauf genommen werden muss. Die Vorschrift beschränkt die Möglichkeit, Sondereigentum an einer Wohnung oder an nicht zu Wohnzwecken dienenden Räumen auf Freiflächen zu erstrecken, jedoch in Anlehnung an die Vorschriften für das Erbbaurecht (vergleiche § 1 Absatz 2 des Erbbaurechtsgesetzes) und das Dauerwohnrecht (vergleiche § 31 Absatz 1 Satz 2 WEG) in zweifacher Hinsicht:

Zunächst können außerhalb des Gebäudes liegende Teile des Grundstücks grundsätzlich nicht alleiniger Gegenstand des Sondereigentums sein. Es ist daher nicht möglich, einen Miteigentumsanteil ausschließlich mit dem Sondereigentum an einem außerhalb des Gebäudes liegenden Teil des Grundstücks zu verbinden. Eine Ausnahme ist lediglich für Stellplätze vorgesehen (vergleiche § 3 Absatz 1 Satz 2 WEG-E).

Darüber hinaus müssen die Räume wirtschaftlich die Hauptsache des Sondereigentums bleiben. Der Begriff der wirtschaftlichen Hauptsache ist wie in § 1 Absatz 2 des Erbbaurechtsgesetzes und § 31 Absatz 1 Satz 2 WEG zu verstehen. Insbesondere Terrassen und Gartenflächen sind in aller Regel nicht als wirtschaftliche Hauptsache anzusehen. Wie sich aus der negativen Formulierung ergibt, wird vermutet, dass die Räume wirtschaftlich die Hauptsache bleiben. Es bedarf deshalb im Grundbuchverfahren einer Prüfung nur dann, wenn konkrete Anhaltspunkte für das Gegenteil bestehen.

Hinsichtlich der Reichweite des Sondereigentums gilt § 5 Absatz 2 WEG-E (vergleiche auch die dortige Begründung).

Zu Buchstabe c (Absatz 3)

Nach § 3 Absatz 3 WEG-E sind Stellplätze, an denen Sondereigentum begründet werden soll, und außerhalb des Gebäudes liegende Teile des Grundstücks, auf die sich Sondereigentum erstrecken soll, durch Maßangaben im Aufteilungsplan zu bestimmen. Diese Maßangaben treten an die Stelle des Abgeschlossenheitserfordernisses, das für Räume gilt. Die Maßangaben müssen – ungeachtet des ohnehin bestehenden sachenrechtlichen Bestimmtheitserfordernisses – so genau sein, dass sie es im Streitfall ermöglichen, den räumlichen Bereich des Sondereigentums eindeutig zu bestimmen. Dafür muss sich aus dem Plan in der Regel die Länge und Breite der Fläche sowie ihr Abstand zu den Grundstücksgrenzen ergeben.

Eine Markierungspflicht auf dem Grundstück ist dagegen – anders als nach dem geltenden § 3 Absatz 2 Satz 2 – nicht mehr vorgesehen, auch nicht für Stellplätze. Denn eine Markierung auf dem Grundstück führt nicht dazu, dass der räumliche Umfang des Sondereigentums genauer bestimmt wird, als dies bereits durch die Maßangaben im Aufteilungsplan der Fall ist. Selbstverständlich bleibt es den Wohnungseigentümern unbenommen, die Sondereigentumsbereiche dennoch auf dem Grundstück zu markieren; auf den Umfang des Sondereigentums wirkt sich dies aber nicht aus.

Zu Nummer 6 (§ 5)
Zu Buchstabe a (Absatz 1)

§ 5 Absatz 1 regelt als Sondervorschrift zu § 94 BGB, welche Bestandteile zum Sondereigentum gehören. Diese Vorschrift bezieht sich bislang nur auf das Sondereigentum an Räumen, denn nach dem geltenden § 3 Absatz 1 sind nur Räume sondereigentumsfähig. Sie bedarf der Anpassung, weil § 3 Absatz 1 Satz 2 WEG-E die Raumeigenschaft von Stellplätzen fingiert, auch wenn sie sich außerhalb des Gebäudes befinden. Zudem erlaubt es § 3 Absatz 2 WEG-E, das Sondereigentum auf außerhalb des Gebäudes liegende Teile des Grundstücks zu erstrecken.

Die Bezugnahme in § 5 Absatz 1 Satz 1 WEG-E auf § 3 Absatz 1 Satz 1 macht deutlich, dass § 5 Absatz 1 Satz 1 WEG-E nur noch gilt, soweit das Sondereigentum an Räumen betroffen ist. Für die außerhalb des Gebäudes liegenden Teile des Grundstücks gilt dagegen nach § 5 Absatz 1 Satz 2 WEG-E die allgemeine Vorschrift des § 94 BGB entsprechend; auf § 95 BGB wird nicht ausdrücklich Bezug genommen, weil dessen Anwendbarkeit durch § 5 ohnehin nicht berührt wird (Wicke, in: Palandt, BGB, 79. Auflage 2020, § 5 WEG Randnummer 1). § 5 Absatz 1 Satz 2 WEG-E gilt sowohl für außerhalb des Gebäudes befindliche Teile des Grundstücks, auf die sich das Sondereigentum nach § 3 Absatz 2 WEG-E erstreckt, als auch für außerhalb des Gebäudes liegende Stellplätze, für die nach § 3 Absatz 1 Satz 2 WEG-E die Raumeigenschaft fingiert wird. Damit sind auch die Sachen Gegenstand des Sondereigentums, die mit dem Teil des Grundstücks fest verbunden sind, auf den sich das Sondereigentum erstreckt. Das gilt insbesondere für Gebäude, die auf diesen Flächen errichtet werden; § 5 Absatz 2 gilt für diese Gebäude nicht.

§ 5 Absatz 1 Satz 2 WEG-E betrifft jedoch nur die sachenrechtliche Zuordnung. Die davon losgelöste Frage, ob ein Wohnungseigentümer berechtigt ist, bauliche Veränderungen auf einem außerhalb des Gebäudes liegenden Teil des Grundstücks vorzunehmen, auf die sich sein Sondereigentum erstreckt, beantwortet sich nach § 13 Absatz 2 WEG-E.

Der Wortlaut von § 5 Absatz 1 Satz 1 wird zudem an den geänderten § 14 angepasst; inhaltliche Änderungen sind damit nicht bezweckt.

Zu Buchstabe b (Absatz 2)

Es handelt sich um eine Folgeänderung zu § 3 Absatz 1 Satz 2, Absatz 2 WEG-E. Denn der geltende § 5 Absatz 2 sieht unter anderem vor, dass Anlagen und Einrichtungen, die dem gemeinschaftlichen Gebrauch der Wohnungseigentümer dienen, nicht Gegenstand des Sondereigentums sind, selbst wenn sie sich im Bereich der im Sondereigentum stehenden Räume befinden. Diese Vorschrift wird auf die Teile des Grundstücks erstreckt, die nach § 3 Absatz 1 Satz 2 oder Absatz 2 WEG-E zum Sondereigentum gehören. Deshalb sind etwa Versorgungsleitungen im Boden, die dem gemeinschaftlichen Gebrauch der Wohnungseigentümer dienen, stets gemeinschaftliches Eigentum, auch wenn sie in Bereichen verlegt sind, die im Sondereigentum stehen. Insoweit besteht kein Unterschied zu entsprechenden Leitungen, die in Wänden verlegt sind, die sich im Bereich des Sondereigentums befinden. Für Erhaltungsmaßnahmen gilt § 14 Absatz 1 Nummer 2 WEG-E. Demnach besteht die Pflicht jedes Wohnungseigentümers, Einwirkungen auf das Sondereigentum, insbesondere das Betreten, zu dulden.

Zu Buchstabe c (Absatz 4)
Zu Doppelbuchstabe aa (Satz 1)

Die Änderung von § 5 Absatz 4 Satz 1 bewirkt im Zusammenspiel mit § 10 Absatz 3 Satz 1 WEG-E, dass Beschlüsse, die aufgrund einer vereinbarten Öffnungsklausel gefasst werden, in das Grundbuch eingetragen werden müssen, um gegen Sondernachfolger zu wirken. Dies dient dem Schutz der Erwerber vor unbekannten, aber womöglich besonders belastenden Beschlüssen.

Nach dem geltenden § 10 Absatz 4 Satz 2 müssen vereinbarungsändernde Beschlüsse nicht in das Grundbuch eingetragen werden, um gegen Sondernachfolger zu wirken. Dem liegt die Vorstellung zugrunde, dass der notwendige Schutz der Erwerber nicht über die Eintragung im Grundbuch, sondern über die im geltenden § 24 Absatz 7 vorgesehene Beschlusssammlung gewährleistet wird. Diese Konzeption hat sich in der Praxis nicht bewährt. Während bei der Veräußerung von Wohnungseigentum in der Regel Einsicht in das Grundbuch genommen wird (vergleiche § 21 Absatz 1 Satz 1 des Beurkundungsgesetzes), sehen Erwerber vergleichsweise selten die Beschlusssammlung ein. Zudem wirkt ein Beschluss auch dann gegen Erwerber, wenn er nicht in die Beschlusssammlung aufgenommen wurde. Hinzu kommt, dass viele Beschlusssammlungen zwischenzeitlich bereits einen so großen Umfang angenommen haben, dass die Gefahr besteht, dass bedeutsame Beschlüsse auch bei einer Einsichtnahme übersehen werden. Diese Gefahr steigt kontinuierlich mit der wachsenden Zahl von Beschlüssen, die in die Beschlusssammlung aufzunehmen sind.

Es ist deshalb vorzugswürdig, vereinbarungsändernde Beschlüsse in das Grundbuch einzutragen. Um das Grundbuch gleichzeitig nicht zu überfrachten und seine Informationsfunktion nicht zu beeinträchtigen, soll dies aber nur für Beschlüsse gelten, die aufgrund einer vereinbarten Öffnungsklausel gefasst werden. Beschlüsse, die aufgrund einer gesetzlichen Öffnungsklausel gefasst werden, wirken dagegen auch ohne Grundbucheintragung gegen Sondernachfolger (vergleiche § 10 Absatz 3 Satz 2 WEG-E). Diese Differenzierung rechtfertigt sich dadurch, dass gesetzliche Öffnungsklauseln für jeden Erwerber unmittelbar aus dem Gesetz ersichtlich sind und vom Gesetzgeber gebilligte Zwecke verfolgen. Der Anwendungsbereich der gesetzlichen Öffnungsklauseln ist zudem auf konkrete Beschlussgegenstände beschränkt. Ein Erwerber kann daher dem Gesetz entnehmen, in welchen Bereichen er mit einer Änderung der Vereinbarung durch einen Beschluss rechnen muss. Für vereinbarte Öffnungsklauseln gilt dies nicht in gleichem Maße, weil der Bundesgerichtshof die formelle Kompetenz zur Änderung der Vereinbarung auch einer allgemein gehaltenen Öffnungsklausel entnimmt (BGH, Urteil vom 10. Oktober 2014 – V ZR 315/13).

§ 5 Absatz 4 Satz 1 WEG-E stellt allein darauf ab, ob ein Beschluss aufgrund einer Vereinbarung gefasst wurde. Um unnötige Auslegungsschwierigkeiten zu vermeiden, knüpft der Entwurf allein an dieses formale Merkmal an. Er verzichtet damit auf eine Beschränkung des Kreises der eintragungsfähigen Beschlüsse durch inhaltliche Kriterien (zum Beispiel auf vereinbarungsändernde Beschlüsse). Eine solche Beschränkung ist auch aus praktischer Sicht entbehrlich, weil anzunehmen ist, dass die Wohnungseigentümer nur solche Beschlüsse eintragen lassen werden, die aufgrund ihrer Bedeutung auch für Sondernachfolger gelten sollen.

Ob ein Beschluss nach § 5 Absatz 4 Satz 1 WEG-E eintragungsfähig ist, ist rein objektiv zu bestimmen. Entscheidend ist, dass sich die notwendige Beschlusskompetenz nicht bereits aus einer gesetzlichen Öffnungsklausel ergibt. Nicht eintragungsfähig sind deshalb Beschlüsse aufgrund einer vereinbarten Öffnungsklausel, die eine gesetzliche Öffnungsklausel wiederholt oder sich mit dieser inhaltlich deckt. Unerheblich ist auch, worauf die Wohnungseigentümer den Beschluss subjektiv stützen.

Die Eintragung des Beschlusses im Grundbuch kann im Wege der Bezugnahme erfolgen (vergleiche § 7 Absatz 3 Satz 1 WEG-E). Für den Nachweis des Beschlusses gegenüber dem Grundbuchamt sieht § 7 Absatz 2 Satz 1 WEG-E Erleichterungen vor.

Zu Doppelbuchstabe bb (Satz 2)

Es handelt sich um eine Folgeänderung zum geänderten Satz 1. § 5 Absatz 4 Satz 2 gilt demnach nicht nur für Vereinbarungen, sondern auch für Beschlüsse aufgrund einer Vereinbarung. Bei der Belastung mit einer Hypothek, Grund- oder Rentenschuld oder einer Reallast eines Dritten, ist dessen nach anderen Rechtsvorschriften notwendige Zustimmung zu dem Beschluss also nur erforderlich, wenn ein Sondernutzungsrecht begründet oder ein mit dem Wohnungseigentum verbundenes Sondernutzungsrecht aufgehoben, geändert oder übertragen wird.

Zu Doppelbuchstabe cc (Satz 3 – alt –)

Der geltende Satz 3 wird aufgehoben. Er sieht vor, dass eine nach allgemeinen Vorschriften notwendige Zustimmung eines Dritten zur Begründung eines Sondernutzungsrechts nicht erforderlich ist, wenn zugleich ein Sondernutzungsrecht zu Gunsten des belasteten Wohnungseigentums begründet wird. Dem liegt der Gedanke zugrunde, dass der Dritte durch eine solche Maßnahme zumindest wirtschaftlich nicht beeinträchtigt wird. Das erscheint aber zweifelhaft, weil es nach dem Wortlaut der Vorschrift nicht auf die Art oder die wirtschaftliche Bedeutung der Sondernutzungsrechte ankommt. Eine Beeinträchtigung des Dritten ist wirtschaftlich aber nur ausgeschlossen, soweit der Wert des aufgehobenen Sondernutzungsrechts mit dem Wert des neu begründeten Sondernutzungsrechts übereinstimmt. Das Wertverhältnis als weitere Voraussetzungen in die Vorschrift aufzunehmen scheidet aber aus, weil eine Prüfung des Wertverhältnisses im Rahmen des Grundbuchverfahrens nicht erfolgen kann.

Zu Nummer 7 (§ 7)
Zu Buchstabe a (Absatz 2)

Der neue § 7 Absatz 2 erleichtert die Eintragung von Beschlüssen in das Grundbuch. Ohne die verfahrensrechtliche Erleichterung nach Satz 1, die den allgemeinen Vorschriften der Grundbuchordnung (GBO) vorgeht, müssten alle Wohnungseigentümer die Eintragung des Beschlusses in öffentlich beglaubigter Form bewilligen (§§ 19, 29 GBO). Gerade in großen Gemeinschaften würde die Beschaffung dieser Bewilligungen einen großen Aufwand bedeuten. Zusätzliche Probleme würden entstehen, wenn Wohnungseigentümer nicht geschäftsfähig sind oder sich im Ausland aufhalten. Es genügt deshalb die Vorlage einer Niederschrift über den Beschluss, bei der die Unterschriften der in § 24 Absatz 6 bezeichneten Personen öffentlich beglaubigt sind. Dies entspricht dem in § 26 Absatz 3 vorgesehenen Nachweis der Verwalterstellung gegenüber dem Grundbuchamt. Wurde der Beschluss im Wege der Beschlussersetzungsklage durch das Gericht gefasst, genügt die Vorlage des Urteils. Für die Form des Urteils sieht die Vorschrift keine Sonderregelung vor. Es gilt deshalb § 29 GBO; es ist also eine Ausfertigung oder beglaubigte Abschrift vorzulegen.

Eine inhaltliche Überprüfung des Beschlusses durch das Grundbuchamt sieht der Entwurf nicht vor. Es obliegt vielmehr auch bei einzutragenden Beschlüssen den Wohnungseigentümern, Beschlüsse anzufechten, wenn sie von deren Rechtswidrigkeit ausgehen. Die Erhebung einer Klage gegen einen Beschluss hindert dessen Eintragung in das Grundbuch deshalb nicht. Zum Schutz vor einem etwaigen gutgläubigen Erwerb kommt nach allgemeinen Regeln die Eintragung eines Rechtshängigkeitsvermerks in Betracht. Zu der Frage, ob die Möglichkeit eines gutgläubigen Erwerbs im Zusammenhang mit Eintragungen nach § 5 Absatz 4 Satz 1 überhaupt anzuerkennen ist, verhält sich der Entwurf nicht; ihre Beantwortung bleibt wie bisher der Rechtsprechung überlassen.

Berechtigt, einen Antrag auf Eintragung eines Beschlusses in das Grundbuch zu stellen, ist nach Satz 2 auch die Gemeinschaft der Wohnungseigentümer, die dabei in der Regel durch den Verwalter vertreten wird (§ 9b Absatz 1 Satz 1 WEG-E).

Zu Buchstabe b (Absatz 3)
Zu Doppelbuchstabe aa (Satz 1)

Die Ergänzung ermöglicht es, bei der Eintragung von Beschlüssen in das Grundbuch auf die Nachweise nach § 7 Absatz 2 Satz 1, also auf die Niederschrift oder das Urteil, Bezug zu nehmen.

Zu Doppelbuchstabe bb (Satz 2)

Der neue § 7 Absatz 3 Satz 2 sieht zum Schutz von Erwerbern vor, dass bestimmte, für Erwerber besonders bedeutsame Regelungen ausdrücklich in das Grundbuch eingetragen werden müssen, um gegen sie zu wirken; eine Bezugnahme nach Satz 1 genügt insoweit nicht.

Für Veräußerungsbeschränkungen nach § 12 ist dies bislang schon in § 3 Absatz 2 der Wohnungsgrundbuchverfügung (WGV) vorgesehen. Die zusätzliche Aufnahme dieser Vorschrift in das WEG dient der Rechtsklarheit; inhaltliche Änderungen sind damit nicht verbunden.

Daneben müssen auch Vereinbarungen, die die Haftung von Sondernachfolgern für Geldschulden begründen, ausdrücklich in das Grundbuch eingetragen werden. Der Begriff der Geldschuld ist dabei wie in § 288 Absatz 1 Satz 1 BGB zu verstehen. Er erfasst insbesondere die Haftung für Hausgeldschulden.

Zu Buchstabe c (Absatz 4)
Zu Doppelbuchstabe aa (Satz 1)
Zu Dreifachbuchstabe aaa (Nummer 1)

Nummer 1 wird an den geänderten § 3 angepasst. Auch die Aufteilung der außerhalb des Gebäudes liegenden Teile des Grundstücks muss aus dem Aufteilungsplan ersichtlich sein.

Zu Dreifachbuchstabe bbb (Nummer 2)

Es handelt sich um eine Folgeänderung zur Änderung von § 3.

Zu Doppelbuchstabe bb (Sätze 3 bis 6 – alt –)

Der geltende § 7 Absatz 4 Satz 3 sieht vor, dass die Landesregierungen durch Rechtsverordnung bestimmen können, dass und in welchen Fällen der Aufteilungsplan und die Abgeschlossenheit von einem öffentlich bestellten oder anerkannten Sachverständigen für das Bauwesen anstelle der Baubehörde ausgefertigt und bescheinigt werden. Die Sätze 4 bis 6 regeln Einzelheiten dazu.

Von dieser Möglichkeit hat bislang kein Bundesland Gebrauch gemacht. Nach dem Entwurf steigen die Anforderungen an den Aufteilungsplan und die Abgeschlossenheitsbescheinigung (vergleiche § 3 Absatz 3, § 7 Absatz 4 Satz 1 Nummer 1 WEG-E). Aufgrund ihrer hervorgehobenen Bedeutung für ein gedeihliches Zusammenleben der Wohnungseigentümer sieht der Entwurf vor, dass Aufteilungsplan und Abgeschlossenheitsbescheinigung stets der Mitwirkung der Baubehörden bedürfen. Die Delegationsmöglichkeit wird deshalb gestrichen.

Zu Nummer 8 (§ 8)
Zu Buchstabe a (Absatz 1)

§ 8 Absatz 1 wird sprachlich an die Legaldefinition des Sondereigentums in § 3 Absatz 1 Satz 1 angepasst.

Zu Buchstabe b (Absatz 2)
Zu Doppelbuchstabe aa (Satz 1)

Die Verweise in § 8 Absatz 2 Satz 1 werden an die geänderten Vorschriften angepasst. Der neu aufgenommene Verweis auf § 4 Absatz 2 Satz 2 stellt zudem klar, dass Wohnungseigentum auch bei einer Aufteilung nach § 8 nicht unter einer Bedingung oder Zeitbestimmung eingeräumt oder aufgehoben werden kann.

Zu Doppelbuchstabe bb (Satz 2)

§ 8 Absatz 2 Satz 2 wird aufgehoben. Denn der Zeitpunkt, zu dem die Aufteilung wirksam wird, ergibt sich bereits aus § 9a Absatz 1 Satz 2 WEG-E. Dessen Halbsatz 2 stellt ausdrücklich klar, dass der Zeitpunkt der Anlegung der Wohnungsgrundbücher auch bei einer Teilung nach § 8 maßgeblich ist.

Zu Buchstabe c (Absatz 3)

Der neue § 8 Absatz 3 regelt die Rechtsstellung von Personen, die Wohnungseigentum vom teilenden Eigentümer erwerben.

Nach allgemeinen Regeln wird ein Erwerber erst dann Wohnungseigentümer und damit Mitglied der Gemeinschaft der Wohnungseigentümer, wenn er als Eigentümer im Grundbuch eingetragen ist. Im schuldrechtlichen Verhältnis zwischen teilendem Eigentümer und Erwerber ist der Erwerber freilich schon ab dem Übergang von Lasten und Nutzungen (vergleiche § 446 Satz 2 BGB) berechtigt, dessen mitgliedschaftliche Rechte auszuüben, und verpflichtet, dessen mitgliedschaftliche Pflichten zu erfüllen; dazu hat der teilende Eigentümer dem Erwerber entsprechende Vollmachten zu erteilen und der Erwerber den teilenden Eigentümer im Gegenzug freizustellen.

Für den Erwerb von Wohnungseigentum vom teilenden Eigentümer werden diese allgemeinen Regeln durch die Rechtsprechung des Bundesgerichtshofs modifiziert (vergleiche etwa Beschluss vom 5. Juni 2008 – V ZB 85/07). Demnach wird ein Erwerber als sogenannter werdender Wohnungseigentümer wie ein Mitglied der Gemeinschaft der Wohnungseigentümer behandelt, sobald er gegenüber dem teilenden Eigentümer eine rechtlich verfestigte Erwerbsposition besitzt und infolge des vertraglich vereinbarten Übergangs von Lasten und Nutzungen ein berechtigtes Interesse daran hat, die mit dem Wohnungseigentum verbundenen Mitwirkungsrechte bei der Verwaltung auszuüben. Diese Voraussetzungen sind erfüllt, wenn ein wirksamer, auf die Übereignung von Wohnungseigentum gerichteter Erwerbsvertrag vorliegt, der Übereignungsanspruch durch eine Auflassungsvormerkung gesichert ist und der Besitz auf den Erwerber übergegangen ist.

Diese Rechtsprechung wirkt sich nach geltendem Recht in zweierlei Hinsicht aus:

Erstens markiert der Zeitpunkt, in dem ein Erwerber als erster die vorgenannten Voraussetzungen erfüllt, den zeitlichen Anwendungsbereich des WEG. Denn nach Ansicht des Bundesgerichtshofs steht der geltende § 10 Absatz 7 Satz 4 der Annahme einer Ein-Personen-Gemeinschaft, die nur aus dem teilenden Eigentümer besteht, entgegen (vergleiche Beschluss vom 5. Juni 2008 – V ZB 85/07 Randnummer 12). Deshalb findet nach geltendem Recht das WEG erst ab dem Zeitpunkt Anwendung, in dem ein Erwerber die Eigenschaft als sogenannter werdender Wohnungseigentümer erwirbt und damit eine sogenannte werdende Gemeinschaft entsteht.

Zweitens wird der sogenannte werdende Wohnungseigentümer schon vor seiner Eintragung als Eigentümer im Grundbuch zum Mitglied der Gemeinschaft der Wohnungseigentümer und tritt jedenfalls im Innenverhältnis im Hinblick auf das erworbene Wohnungseigentum an die Stelle des teilenden Eigentümers.

Aufgrund des § 9a Absatz 1 Satz 2 WEG-E bedarf es der Konstruktion einer sogenannten werdenden Gemeinschaft nicht mehr, um die Anwendbarkeit des WEG vor der Eintragung des ersten Erwerbers als Wohnungseigentümer im Grundbuch zu begründen. Vielmehr ist das WEG bereits mit Anlegung der Wohnungsgrundbücher anwendbar. Das richterrechtlich geschaffene Institut der sogenannten werdenden Gemeinschaft wird damit obsolet.

§ 9a Absatz 1 Satz 2 WEG-E betrifft dagegen nicht die Frage, ob und gegebenenfalls ab welchem Zeitpunkt einem Erwerber, der noch nicht als Wohnungseigentümer im Grundbuch eingetragen ist, Rechte und Pflichten nach dem WEG zukommen. Diese Frage regelt § 8 Absatz 3. Er tritt damit an die Stelle des richterrechtlich geschaffenen Instituts des sogenannten werdenden Wohnungseigentümers. Nach dieser Vorschrift gelten Erwerber, deren Ansprüche durch Vormerkung im Grundbuch gesichert sind und denen der Besitz übergeben wurde, im Innenverhältnis anstelle des teilenden Eigentümers als Wohnungseigentümer.

Die Vorschrift gilt – genauso wie das richterrechtliche Institut des sogenannten werdenden Wohnungseigentümers – nur für den erstmaligen Erwerb von Wohnungseigentum vom teilenden Eigentümer. Denn nur insoweit besteht aufgrund der Besonderheiten des Bauträgervertragsrechts bei typisierter Betrachtung die Gefahr, dass ein erheblicher Zeitraum zwischen dem Übergang von Lasten und Nutzungen und dem Eigentumsübergang liegt. Aus Gründen der Rechtssicherheit ist der Erwerb im Rahmen eines Bauträgervertrages gleichwohl nicht tatbestandliche Voraussetzung. Erfasst sind vielmehr alle Verträge, aus denen sich ein Übertragungsanspruch ergibt, etwa auch Schenkungsverträge. Teilender Eigentümer ist die Person, in deren Eigentum das Grundstück in dem Zeitpunkt steht, in dem die Wohnungsgrundbücher angelegt werden.

Ebenfalls aus Gründen der Rechtssicherheit sieht § 8 Absatz 3 keine zeitliche Grenze vor. Der Bundesgerichtshof hat bislang offengelassen, ob die Eigenschaft als sogenannter werdender Wohnungseigentümer nur innerhalb eines bestimmten zeitlichen Zusammenhangs zur Entstehung der Gemeinschaft der Wohnungseigentümer erworben werden kann (Urteil vom 11. Mai 2012 – V ZR 196/11 Randnummer 12). Die damit verbundene Rechtsunsicherheit beseitigt § 8 Absatz 3, indem jeder Erwerb vom teilenden Eigentümer erfasst ist, unabhängig davon, wie viel Zeit seit der Anlegung der Wohnungsgrundbücher oder dem Eigentumserwerb anderer Erwerber vergangen ist.

§ 8 Absatz 3 setzt einen durch Vormerkung im Grundbuch gesicherten Anspruch auf Übertragung von Wohnungseigentum voraus. Wie sich aus § 9a Absatz 1 Satz 2 WEG-E ergibt, müssen zudem die Wohnungsgrundbücher angelegt worden sein. Denn solange das Wohnungseigentum als sachenrechtliches Zuordnungsobjekt nicht existiert, sind auch die Vorschriften des WEG nicht anwendbar. Insoweit weicht § 8 Absatz 3 aus Gründen der Rechtsklarheit von dem richterrechtlichen Institut des sogenannten werdenden Wohnungseigentümers ab, nach dem eine Vormerkung an dem noch ungeteilten Grundstück genügt (vergleiche BGH, Beschluss vom 5. Juni 2008 – V ZB 85/07 Randnummer 15).

Für den von § 8 Absatz 3 vorausgesetzten Besitz genügt es, wenn dem Erwerber die zum Sondereigentum gehörenden Räume übergeben wurden. Damit wird klargestellt, dass es weder auf die Übergabe, noch auf die Fertigstellung des gemeinschaftlichen Eigentums ankommt; auch die Übergabe von außerhalb des Gebäudes liegenden Teilen des Grundstücks, auf die sich das Sondereigentum womöglich erstreckt, spielt keine Rolle.

Die Rechtsfolge des § 8 Absatz 3 besteht darin, dass der Erwerber im Innenverhältnis als Wohnungseigentümer behandelt wird, obwohl er das vor Eigentumsumschreibung noch gar nicht ist. Der Erwerber tritt damit hinsichtlich der Rechte und Pflichten nach dem WEG an die Stelle des aufteilenden Eigentümers. Die Vorschrift betrifft nur das Innenverhältnis, also das Rechtsverhältnis des Erwerbers gegenüber der Gemeinschaft der Wohnungseigentümer und den anderen Wohnungseigentümern neben dem teilenden Eigentümer. Das Verhältnis gegenüber Dritten bleibt von § 8 Absatz 3 unberührt. Das Gleiche gilt für Rechte und Pflichten nach anderen Vorschriften als denen des WEG (etwa Ansprüche wegen Beeinträchtigung des Sondereigentums nach § 1004 BGB).

Zu Nummer 9 (§ 9 Absatz 1)

§ 9 Absatz 1 Nummer 2 ist praktisch nicht relevant geworden und wird im Interesse der Rechtsvereinfachung gestrichen. Auch im Falle der Zerstörung bedarf es deshalb einer Aufhebung im Sinne von Nummer 1.

Die bisherige Nummer 3 tritt an die Stelle der aufgehobenen Nummer 2.

Zu Nummer 10 (Abschnitt 3 – §§ 9a und 9b)

In dem neuem Abschnitt 3 werden die wesentlichen Vorschriften zusammengefasst, die die rechtsfähige Gemeinschaft der Wohnungseigentümer betreffen.

Zu § 9a allgemein

§ 9a regelt die Rechts- und Prozessfähigkeit sowie Entstehung und Bezeichnung (Absatz 1), die Kompetenz zur Ausübung von Rechten sowie zur Wahrnehmung von Pflichten der Wohnungseigentümer (Absatz 2), das Gemeinschaftsvermögen (Absatz 3), die Haftung der Wohnungseigentümer (Absatz 4) und die Insolvenzfähigkeit (Absatz 5).

Zu § 9a Absatz 1 Satz 1

§ 9a Absatz 1 Satz 1 ordnet die Rechts- und Prozessfähigkeit der Gemeinschaft der Wohnungseigentümer an. Er entspricht inhaltlich dem geltenden § 10 Absatz 6 Satz 1 und 5. Nicht übernommen wird die Formulierung aus § 10 Absatz 6 Satz 1, nach dem die Gemeinschaft der Wohnungseigentümer „im Rahmen der gesamten Verwaltung des gemeinschaftlichen Eigentums" Rechte erwerben und Pflichten eingehen kann. Denn die damit angedeutete Beschränkung der Rechtsfähigkeit auf den Verbandszweck ist dem deutschen Recht fremd (siehe etwa Häublein, ZWE 2017, 429 ff.).

Zu § 9a Absatz 1 Satz 2

§ 9a Absatz 1 Satz 2 sieht vor, dass die rechtsfähige Gemeinschaft der Wohnungseigentümer in dem Zeitpunkt entsteht, in dem die Wohnungsgrundbücher angelegt werden. Ab diesem Zeitpunkt finden daher die Vorschriften des WEG Anwendung.

Der zweite Halbsatz der Vorschrift stellt klar, dass dies auch bei einer Teilung nach § 8 gilt. In diesem Fall ist zunächst nur der teilende Eigentümer Mitglied der Gemeinschaft; die Gemeinschaft entsteht also als sogenannte Ein-Personen-Gemeinschaft. Bislang stand der geltende § 10 Absatz 7 Satz 4 der Annahme einer Ein-Personen-Gemeinschaft entgegen (vergleiche BGH, Beschluss vom 5. Juni 2008 – V ZB 85/07 Randnummer 12); diese Vorschrift wird aufgehoben. Ab Anlegung der Wohnungsgrundbücher kann die Anlage daher nach den Vorschriften des WEG verwaltet werden. Ab diesem Zeitpunkt kann auch die rechtsfähige Gemeinschaft der Wohnungseigentümer am Rechtsverkehr teilnehmen. Die Vorschriften des WEG sind dabei in vollem Umfang anwendbar. Der Entwurf sieht im Interesse einer flexiblen Verwaltung keine Sondervorschriften für den Zeitraum vor, in dem nur der aufteilende Eigentümer Mitglied der Gemeinschaft ist. Zwar können die späteren Erwerber ordnungswidrige Beschlüsse, die der aufteilende Eigentümer gefasst hat, aufgrund Fristablaufs in der Regel nicht mehr anfechten. Sie können die Beschlüsse aber durch einen erneuten Beschluss aufheben, weil der teilende Eigentümer keinen Anspruch darauf hat, dass seine Entscheidungen dauerhaften Bestand haben. Ob im Einzelfall sogar ein Anspruch auf einen solchen Aufhebungsbeschluss besteht, kann der Klärung durch Rechtsprechung und Wissenschaft überlassen bleiben. Die Erwerber werden zudem dadurch geschützt, dass die Ein-Personen-Gemeinschaft in der Regel Verbraucherin im Sinne des § 13 BGB ist und die von ihr geschlossenen Verträge deshalb den verbraucherschützenden Vorschriften der §§ 305 ff. BGB genügen müssen. Der Bundesgerichtshof hat zwar bislang nur entschieden, den Verbraucherschutz jedenfalls dann auf eine Gemeinschaft der Wohnungseigentümer zu erstrecken, wenn dieser mindestens eine natürliche Person als Verbraucher angehört (BGH, Urteil vom 25. März 2015 – VIII ZR 243/13, Randnummern 35 ff.). Die dahinterliegende Wertung, dass eine natürliche Person ihre Verbrauchereigenschaft nicht dadurch verliert, dass sie in die Gemeinschaft der Wohnungseigentümer eintritt, gilt aber für eine Ein-Personen-Gemeinschaft ebenso, wenn diese auf den Eintritt von Verbrauchern gerichtet ist. Auch einer gesonderten Regelung zur Bestellung des ersten Verwalters durch den teilenden Eigentümer bedarf es nicht. Denn dieser kann jedenfalls ab Anlegung der Wohnungsgrundbücher einen Bestellungsbeschluss fassen.

Die Vorschrift macht das richterrechtlich geschaffene Institut der sogenannten werdenden Gemeinschaft obsolet (vergleiche im Einzelnen die Begründung zu § 8 Absatz 3). Gegenüber diesem Institut hat die Regelung nicht nur den Vorteil der höheren Rechtssicherheit, indem an die für den Rechtsverkehr erkennbare Anlegung der Wohnungsgrundbücher angeknüpft wird. Die Anwendbarkeit des WEG und die Entstehung der Gemeinschaft der Wohnungseigentümer werden auch zeitlich vorverlegt, da es nicht mehr darauf ankommt, wann eine Person die Eigenschaft als sogenannter werdender Wohnungseigentümer erwirbt. Die Gemeinschaft der Wohnungseigentümer kann deshalb etwa Versorgungsverträge schon vor dem Einzug des ersten Erwerbers abschließen. Dadurch erübrigen sich die Probleme, die nach geltendem Recht dadurch entstehen, dass Verträge, die vor Entstehung der sogenannten werdenden Gemeinschaft vom teilenden Eigentümer geschlossen werden, auf die Gemeinschaft der Wohnungseigentümer übergeleitet werden müssen (vergleiche etwa Falkner, in: BeckOGK-WEG, 2019, § 10 Randnummern 53 ff.).

Besondere Vorschriften zur Beendigung der Gemeinschaft der Wohnungseigentümer sieht der Entwurf nicht vor. § 9a Absatz 1 Satz 2 bringt aber mit hinreichender Deutlichkeit zum Ausdruck, dass die Gemeinschaft der Wohnungseigentümer als solche untrennbar an die Existenz des sachenrechtlichen Wohnungseigentums gebunden ist, dessen Verwaltung sie dient. Die Gemeinschaft der Wohnungseigentümer erlischt deshalb, wenn das Wohnungseigentum infolge der Schließung der Wohnungsgrundbücher untergeht (vergleiche § 9). Für eine eventuell notwendige Liquidation des Gemeinschaftsvermögens gelten die allgemeinen Grundsätze. Der Entwurf verzichtet auf eine Regelung dieses praktisch seltenen Falls.

Zu § 9a Absatz 1 Satz 3

§ 9a Absatz 1 Satz 3 entspricht – unter sprachlicher Anpassung – dem geltenden § 10 Absatz 6 Satz 4. Dabei tritt nach dem Entwurf neben die Bezeichnung „Wohnungseigentümergemeinschaft“ wahlweise die dem Gesetz entsprechende Bezeichnung „Gemeinschaft der Wohnungseigentümer“.

Zu § 9a Absatz 2

§ 9a Absatz 2 regelt, welche Rechte der Wohnungseigentümer durch die Gemeinschaft der Wohnungseigentümer ausgeübt und welche Pflichten durch sie wahrgenommen werden. Die Vorschrift tritt damit an die Stelle des geltenden § 10 Absatz 6 Satz 3. Die Vorschrift betrifft aber nur Rechte und Pflichten der Wohnungseigentümer, die nicht auf den Vorschriften des WEG beruhen; sogenannte Sozialansprüche und -pflichten fallen nicht in den Anwendungsbereich von § 9a Absatz 2. Denn soweit das WEG den Wohnungseigentümern in einzelnen Vorschriften Rechte und Pflichten zuordnet, gehen diese Vorschriften der Anwendung von § 9a Absatz 2 vor.

Der geltende § 10 Absatz 6 Satz 3 unterscheidet zwischen der sogenannten geborenen Ausübungs- beziehungsweise Wahrnehmungsbefugnis, die aufgrund gesetzlicher Anordnung besteht, und der sogenannten gekorenen Ausübungs- beziehungsweise Wahrnehmungsbefugnis, die einen Beschluss der Wohnungseigentümer voraussetzt. Dieses Konzept wird aufgegeben. Nach § 9a Absatz 2 übt die Gemeinschaft der Wohnungseigentümer kraft Gesetzes die dort genannten Rechte aus und nimmt die entsprechenden Pflichten wahr. Eine auf einem Beschluss beruhende besondere Ausübungs- beziehungsweise Wahrnehmungsbefugnis (sogenannte gekorene Ausübungsbeziehungsweise Wahrnehmungsbefugnis) sieht der Entwurf nicht mehr vor.

Nach § 9a Absatz 2 übt die Gemeinschaft der Wohnungseigentümer zunächst die sich aus dem gemeinschaftlichen Eigentum ergebenden Rechte der Wohnungseigentümer aus. Diese gesetzliche Befugnis bezieht sich auf alle Rechte der Wohnungseigentümer, die aus dem Miteigentum am gemeinschaftlichen Eigentum fließen. Damit knüpft der Entwurf an die aus § 1011 BGB bekannte Formulierung an. Erfasst sind insbesondere Ansprüche aus § 1004 BGB wegen einer Beeinträchtigung des gemeinschaftlichen Eigentums. Nach dem Entwurf ist es Aufgabe der Gemeinschaft der Wohnungseigentümer, das gemeinschaftliche Eigentum zu verwalten (vergleiche § 18 Absatz 1 WEG-E). Folgerichtig verwaltet die Gemeinschaft der Wohnungseigentümer auch die sich aus dem gemeinschaftlichen Eigentum ergebenden Rechte.

Daneben übt die Gemeinschaft der Wohnungseigentümer auch die Rechte der Wohnungseigentümer aus, die eine einheitliche Rechtsverfolgung erfordern, auch wenn sich diese Rechte nicht aus dem gemeinschaftlichen Eigentum ergeben. Diese Regelung knüpft an das Kriterium der Gemeinschaftsbezogenheit des geltenden § 10 Absatz 6 Satz 3 an. Der Entwurf übernimmt indes nicht diesen als konturlos kritisierten Begriff (vergleiche etwa Falkner, in: BeckOGK-WEG, 2019, § 10 Randnummern 529 ff.), sondern lehnt sich an dessen Definition durch den Bundesgerichtshof an. Erforderlich ist eine Rechtsausübung durch die Gemeinschaft der Wohnungseigentümer demnach, wenn schutzwürdige Belange der Wohnungseigentümer oder des Schuldners an einer einheitlichen Rechtsverfolgung das grundsätzlich vorrangige Interesse des Wohnungseigentümers, seine Rechte selbst und eigenverantwortlich auszuüben und prozessual durchzusetzen, deutlich überwiegen (BGH, Urteil vom 24. Juli 2015 – V ZR 167/14 Randnummern 12 f.). § 9a Absatz 2 entspricht insoweit also dem geltenden Recht. Dem Rechtsanwender bleibt damit weiterhin die Möglichkeit, der Gemeinschaft der Wohnungseigentümer aufgrund einer Abwägungsentscheidung ein Recht zur Ausübung zuzuordnen, um in besonders gelagerten Ausnahmefällen sachgerechte Ergebnisse zu erzielen. Eine den Rechtsverkehr übermäßig belastende Rechtsunsicherheit ist damit nicht verbunden, weil der Bundesgerichtshof die sogenannte geborene Ausübungsbefugnis des geltenden Rechts bereits durch eine Reihe von Entscheidungen näher konkretisiert hat.

Im Ergebnis erweitert der Entwurf die sogenannte geborene Ausübungsbefugnis auf diejenigen Rechte, die sich aus dem gemeinschaftlichen Eigentum ergeben, die nach geltendem Recht aber nur in den Anwendungsbereich der sogenannten gekorenen Ausübungsbefugnis fallen. Dies gilt insbesondere für Ansprüche aus § 1004 BGB. Eine allgemeine, dem geltenden § 10 Absatz 6 Satz 3 Halbsatz 2 entsprechende durch Beschluss zu begründende sogenannte gekorene Ausübungsbefugnis sieht der Entwurf nicht mehr vor. Denn der Entzug der Ausübungsbefugnis ist ein gravierender Eingriff in die durch Artikel 2 Absatz 1 des Grundgesetzes geschützte Privatautonomie des Wohnungseigentümers (vergleiche BGH, Urteil vom 24. Juli 2015 – V ZR 167/14 Randnummer 12). Ein solcher Eingriff ist grundsätzlich nur in den in § 9a Absatz 2 genannten Fällen gerechtfertigt. Eine durch Beschluss begründete, im Außenverhältnis wirkende Ausübungsbefugnis widerspricht auch dem berechtigten Interesse des Rechtsverkehrs an einer klaren Zuordnung von Rechten und Pflichten.

Die Rechtsprechung zum Bauträgervertragsrecht, wonach die Gemeinschaft der Wohnungseigentümer nach Beschlussfassung bestimmte Mängelrechte ausüben kann (zusammenfassend BGH, Urteil vom 12. April 2007 – VII ZR 236/05 Randnummern 15 ff.), lässt der Entwurf unberührt. Denn diese Rechtsprechung beruht nicht auf dem geltenden § 10 Absatz 6 Satz 3, sondern ist schon zur Rechtslage vor der WEG-Novelle 2007 entwickelt worden. Die Streichung der gekorenen Ausübungsbefugnis nach dem geltenden § 10 Absatz 6 Satz 3 Halbsatz 2 hat daher keine Auswirkungen. Soweit in anderen Fällen Rechte eines Wohnungseigentümers durch die Gemeinschaft der Wohnungseigentümer verfolgt werden sollen, ist das ebenfalls nur noch nach allgemeinen Regeln möglich (zum Beispiel durch Übertragung des Rechts oder Einräumung einer Prozessstandschaft).

Soweit auf Grundlage des geltenden § 10 Absatz 6 Satz 3 Halbsatz 2 Beschlüsse gefasst wurden, verlieren diese nach allgemeinen Grundsätzen mit Inkrafttreten der Neuregelung für die Zukunft ihre Wirkung (vergleiche zu gesetzlichen Verboten Sack/Seibl, in: Staudinger, BGB, 2017, § 134 Randnummer 55).

Die Wahrnehmung von Pflichten der Wohnungseigentümer durch die Gemeinschaft der Wohnungseigentümer regelt § 9a Absatz 2 Halbsatz 2. Sie unterliegt denselben Voraussetzungen, die für die Rechte der Wohnungseigentümer gelten.

Zu § 9a Absatz 3

§ 9a Absatz 3 legaldefiniert zunächst den Begriff des Gemeinschaftsvermögens als das Vermögen der Gemeinschaft der Wohnungseigentümer.

Daneben verweist er auf Vorschriften, die für die Verwaltung dieses Gemeinschaftsvermögens entsprechend gelten. Dabei stellt der Verweis auf § 18 WEG-E zunächst klar, dass die Verwaltung des Gemeinschaftsvermögens durch die Gemeinschaft der Wohnungseigentümer erfolgt (§ 18 Absatz 1 WEG-E). Jedem Wohnungseigentümer steht auch insoweit ein Anspruch gegen die Gemeinschaft der Wohnungseigentümer auf ordnungsmäßige Verwaltung und Benutzung zu (§ 18 Absatz 2 WEG-E). Jeder Wohnungseigentümer kann zudem sogenannte Notmaßnahmen im Sinne des § 18 Absatz 3 WEG-E auch im Hinblick auf das Gemeinschaftsvermögen treffen. Soweit der Verweis auch § 18 Absatz 4 WEG-E erfasst, dient dies nur der Klarstellung, denn der Begriff der Verwaltungsunterlagen schließt bereits begrifflich die Unterlagen ein, die im Rahmen der Verwaltung des Gemeinschaftsvermögens relevant sind. Der Verweis auf § 19 Absatz 1 WEG-E macht deutlich, dass über die Verwaltung und Benutzung des Gemeinschaftsvermögens durch Beschluss entschieden werden kann, soweit keine Vereinbarung der Wohnungseigentümer besteht. Schließlich gelten die Aufgaben und Befugnisse des Verwalters nach § 27 WEG-E für die Verwaltung des Gemeinschaftsvermögens entsprechend.

Darüber hinaus gelten für das Gemeinschaftsvermögen einzelne Vorschriften des § 16 WEG-E unmittelbar: Die Früchte des Gemeinschaftsvermögens sind nach Miteigentumsanteilen zu verteilen (§ 16 Absatz 1 Satz 1 und 2 WEG-E). Auch die Kosten sind grundsätzlich nach Miteigentumsanteilen zu tragen (§ 16 Absatz 2 Satz 1 WEG-E); eine abweichende Verteilung kann aber beschlossen werden (§ 16 Absatz 2 Satz 2 WEG-E).

Der Entwurf sieht hingegen keine unmittelbare oder entsprechende Anwendung der Vorschriften der § 16 Absatz 1 Satz 3 WEG-E und § 20 WEG-E vor. Denn sonst könnten Individualrechte einzelner Wohnungseigentümer auf Mitgebrauch und bauliche Maßnahmen in Bezug auf Sachen entstehen, die sich im Gemeinschaftsvermögen befinden. Solche Rechte sind schon in Anbetracht der bloßen Hilfsfunktion des Gemeinschaftsvermögens für die Verwaltung des gemeinschaftlichen Eigentums nicht gerechtfertigt. Sie könnten zudem eine wirtschaftlich sinnvolle Verwertung des Gemeinschaftsvermögens behindern.

Zu § 9a Absatz 4

§ 9a Absatz 4 entspricht dem geltenden § 10 Absatz 8 Satz 1 bis 3.

Der geltende § 10 Absatz 8 Satz 4 wird nicht übernommen. Er beschränkt die Haftung eines Wohnungseigentümers wegen nicht ordnungsmäßiger Verwaltung gegenüber der Gemeinschaft der Wohnungseigentümer auf dessen Miteigentumsquote. Damit soll die Umgehung der beschränkten Außenhaftung verhindert werden, könnte doch ein Gläubiger der Gemeinschaft der Wohnungseigentümer einen im Innenverhältnis unbegrenzten Anspruch pfänden. Diese Privilegierung ist indes nicht gerechtfertigt: Verletzt ein Wohnungseigentümer schuldhaft seine Pflichten und muss er deshalb nach allgemeinen Vorschriften der Gemeinschaft der Wohnungseigentümer für den entstehenden Schaden in voller Höhe einstehen, ist eine quotale Begrenzung dieser Einstandspflicht nicht angemessen. Wirtschaftlich führt sie zudem zu einer unbilligen Belastung der übrigen Wohnungseigentümer. An dieser Bewertung ändert auch eine mögliche Pfändung durch einen Gläubiger der Gemeinschaft der Wohnungseigentümer nichts. Denn für den verpflichteten Wohnungseigentümer spielt es keine Rolle, ob er von der Gemeinschaft der Wohnungseigentümer oder einem ihrer Gläubiger im Wege der Pfändung in Anspruch genommen wird.

Zu § 9a Absatz 5

§ 9a Absatz 5 entspricht inhaltlich dem geltenden § 11 Absatz 3.

Zu § 9b allgemein

§ 9b regelt die Vertretung der Gemeinschaft der Wohnungseigentümer. Diese obliegt grundsätzlich dem Verwalter (Absatz 1 Satz 1). Hat die Gemeinschaft der Wohnungseigentümer keinen Verwalter, obliegt sie den Wohnungseigentümern gemeinschaftlich (Absatz 1 Satz 2). Über die Vertretung gegenüber dem Verwalter entscheiden die Wohnungseigentümer durch Beschluss (Absatz 2).

Eine Vertretung der einzelnen Wohnungseigentümer durch den Verwalter (vergleiche den geltenden § 27 Absatz 2) sieht der Entwurf nicht mehr vor. In materieller Hinsicht ist sie nicht notwendig, weil die rechtsfähige Gemeinschaft der Wohnungseigentümer in Gemeinschaftsangelegenheiten am Rechtsverkehr teilnimmt und nicht die Wohnungseigentümer als solche. Aufgrund der nach § 44 Absatz 2 WEG-E vorgesehenen Passivlegitimation der rechtsfähigen Gemeinschaft der Wohnungseigentümer in Beschlussklagen ist eine Vertretung der einzelnen Wohnungseigentümer auch prozessual nicht mehr notwendig. Soweit die rechtsfähige Gemeinschaft der Wohnungseigentümer nach § 9a Absatz 2 WEG-E bestimmte Rechte und Pflichten der einzelnen Wohnungseigentümer wahrnimmt, bedarf es ohnehin keiner Vertretung der einzelnen Wohnungseigentümer. Alle anderen Rechte und Pflichten können und müssen die Wohnungseigentümer selbst ausüben und wahrnehmen.

Zu § 9b Absatz 1

Nach § 9b Absatz 1 Satz 1 vertritt der Verwalter die Gemeinschaft der Wohnungseigentümer gerichtlich und außergerichtlich. Seine Vertretungsmacht ist nach § 9b Absatz 1 Satz 3 unbeschränkt und kann auch nicht durch Vereinbarung oder Beschluss beschränkt werden. Die Wohnungseigentümer sind nach § 9b Absatz 1 Satz 2 zur gemeinschaftlichen Vertretung nur berechtigt, wenn die Gemeinschaft der Wohnungseigentümer keinen Verwalter hat. Auch diese Ersatzvertretungsbefugnis kann nach § 9b Absatz 1 Satz 3 nicht durch Vereinbarung oder Beschluss eingeschränkt werden.

§ 9b Absatz 1 erleichtert zum einen den Rechtsverkehr mit der Gemeinschaft der Wohnungseigentümer. Wer mit einem Verwalter einen Vertrag schließt, muss nicht mehr befürchten, dass dessen Vertretungsmacht für den Abschluss des Vertrags nicht ausreicht. Dies dient zugleich dem Interesse der Wohnungseigentümer, über die rechtsfähige Gemeinschaft der Wohnungseigentümer effizient am Rechtsverkehr teilnehmen zu können. Der Entwurf entspricht insoweit Empfehlungen, die bereits im Rahmen der WEG-Novelle 2007 unterbreitet wurden (vergleiche etwa Schmidt-Räntsch in der sachverständigen Stellungnahme anlässlich der öffentlichen Anhörung vor dem Rechtsausschuss am 18. September 2006, Seite 13).

Zum anderen werden Probleme beseitigt, die nach geltendem Recht bei einseitigen Rechtsgeschäften bestehen. Denn nach herrschender Meinung kann ein vom Verwalter als Vertreter der Gemeinschaft der Wohnungseigentümer vorgenommenes einseitiges Rechtsgeschäft nach § 174 Satz 1 BGB zurückgewiesen werden (BGH, Urteil vom 20. Februar 2014 – III ZR 443/13). Dies kommt nach § 9b Absatz 1 nicht mehr in Betracht. Denn jedenfalls auf unbeschränkt und unbeschränkbar vertretungsberechtigte Organe ist § 174 BGB nicht anwendbar. Auch die Rechtsprechung des Bundesgerichtshofs zur Anwendung von § 174 BGB auf die Vertretung von Gesellschaften bürgerlichen Rechts ist nicht auf die Gemeinschaft der Wohnungseigentümer übertragbar. Denn diese Rechtsprechung bezieht sich auf den Fall, dass die Vertretung der Gesellschaft bürgerlichen Rechts von den gesetzlichen Vorschriften der §§ 709, 714 BGB abweicht (vergleiche BGH, Urteil vom 9. November 2001 - LwZR 4/01). Das ist bei der Gemeinschaft der Wohnungseigentümer nicht denkbar, da von der gesetzlich vorgesehenen Vertretungsmacht nach § 9b Absatz 1 Satz 3 nicht abgewichen werden kann. Dass die Person des Verwalters nicht aus einem Register ersichtlich ist, ändert daran nichts; § 174 BGB mutet nämlich die mit der Inanspruchnahme gesetzlicher Vertretung verbundene Unsicherheit über das Bestehen der behaupteten Vertretungsmacht – unabhängig von der Existenz eines Registers – dem Erklärungsempfänger zu (BGH, Urteil vom 9. November 2001 – LwZR 4/01).

In einer verwalterlosen Gemeinschaft sind die Wohnungseigentümer nach Satz 2 gemeinschaftlich zur Vertretung berechtigt. Sind sich alle Wohnungseigentümer einig, können sie nach den allgemeinen Grundsätzen der Gesamtvertretung freilich auch einen oder mehrere von ihnen ermächtigen. Eine Ermächtigung durch Mehrheitsbeschluss scheidet dagegen aus (vergleiche auch die Begründung zu § 9b Absatz 2). Ist eine Willenserklärung gegenüber der verwalterlosen Gemeinschaft der Wohnungseigentümer abzugeben, so genügt nach allgemeinen Grundsätzen die Abgabe gegenüber einem Wohnungseigentümer (vergleiche BGH, Beschluss vom 14. Dezember 1974 – II ZB 6/73).

Zu § 9b Absatz 2

§ 9b Absatz 2 sieht in Anlehnung an § 46 Nummer 8 Gesetz betreffend die Gesellschaften mit beschränkter Haftung (GmbHG) eine Beschlusskompetenz vor, die Vertretung der Gemeinschaft der Wohnungseigentümer gegenüber dem Verwalter zu regeln, wenn dieser außergerichtlich nach § 181 BGB beziehungsweise gerichtlich nach allgemeinen prozessrechtlichen Grundsätzen (vergleiche Ellenberger, in: Palandt, BGB, 79. Auflage 2020, § 181 Randnummer 5) von der Vertretung der Gemeinschaft der Wohnungseigentümer ausgeschlossen ist. In diesen Fällen kann zum Beispiel ein Wohnungseigentümer zur Vertretung ermächtigt werden.

Außerhalb des Anwendungsbereichs des § 9b Absatz 2 sieht der Entwurf keine Beschlusskompetenz der Wohnungseigentümer für die Vertretung vor. Insbesondere können einzelne Wohnungseigentümer nicht durch Beschluss anstelle oder neben dem Verwalter zu Vertretern der Gemeinschaft der Wohnungseigentümer gekürt werden. Diese Möglichkeit wird zum Schutz der Minderheit ausgeschlossen, der die Existenz eines Vertreters, der nicht gleichzeitig die aus der Stellung als Verwalter folgenden Pflichten hat, nicht zuzumuten ist. Möchte die Mehrheit durch Beschluss einen Vertreter küren, ist ihr dies möglich, indes nur durch Bestellung eines Verwalters. Soweit auf Grundlage des geltenden § 27 Absatz 3 Satz 3 Ermächtigungsbeschlüsse gefasst wurden, verlieren diese nach allgemeinen Grundsätzen mit Inkrafttreten der Neuregelung für die Zukunft ihre Wirkung (vergleiche zu gesetzlichen Verboten Sack/Seibl, in: Staudinger, BGB, 2017, § 134 Randnummer 55).

Zu Nummer 11 (Abschnitt 4)

Der bisherige 2. Abschnitt wird Abschnitt 4. Aufgrund der Rechtsfähigkeit der Gemeinschaft der Wohnungseigentümer regeln die §§ 10 ff. nicht mehr nur das Rechtsverhältnis der Wohnungseigentümer untereinander, sondern auch deren Rechtsverhältnis zur Gemeinschaft der Wohnungseigentümer. Der Abschnitt erhält deshalb die Überschrift „Rechtsverhältnis der Wohnungseigentümer untereinander und zur Gemeinschaft der Wohnungseigentümer“.

Zu Nummer 12 (§ 10)
Zu Buchstabe a (Absatz 1 – alt –)

Der geltende § 10 Absatz 1 sieht vor, dass die Rechte und Pflichten nach dem WEG grundsätzlich den Wohnungseigentümern zustehen. Weil das WEG in der Regel den Wohnungseigentümer als solchen adressiert, wenn es dessen Rechte und Pflichten regelt, bedarf es dieser allgemeinen Vorschrift nicht. Sie wird deshalb aufgehoben.

Zu Buchstabe b (Absatz 1 – neu –)

Die Vorschriften, die in dem geltenden § 10 Absatz 2 Satz 1 und 2 enthalten sind, bilden § 10 Absatz 1 WEG-E. In dieser Vorschrift geht auch der geltende § 15 Absatz 1 auf. Der Wortlaut von § 10 Absatz 1 Satz 1 WEG-E wird der Tatsache angepasst, dass die §§ 10 ff. nicht nur das Rechtsverhältnis der Wohnungseigentümer untereinander, sondern auch das Rechtsverhältnis zur Gemeinschaft der Wohnungseigentümer regeln. Soweit die Vorschrift auf die Vorschriften des BGB über die Gemeinschaft verweist, gilt dieser Verweis freilich nur für das Verhältnis der Wohnungseigentümer untereinander, da die Gemeinschaft nach den Vorschriften des BGB nicht rechtsfähig ist.

Zu Buchstabe c (Absatz 2)

§ 10 Absatz 2 WEG-E entspricht dem geltenden § 10 Absatz 2 Satz 3, der den Anspruch auf Anpassung einer Vereinbarung regelt.

Zu Buchstabe d (Absatz 3)

Nach § 10 Absatz 3 Satz 1 WEG-E wirken Beschlüsse, die aufgrund einer Vereinbarung gefasst werden, nur gegen Sondernachfolger, wenn sie im Grundbuch eingetragen sind (vergleiche auch die Begründung zu § 5 Absatz 4 Satz 1). § 10 Absatz 3 Satz 2 WEG-E stellt zugleich klar, dass Beschlüsse, die nicht aufgrund einer Vereinbarung, sondern aufgrund einer gesetzlichen Beschlusskompetenz gefasst werden, auch ohne Eintragung im Grundbuch gegen Sondernachfolger wirken. § 10 Absatz 3 Satz 2 WEG-E tritt damit inhaltlich an die Stelle des geltenden § 10 Absatz 4.

Zu Buchstabe e (Absätze 4 bis 8 – alt –)

§ 10 Absatz 4 bis 8 wird aufgehoben.

Absatz 4 geht in § 10 Absatz 3 Satz 2 WEG-E auf (zur Wirkung gerichtlicher Entscheidungen gegen Sondernachfolger siehe die Begründung zu § 44 Absatz 3).

Absatz 5 hat aufgrund der Rechtsfähigkeit der Gemeinschaft der Wohnungseigentümer keinen Anwendungsbereich mehr. Denn im Außenverhältnis wird allein die

Gemeinschaft der Wohnungseigentümer verpflichtet, nicht die einzelnen Wohnungseigentümer.

Die Absätze 6 bis 8 werden inhaltlich durch den neuen § 9a ersetzt.

Zu Nummer 13 (§ 11)
Zu Buchstabe a (Überschrift)

Die Überschrift von § 11 wird daran angepasst, dass die Vorschrift nicht nur die grundsätzliche Unauflöslichkeit der Gemeinschaft anordnet, sondern auch die Voraussetzungen und Folgen einer Aufhebung regelt.

Zu Buchstabe b (Absatz 3)

Die fehlende Insolvenzfähigkeit der Gemeinschaft der Wohnungseigentümer, die bisher in § 11 Absatz 3 geregelt ist, findet sich nach dem Entwurf in § 9a Absatz 5. An die Stelle des geltenden § 11 Absatzes 3 tritt – inhaltlich unverändert – die Vorschrift des geltenden § 17, die sich mit der Verteilung nach einer Aufhebung befasst.

Zu Nummer 14 (§ 12 Absatz 4)
Zu Buchstabe a (Satz 1)

§ 25 Absatz 1 WEG-E regelt allgemein, dass Beschlüsse mit Stimmenmehrheit gefasst werden. Die Bezugnahme auf die Stimmenmehrheit in § 12 Absatz 4 Satz 1 wird deshalb gestrichen; inhaltliche Änderungen sind damit nicht verbunden.

Zu Buchstabe b (Sätze 2, 4 und 5 – alt –)

Das WEG ist vom Prinzip der Vertragsfreiheit geprägt: Die Wohnungseigentümer können ihr Verhältnis untereinander und zur Gemeinschaft der Wohnungseigentümer grundsätzlich frei gestalten (vergleiche § 10 Absatz 1 Satz 2 WEG-E). Eine Einschränkung dieser Vertragsfreiheit dahingehend, dass die Beschlusskompetenz nach § 12 Absatz 4 Satz 1 nicht durch Vereinbarung ausgeschlossen oder eingeschränkt werden kann, ist nicht angemessen (vergleiche auch die Begründung zu § 47). § 12 Absatz 4 Satz 2 wird deshalb aufgehoben.

Die Sätze 4 und 5 werden inhaltlich durch den neuen Satz 3 ersetzt.

Zu Buchstabe c (Satz 3)

Die Aufhebung einer Veräußerungsbeschränkung wird auf Grundlage von § 12 Absatz 4 Satz 1 und damit auf gesetzlicher Grundlage beschlossen. Die Änderung von § 5 Absatz 4 Satz 1 lässt die Wirkungen eines Beschlusses nach § 12 Absatz 4 Satz 1 deshalb unberührt. Der Beschluss über die Aufhebung einer Veräußerungsbeschränkung gilt nach § 10 Absatz 3 Satz 2 WEG-E auch dann gegenüber Sondernachfolgern, wenn er nicht im Grundbuch eingetragen ist; materiell-rechtlich fällt die Veräußerungsbeschränkung – mit Wirkung auch für Sondernachfolger – bereits durch den Beschluss weg.

Allerdings ist die Veräußerungsbeschränkung im Bestandsverzeichnis des Grundbuchs eingetragen (vergleiche § 3 Absatz 2 Halbsatz 2 der Wohnungsgrundbuchverfügung, § 7 Absatz 3 Satz 2 WEG-E). Eine im Grundbuch eingetragene Veräußerungsbeschränkung ist deshalb im Grundbuchverfahren zu berücksichtigen, auch wenn sie durch einen Beschluss nach § 12 Absatz 4 Satz 1 materiell-rechtlich aufgehoben wurde. Aus diesem Grund sieht der geltende § 12 Absatz 4 Satz 3 vor, dass die Veräußerungsbeschränkung im Grundbuch gelöscht wird, wenn ein Beschluss über ihre Aufhebung gefasst wurde. An die Stelle der bisherigen Sätze 4 und 5 tritt ein Verweis auf § 7 Absatz 2 WEG-E. Inhaltliche Änderungen sind damit nicht verbunden. Antragsberechtigt ist neben dem einzelnen Wohnungseigentümer auch die Gemeinschaft der Wohnungseigentümer, die dabei in der Regel durch den Verwalter vertreten wird (§ 9b Absatz 1 Satz 1 WEG-E).

Zu Nummer 15 (§§ 13 bis 15)

Die geltenden §§ 13 bis 15 sind seit Inkrafttreten des WEG unverändert und wurden im Zuge der WEG-Novelle 2007 nicht an die Rechtsfähigkeit der Gemeinschaft der Wohnungseigentümer angepasst. Die Vorschriften passen zudem nicht mehr ohne weiteres zu dem Konzept des Entwurfes, nach dem die Verwaltung des gemeinschaftlichen Eigentums der Gemeinschaft der Wohnungseigentümer obliegt (vergleiche § 18 Absatz 1). Aus diesem Grund werden die in den geltenden §§ 13 bis 15 geregelten Rechtsbeziehungen innerhalb der Gemeinschaft der Wohnungseigentümer in den §§ 13 und 14 WEG-E neu strukturiert. § 15 WEG-E regelt die Pflichten Dritter gegenüber der Gemeinschaft der Wohnungseigentümer und den Wohnungseigentümern.

Zu § 13 allgemein

§ 13 regelt nach dem Entwurf nur noch die Rechte des Wohnungseigentümers aus seinem Sondereigentum. Soweit der geltende § 13 Absatz 2 Rechte im Hinblick auf das gemeinschaftliche Eigentum enthält, finden sich diese nach dem Entwurf in § 16 Absatz 1 Satz 1 (Früchte) sowie in § 16 Absatz 1 Satz 3 (Mitgebrauch).

Zu § 13 Absatz 1

§ 13 Absatz 1 ist inhaltlich unverändert. Der Wortlaut wird an den neuen § 3 Absatz 2 angepasst, der es erlaubt, Sondereigentum auf außerhalb des Gebäudes liegende Teile des Grundstücks zu erstrecken. Außerdem wird die Bezugnahme auf Rechte Dritter gestrichen. Damit wird klargestellt, dass diese Vorschrift lediglich die Rechte des Wohnungseigentümers gegenüber anderen Wohnungseigentümern regelt. Die Rechtsstellung des Wohnungseigentümers gegenüber Dritten ergibt sich dagegen bereits aus § 903 BGB, da Sondereigentum Eigentum im Sinne des BGB ist (vergleiche auch die Begründung zu § 3 Absatz 1 Satz 1).

Zu § 13 Absatz 2

§ 13 Absatz 2 regelt die Zulässigkeit von baulichen Maßnahmen am Sondereigentum, die über dessen Instandhaltung und Instandsetzung hinausgehen. Die Maßnahmen, die über Instandhaltung und Instandsetzung hinausgehen, werden zugleich unter dem Oberbegriff der Erhaltung zusammengefasst, da eine Differenzierung zwischen beiden Begriffen weder sinnvoll noch notwendig ist. Der Sache nach regelt § 13 Absatz 2 damit bauliche Veränderungen des Sondereigentums. Der Begriff der baulichen Veränderung wird nur deshalb nicht verwendet, weil dieser nach § 20 Absatz 1 WEG-E auf das gemeinschaftliche Eigentum begrenzt ist.

§ 13 Absatz 2 erklärt § 20 WEG-E für entsprechend anwendbar. Es gelten deshalb für bauliche Maßnahmen am Sondereigentum grundsätzlich die gleichen Regeln wie für bauliche Veränderungen des gemeinschaftlichen Eigentums: Maßnahmen, die über die Erhaltung hinausgehen, dürfen im Grundsatz nur vorgenommen werden, wenn sie durch Beschluss gestattet wurden (§ 20 Absatz 1 WEG-E). Abweichend von § 20 Absatz 3 WEG-E benötigt ein Wohnungseigentümer für eine Veränderung des Sondereigentums aber keine Gestattung, wenn keinem anderen Wohnungseigentümer über das bei einem geordneten Zusammenleben unvermeidliche Maß hinaus ein Nachteil erwächst. Denn in diesen Fällen wäre die Pflicht, eine Gestattung einzuholen, eine unangemessene Beschränkung des Sondereigentums. § 20 Absatz 3 WEG-E bleibt aber anwendbar, wenn eine solche Beeinträchtigung zwar vorliegt, die betroffenen Wohnungseigentümer aber mit der baulichen Veränderung einverstanden sind; in diesem Fall besteht nach § 20 Absatz 3 WEG-E ein Anspruch auf die Gestattung durch Beschluss. Einen Anspruch auf Gestattung hat der Wohnungseigentümer auch, wenn es sich um eine nach § 20 Absatz 2 WEG-E privilegierte Maßnahme handelt. Die Grenzen des § 20 Absatz 4 WEG-E gelten für Veränderungen des Sondereigentums ebenso.

Zu § 14 allgemein

Die Rechtsfähigkeit der Gemeinschaft der Wohnungseigentümer und ihre Rolle als Trägerin der Verwaltung (vergleiche § 18 Absatz 1 WEG-E) machen eine Neufassung von § 14 notwendig. § 14 WEG-E trennt zwischen den Pflichten der Wohnungseigentümer gegenüber der Gemeinschaft der Wohnungseigentümer (Absatz 1) und den Pflichten der Wohnungseigentümer untereinander (Absatz 2).

Zu § 14 Absatz 1

§ 14 Absatz 1 betrifft die Pflichten der Wohnungseigentümer gegenüber der Gemeinschaft der Wohnungseigentümer.

Zu § 14 Absatz 1 Nummer 1

§ 14 Absatz 1 Nummer 1 begründet die Pflicht jedes Wohnungseigentümers, das in der Gemeinschaft geltende Regelwerk einzuhalten. Dieses Regelwerk setzt sich aus den Vorschriften des WEG sowie den Vereinbarungen und den Beschlüssen der Wohnungseigentümer zusammen. Inhaltlich tritt die Vorschrift damit an die Stelle der geltenden § 15 Absatz 3 und § 21 Absatz 4. Dabei wird die unnötige Differenzierung zwischen Verwaltung und Gebrauch aufgegeben. Der Anspruch wird zudem allein der Gemeinschaft der Wohnungseigentümer zugewiesen. Denn soweit ein Verstoß gegen das Regelwerk keinen Wohnungseigentümer konkret, insbesondere in seinem Sondereigentum, beeinträchtigt, ist es sachgerecht, dass die damit zusammenhängenden Auseinandersetzungen nicht zwischen einzelnen Wohnungseigentümern geführt werden, sondern mit der Gemeinschaft der Wohnungseigentümer (vergleiche auch die Begründung zu § 14 Absatz 2 Nummer 1).

Zu § 14 Absatz 1 Nummer 2

§14 Absatz 1 Nummer 2 begründet die Pflicht jedes Wohnungseigentümers, Einwirkungen durch die Gemeinschaft der Wohnungseigentümer auf das Sondereigentum und das gemeinschaftliche Eigentum zu dulden, die den Vereinbarungen oder Beschlüssen entsprechen oder, falls keine entsprechenden Vereinbarungen oder Beschlüsse bestehen, aus denen ihm kein über das bei einem geordneten Zusammenleben unvermeidliche Maß hinausgehender Nachteil erwächst. Aus der Vorschrift folgt vor allem die Pflicht, Erhaltungs- und andere Baumaßnahmen zu dulden, die durch die Gemeinschaft der Wohnungseigentümer durchgeführt werden.

Die Vorschrift betrifft zunächst alle Einwirkungen, die einer Vereinbarung oder einem Beschluss entsprechen, also durch deren Ausführung bedingt sind. Duldungspflichtig sind demnach etwa Immissionen wie Baulärm, der durch die Ausführung eines Beschlusses über die Erhaltung des gemeinschaftlichen Eigentums verursacht wird. Die Vorschrift gilt auch für andere Einwirkungen wie etwa das Betreten des Sondereigentums; dieser Unterfall der Einwirkung wird aufgrund seiner besonderen praktischen Bedeutung im Wortlaut hervorgehoben. Das Betreten ist genauso wie jede andere Einwirkung nur dann zulässig, wenn dies vereinbart oder beschlossen wurde oder bei einem geordneten Zusammenleben unvermeidlich ist, insbesondere im Zusammenhang mit einer Notmaßnahme. Soweit nämlich die Pflicht zur Duldung nicht durch Vereinbarung oder Beschluss geregelt ist, ist jeder Wohnungseigentümer verpflichtet, Einwirkungen zu dulden, aus denen ihm über das bei einem geordneten Zusammenleben unvermeidliche Maß hinaus kein Nachteil erwächst. Dies entspricht dem Maßstab des geltenden § 14 Nummer 1.

Zu § 14 Absatz 2

§ 14 Absatz 2 betrifft die Pflichten der Wohnungseigentümer untereinander.

Zu § 14 Absatz 2 Nummer 1

§ 14 Absatz 2 Nummer 1 begründet die Pflicht jedes Wohnungseigentümers, fremdes Sondereigentum nicht durch ein Verhalten zu beeinträchtigen, das den Vereinbarungen oder Beschlüssen widerspricht. Soweit entsprechende Vereinbarungen und Beschlüsse fehlen, ist jeder Wohnungseigentümer verpflichtet, Beeinträchtigungen zu unterlassen, aus denen einem anderen Wohnungseigentümer ein Nachteil erwächst, der über das bei einem geordneten Zusammenleben unvermeidliche Maß hinausgeht. Die Vorschrift entspricht inhaltlich dem geltenden § 14 Nummer 1.

Die Vorschrift ist auf die Abwehr von Beeinträchtigungen des Sondereigentums beschränkt. Die Pflicht, das gemeinschaftliche Eigentum nicht zu beeinträchtigen, besteht nach dem Entwurf nur gegenüber der Gemeinschaft der Wohnungseigentümer (vergleiche § 14 Absatz 1 Nummer 1). Dadurch werden die Zuständigkeiten zur Abwehr von Beeinträchtigungen sachgerecht geordnet:

Die Abwehr von Beeinträchtigungen des gemeinschaftlichen Eigentums ist Aufgabe der Gemeinschaft der Wohnungseigentümer, da ihr die Verwaltung des gemeinschaftlichen Eigentums zugewiesen ist (vergleiche § 18 Absatz 1 WEG-E). Materiellrechtlich hat zwar jeder Wohnungseigentümer einen Anspruch aus § 1004 BGB, dass Beeinträchtigungen des gemeinschaftlichen Eigentums unterbleiben. § 9a Absatz 2 WEG-E weist die Ausübung dieser Ansprüche aber der Gemeinschaft der Wohnungseigentümer zu.

Beeinträchtigungen des Sondereigentums kann dagegen jeder Wohnungseigentümer selbst abwehren. Als Anspruchsgrundlage kommen sowohl § 14 Absatz 2 Nummer 1 als auch § 1004 BGB in Betracht.

Auch die von konkreten Beeinträchtigungen losgelöste Pflicht der Wohnungseigentümer, das in der Gemeinschaft geltende Regelwerk einzuhalten, besteht nur gegenüber der Gemeinschaft der Wohnungseigentümer (vergleiche § 14 Absatz 1 Nummer 1). Eine dem geltenden § 15 Absatz 3 entsprechende Regelung, nach der die Wohnungseigentümer untereinander einen den Vereinbarungen und Beschlüssen (zum Beispiel der Hausordnung) entsprechenden Gebrauch verlangen können, sieht der Entwurf nicht vor. Denn soweit ein Verstoß gegen das Regelwerk keinen Wohnungseigentümer konkret beeinträchtigt, ist es sachgerecht, dass die damit zusammenhängenden Auseinandersetzungen nicht zwischen einzelnen Wohnungseigentümern geführt werden, sondern mit der Gemeinschaft der Wohnungseigentümer.

Zu § 14 Absatz 2 Nummer 2

§ 14 Absatz 2 Nummer 2 verpflichtet die Wohnungseigentümer untereinander – parallel zur Pflicht gegenüber der Gemeinschaft der Wohnungseigentümer nach § 14 Absatz 1 Nummer 2 – Einwirkungen auf das Sondereigentum und das gemeinschaftliche Eigentum zu dulden, die den Vereinbarungen und Beschlüssen entsprechen oder, soweit solche fehlen, aus denen sich kein über das bei einem geordneten Zusammenleben unvermeidliche Maß hinausgehender Nachteil ergibt. Dies betrifft vor allem Erhaltungs- und Baumaßnahmen einzelner Wohnungseigentümer, ist aber nicht darauf beschränkt. Die Ausführungen zu § 14 Absatz 1 Nummer 2 gelten entsprechend.

Die Vorschrift begründet lediglich eine Duldungspflicht. Einen korrespondierenden Anspruch der Wohnungseigentümer untereinander, nicht gerechtfertigte Einwirkungen, insbesondere auf das gemeinschaftliche Eigentum, zu unterlassen, enthält die Vorschrift nicht. Die Wohnungseigentümer können nach § 14 Absatz 2 Nummer 1 lediglich verlangen, dass nicht gerechtfertigte Beeinträchtigungen ihres Sondereigentums unterbleiben. Die Abwehr nicht gerechtfertigter Beeinträchtigungen des gemeinschaftlichen Eigentums ist dagegen Aufgabe der Gemeinschaft der Wohnungseigentümer (vergleiche auch die Begründung zu § 14 Absatz 2 Nummer 1).

Zu § 14 Absatz 3

Nach § 14 Absatz 3 kann ein Wohnungseigentümer, der eine Einwirkung zu dulden hat, die über das zumutbare Maß hinausgeht, angemessenen Ausgleich in Geld verlangen. Die Vorschrift tritt inhaltlich an die Stelle des geltenden § 14 Nummer 4 Halbsatz 2, der allgemein als Ausprägung des Aufopferungsgedankens eingeordnet wird (vergleiche etwa BGH, Urteil vom 11. Dezember 2002 – IV ZR 226/01). § 14 Absatz 3 gestaltet den Anspruch in diesem Sinne als Aufopferungsanspruch aus. Tatbestandlich genügt deshalb nicht jede Einwirkung, sondern es fallen nur solche Einwirkungen unter die Regelung, die über das zumutbare Maß im Sinne einer Sonderopfergrenze hinausgehen. Es handelt sich dabei, wie sich schon aus dem Wortlaut ergibt, um einen von § 14 Absatz 1 Nummer 2 abweichenden Maßstab. Ein Verschulden ist nicht notwendig. Auf Rechtsfolgenseite ist nicht jeder adäquat-kausal verursachte Schaden zu ersetzen, sondern eine angemessene Entschädigung zu leisten. Der Wortlaut lehnt sich an § 906 Absatz 2 Satz 2 BGB an, so dass auf die für dessen Auslegung entwickelten Grundsätze zurückgegriffen werden kann.

Verpflichtet ist derjenige, zu dessen Gunsten die Duldungspflicht besteht, also entweder die Gemeinschaft der Wohnungseigentümer (in den Fällen des § 14 Absatz 1 Nummer 2) oder ein anderer Wohnungseigentümer (in den Fällen des § 14 Absatz 2 Nummer 2).

Zu § 15 allgemein

§ 15 WEG-E begründet einen Anspruch der Gemeinschaft der Wohnungseigentümer und einzelner Wohnungseigentümer gegen Drittnutzer auf Duldung von Erhaltungsmaßnahmen und baulicher Maßnahmen. Damit wird sichergestellt, dass die Durchführung derartiger Maßnahmen nicht an Gebrauchsrechten Dritter scheitert. Insbesondere die Durchsetzung der nach dem WEG bestehenden Ansprüche eines Wohnungseigentümers auf bestimmte bauliche Veränderungen (vergleiche § 20 Absatz 2 und 3 WEG-E) soll nicht dadurch erschwert werden, dass ein anderer Wohnungseigentümer den Gebrauch seiner Wohnung einem Dritten überlassen hat.

§ 15 WEG-E verpflichtet den Drittnutzer unmittelbar und unabhängig von den vertraglichen Vereinbarungen gegenüber der Gemeinschaft der Wohnungseigentümer und einzelnen Wohnungseigentümern, bauliche Maßnahmen zu dulden. Der Dritte steht dabei nicht schutzlos, sondern wird ähnlich wie ein Mieter geschützt: Die Maßnahme muss dem Dritten angekündigt werden; zudem kann er sich unter bestimmten Umständen auf einen Härteeinwand berufen.

Die Vorschrift gilt für alle Personen, die Wohnungseigentum gebrauchen, ohne Wohnungseigentümer zu sein. Dies sind vor allem Mieter. Erfasst sind aber auch dinglich Wohnungsberechtigte, Nießbraucher und alle anderen Personen, denen der Gebrauch überlassen wurde.

Die Duldungspflicht besteht gegenüber der Gemeinschaft der Wohnungseigentümer und gegenüber einzelnen Wohnungseigentümern, je nachdem, wer die Maßnahme durchführt. Die Duldungspflicht besteht dagegen nicht gegenüber dem Wohnungseigentümer, von dem der Drittnutzer sein Gebrauchsrecht ableitet, typischerweise also seinem Vermieter. Denn § 15 WEG-E hat nicht die Funktion, die Rechte des überlassenden Wohnungseigentümers aus dem Rechtsverhältnis, das der Überlassung zugrunde liegt, zu modifizieren. Dafür besteht auch kein Bedürfnis, weil der überlassende Wohnungseigentümer auf die Gestaltung dieses Rechtsverhältnisses Einfluss nehmen kann.

Zu § 15 Nummer 1

§ 15 Nummer 1 betrifft die Pflicht, Erhaltungsmaßnahmen zu dulden. Dies setzt voraus, dass die Erhaltungsmaßnahme rechtzeitig angekündigt wurde; dabei gilt § 555a Absatz 2 BGB entsprechend. Die Rechtzeitigkeit ist deshalb wie in § 555a Absatz 2 BGB zu verstehen und richtet sich insbesondere nach der Dringlichkeit und dem Umfang der Maßnahme. Eine Ankündigung ist entbehrlich, wenn die Maßnahme nur mit einer unerheblichen Einwirkung verbunden oder ihre sofortige Durchführung zwingend erforderlich ist. Soweit eine Ankündigung erforderlich ist, ist sie Fälligkeitsvoraussetzung des Duldungsanspruchs.

Die Ankündigung obliegt demjenigen, der zu seinen Gunsten die Duldungspflicht auslösen will. Dies ist, abhängig davon, wer die Maßnahme durchführen will, die Gemeinschaft der Wohnungseigentümer oder ein einzelner Wohnungseigentümer.

Zu § 15 Nummer 2

§ 15 Nummer 2 betrifft die Pflicht, bauliche Maßnahmen zu dulden, die über Erhaltungsmaßnahmen hinausgehen. § 15 Nummer 2 bezieht sich dabei – genauso wie § 15 Nummer 1 – sowohl auf das Sondereigentum als auch auf das gemeinschaftliche

Eigentum. Der Sache nach geht es um bauliche Veränderungen; weil der Begriff der baulichen Veränderung nach § 20 Absatz 1 WEG-E aber auf das gemeinschaftliche Eigentum begrenzt ist, spricht § 15 Nummer 1 allgemein von Maßnahmen, die über die Erhaltung hinausgehen.

Die Maßnahmen sind spätestens drei Monate vor ihrem Beginn in Textform anzukündigen; dabei gelten § 555c Absatz 1 Satz 2 Nummer 1 und 2, Absatz 2 bis 4 und § 555d Absatz 2 bis 5 BGB entsprechend. Über diese Verweisung kommen die mietrechtlichen Vorschriften über den Inhalt der Ankündigung und den Härteeinwand zur Anwendung. Die Ankündigung ist Fälligkeitsvoraussetzung des Duldungsanspruchs.

Die Ankündigung muss gegenüber einem Mieter keine Angabe zu einer etwaigen Mieterhöhung enthalten. Denn eine Mieterhöhung betrifft nur das Verhältnis zwischen dem vermietenden Wohnungseigentümer und dem Mieter. § 555c Absatz 1 Satz 2 Nummer 3 BGB ist deshalb aus der Verweisung ausgenommen. Ob der Vermieter nach Durchführung einer Baumaßnahme durch die Gemeinschaft der Wohnungseigentümer das Recht hat, nach § 559 BGB die Miete zu erhöhen, bestimmt sich allein nach den mietrechtlichen Vorschriften. Das Gleiche gilt für die Frage, ob der Vermieter gegenüber seinem Mieter die Pflicht zur ordnungsgemäßen Ankündigung der Baumaßnahme erfüllt hat. Diesbezügliche Versäumnisse des Vermieters berühren die Duldungspflicht nach § 15 Nummer 2 nicht.

§ 15 Nummer 2 regelt ausschließlich die Duldungspflicht des Mieters. Etwaige Rechte des Mieters im Zusammenhang mit der Baumaßnahme (etwa Aufwendungsersatzansprüche und Sonderkündigungsrechte) bleiben unberührt.

Zu Nummer 16 (§ 16)
Zu Buchstabe a (Überschrift)

Da der Begriff der Lasten in dem neugefassten § 16 Absatz 2 nicht mehr enthalten ist, wird er auch aus der Überschrift gestrichen.

Zu Buchstabe b (Absatz 1)

Aus dem geltenden § 13 Absatz 2 ergibt sich, dass § 16 Absatz 1 Satz 1 schon nach geltendem Recht nur andere Nutzungen als Gebrauchsvorteile erfasst. Im Interesse einer einheitlichen Terminologie wird der Begriff der Nutzungen deshalb durch den Begriff der Früchte ersetzt (vergleiche § 100 BGB). Inhaltliche Änderungen ergeben sich dadurch nicht.

§ 16 Absatz 1 Satz 3 WEG-E regelt den Mitgebrauch des gemeinschaftlichen Eigentums inhaltlich übereinstimmend mit dem geltenden § 13 Absatz 2 Satz 1 WEG. Damit wird die unübersichtliche Aufteilung des geltenden Rechts, das in § 13 Absatz 2 Satz 1 WEG den Mitgebrauch und in § 16 Absatz 1 Satz 1 WEG die übrigen Nutzungen regelt, aufgegeben. Stattdessen regelt § 16 Absatz 1 WEG-E die Nutzungen des gemeinschaftlichen Eigentums im Sinne des § 100 BGB umfassend.

In § 16 Absatz 1 Satz 1 WEG-E wird zudem klargestellt, dass auch die Früchte des Gemeinschaftsvermögens nach dieser Vorschrift zu verteilen sind. Dies entspricht der allgemeinen Sichtweise zum geltenden Recht (Falkner, in: BeckOGK-WEG, 2019, § 16 Randnummer 29). § 16 Absatz 1 Satz 3 WEG-E gilt dagegen nicht für das Gemeinschaftsvermögen (vergleiche die Begründung zu § 9a Absatz 3).

Zu Buchstabe c (Absatz 2)

Der neugefasste § 16 Absatz 2 befasst sich – wie bislang – mit der Kostenverteilung: Satz 1 regelt – wie bislang – die gesetzliche Kostenverteilung, Satz 2 sieht die Möglichkeiten einer Beschlussfassung vor.

Die Neufassung von § 16 Absatz 2 Satz 1 dient zunächst der Klarstellung, dass Gläubigerin des dort geregelten Anspruchs die Gemeinschaft der Wohnungseigentümer ist. Die Wörter „den anderen Wohnungseigentümern gegenüber“ werden deshalb gestrichen. Zudem verzichtet die Neufassung darauf, zwischen einzelnen Kosten und Lasten zu differenzieren. Stattdessen bezieht sich die Vorschrift nun generell auf alle Kosten der Gemeinschaft der Wohnungseigentümer. Denn schon zum geltenden Recht ist anerkannt, dass die Verteilung nach § 16 Absatz 2 alle Kosten betrifft, die bei der Gemeinschaft der Wohnungseigentümer anfallen (vergleiche etwa Falkner, in: BeckOGK-WEG, 2019, § 16 Randnummer 69). Die praktisch bedeutsamen Kosten der Verwaltung und des gemeinschaftlichen Gebrauchs des gemeinschaftlichen Eigentumes werden lediglich exemplarisch hervorgehoben.

Der neue § 16 Absatz 2 Satz 2 regelt die Kompetenz der Wohnungseigentümer, eine Kostenverteilung zu beschließen, die von § 16 Absatz 2 Satz 1 oder einer Vereinbarung abweicht. Die Vorschrift betrifft sämtliche Kosten mit Ausnahme solcher, die auf baulichen Veränderungen nach § 20 WEG-E beruhen (vergleiche § 16 Absatz 3 in Verbindung mit § 21 Absatz 5 WEG-E). § 16 Absatz 2 Satz 2 tritt damit – mit Ausnahme der Kosten baulicher Veränderungen – an die Stelle des geltenden § 16 Absatz 3 und 4 und gibt dessen System auf, das nach verschiedenen Kostenarten differenziert und je nach Kostenart unterschiedliche Anforderungen an den Beschluss stellt. An die Stelle dieses unübersichtlichen Systems tritt mit § 16 Absatz 2 Satz 2 eine einzige Vorschrift, die es den Wohnungseigentümern ermöglicht, über die Kostenverteilung zu beschließen. Diese Vorschrift verlangt keine besonderen Mehrheiten. Dadurch soll es den Wohnungseigentümern erleichtert werden, über eine nach den Umständen des Einzelfalls angemessene Kostenverteilung zu entscheiden (siehe Abschlussbericht der Bund-Länder-Arbeitsgruppe zur Reform des Wohnungseigentumsgesetzes, ZWE 2019, 430, 449).

§ 16 Absatz 2 Satz 2 unterscheidet zwei Konstellationen: den Beschluss über die Verteilung einzelner Kosten und den Beschluss über die Verteilung bestimmter Arten von Kosten.

Einzelne Kosten sind konkret bestimmbare, einmalig anfallende Positionen. Die Wohnungseigentümer können demnach zum Beispiel über die Verteilung der Kosten einer konkreten Erhaltungsmaßnahme, etwa eines Fensteraustauschs, beschließen.

Der Begriff der Art ist weit zu verstehen. Bestimmte Arten von Kosten können sich sowohl auf regelmäßig wiederkehrende Positionen (zum Beispiel Müllgebühren) als auch auf unregelmäßig wiederkehrende, aber gleichartige Positionen beziehen. Die Wohnungseigentümer können demnach etwa beschließen, dass jeder Wohnungseigentümer die Kosten für den Austausch derjenigen Fenster zu tragen hat, die sich im Bereich seines Sondereigentums befinden. Unzulässig ist lediglich eine generelle Veränderung des allgemeinen Verteilungsschlüssels.

Anders als nach geltendem Recht ist es damit möglich, eine Kostenverteilung auch über den Einzelfall hinaus zu beschließen. Insbesondere das Gebot der sogenannten Maßstabskontinuität steht damit einer Kostenverteilung durch Beschluss nicht mehr grundsätzlich entgegen. Denn nach geltendem Recht scheitert eine Kostenverteilung durch Beschluss oftmals daran, dass die für den Einzelfall gewünschte Kostenverteilung einen Anspruch anderer Wohnungseigentümer auf Gleichbehandlung in künftigen Fällen auslösen würde und damit der Sache nach eine Kostenverteilung über den Einzelfall hinaus beschlossen wird (vergleiche BGH, Urteil vom 18. Juni 2010 – V ZR 164/09). Indem der Entwurf die Beschränkung auf den Einzelfall aufgibt, kann auch in diesen Fällen eine sachgerechte Kostenverteilung beschlossen werden. Etwa kann von vornherein beschlossen werden, dass jeder Wohnungseigentümer die Kosten für den Austausch derjenigen Fenster zu tragen hat, die sich im Bereich seines Sondereigentums befinden. Wird dagegen eine entsprechende Kostenverteilung nur für einzelne Fälle beschlossen, kann sich daraus ein Anspruch der übrigen Wohnungseigentümer auf Gleichbehandlung ergeben, dem im Rahmen künftiger Beschlussfassungen Rechnung zu tragen ist. Insoweit bleibt das Gebot der sogenannten Maßstabskontinuität durchaus relevant, ohne aber einer differenzierten Kostenverteilung durch Beschluss von Anfang an entgegen zu stehen.

Aufgrund der Vielgestaltigkeit möglicher Beschlüsse über die Kostenverteilung verzichtet der Entwurf bewusst auf besondere inhaltliche Vorgaben. Insbesondere wird die Regelung des geltenden § 16 Absatz 4 Satz 1 nicht übernommen, dass der Verteilungsmaßstab dem Gebrauch oder der Möglichkeit des Gebrauchs Rechnung tragen muss. Denn diese Vorschrift schränkt das Entscheidungsermessen der Wohnungseigentümer unnötig ein (siehe Abschlussbericht der Bund-Länder-Arbeitsgruppe zur Reform des Wohnungseigentumsgesetzes, ZWE 2019, 430, 449). Ob ein Beschluss im Einzelfall anfechtbar ist, hängt nach dem Entwurf allein davon ab, ob er die allgemeinen Vorgaben der Ordnungsmäßigkeit wahrt, insbesondere ob er billigem Ermessen entspricht (vergleiche § 18 Absatz 2 WEG-E). Im Rahmen des billigen Ermessens werden jedoch in der Regel der Gebrauch und die Möglichkeit des Gebrauchs zu berücksichtigen sein.

Zu Buchstabe d (Absatz 3)

Der neue § 16 Absatz 3 stellt klar, dass für Nutzungen und Kosten bei baulichen Veränderungen nach § 20 WEG-E allein die Vorschriften des § 21 WEG-E gelten. Darin und in § 16 Absatz 2 WEG-E gehen die aufgehobenen Absätze auf.

Zu Nummer 17 (§ 17 – alt –)

Die Regelungen des geltenden § 17 werden in § 11 Absatz 3 des Entwurfs übernommen.

Zu Nummer 18 (§ 17 – neu –)

Die bislang in den §§ 18 und 19 enthaltenen Vorschriften werden in § 17 WEG-E zusammengefasst.

Zu Buchstabe a (Absatz 1)

Die Änderung in § 17 Absatz 1 Satz 1 gegenüber dem geltenden § 18 Absatz 1 Satz 1 stellt klar, dass auch eine Verletzung der Pflichten, die gegenüber der Gemeinschaft der Wohnungseigentümer bestehen (zum Beispiel die Pflicht zur Kostentragung), eine Entziehung des Wohnungseigentums rechtfertigen kann. Zudem wird der Entziehungsanspruch materiell-rechtlich der Gemeinschaft der Wohnungseigentümer zugeordnet. Dadurch wird die umständliche Konstruktion des geltenden Rechts vereinfacht, nach dem der Anspruch materiell-rechtlich den Wohnungseigentümern zusteht, seine Ausübung aber grundsätzlich der Gemeinschaft der Wohnungseigentümer zugewiesen wird (vergleiche den geltenden § 18 Absatz 1 Satz 2, der aufgehoben wird). Praktische Auswirkungen hat diese Änderung nur für Zwei-Personen-Gemeinschaften, bei denen im Interesse der Rechtsvereinheitlichung der Entziehungsanspruch nun auch der Gemeinschaft der Wohnungseigentümer zusteht.

Zu Buchstabe b (Absatz 2)

Die Neufassung von Absatz 2 dient zum einen der redaktionellen Anpassung des Wortlauts an den geänderten § 14, dessen neuer Absatz 3 eine Anspruchsgrundlage enthält und dieser Absatz deshalb von der Verweisung ausgenommen wird. Zum anderen fällt das im geltenden § 18 Absatz 2 Nummer 2 enthaltene Regelbeispiel weg, wonach ein Entziehungsgrund insbesondere darin liegen kann, dass ein Wohnungseigentümer mit der Erfüllung seiner Pflicht zur Lasten- und Kostentragung in Verzug ist. Denn § 10 Absatz 1 Nummer 2 des Zwangsversteigerungsgesetzes ermöglicht es der Gemeinschaft der Wohnungseigentümer, sich in diesen Fällen vorrangig aus dem Wohnungseigentum zu befriedigen. Angesichts dessen besteht für einen gesetzlich besonders geregelten Entziehungsgrund kein Bedürfnis.

Zu Buchstabe c (Absatz 3 – alt –)

Der geltende § 18 Absatz 3 wird aufgehoben. Diese Vorschrift sieht vor, dass über das Entziehungsverlangen mit der Mehrheit der stimmberechtigten Wohnungseigentümer beschlossen wird. Diese Vorschrift war bis zur WEG-Novelle 2007 notwendig, damit über die Geltendmachung des Entziehungsverlangens überhaupt ein Mehrheitsbeschluss gefasst werden konnte. Denn der Entziehungsanspruch steht nach dem geltenden § 18 Absatz 1 Satz 1 an sich den „anderen Wohnungseigentümer(n)" zu, woraus geschlossen werden könnte, dass er von allen Wohnungseigentümern gemeinsam geltend gemacht werden muss.

Seit der WEG-Novelle 2007 ist die Ausübung des Anspruchs aber der Gemeinschaft der Wohnungseigentümer zugewiesen (vergleiche den geltenden § 18 Absatz 1 Satz 2). Bereits daraus folgt, dass über die Ausübung des Anspruchs ein Mehrheitsbeschluss zu fassen ist. Seit der WEG-Novelle 2007 hat der geltende § 18 Absatz 3 demnach nur noch die Funktion, ein erhöhtes Quorum für diesen Beschluss anzuordnen. An dieser nur eingeschränkten Funktion ändert sich auch dadurch nichts, dass § 18 Absatz 1 WEG-E den Entziehungsanspruch sogar materiell-rechtlich der Gemeinschaft der Wohnungseigentümer zuweist. Dieses erhöhte Quorum ist aber nicht sachgerecht. Wenn ein Entziehungsgrund vorliegt, besteht ein berechtigtes Interesse, den störenden Wohnungseigentümer aus der Gemeinschaft zu entfernen. Es ist nicht gerechtfertigt, die Durchsetzung dieses Interesses durch ein erhöhtes Quorum zu erschweren. Auch der Schutz des betroffenen Wohnungseigentümers vor einem unberechtigten Entziehungsbeschluss verlangt kein erhöhtes Quorum. Denn der betroffene Wohnungseigentümer ist bereits ausreichend durch das gerichtliche Entziehungsverfahren geschützt.

Zu Buchstabe d (Absatz 3 – neu –)

§ 17 Absatz 3 WEG-E übernimmt die Regelung des geltenden § 18 Absatz 4.

Zu Buchstabe e (Absatz 4)

§ 17 Absatz 4 Satz 1 entspricht dem geltenden § 19 Absatz 1 Satz 1. Dessen Wortlaut wird jedoch daran angepasst, dass der Entziehungsanspruch nach § 17 Absatz 1 WEG-E materiell-rechtlich der Gemeinschaft der Wohnungseigentümer zusteht. Aus dem gleichen Grund wird der geltende § 19 Absatz 1 Satz 2, der der Gemeinschaft lediglich eine Ausübungsbefugnis zuweist, nicht übernommen.

§ 17 Absatz 4 Satz 2 knüpft an die Vorschrift des geltenden § 19 Absatz 3 an. Einem Urteil gleichgestellt werden jedoch alle Vollstreckungstitel nach § 794 der Zivilprozessordnung (ZPO), insbesondere auch vollstreckbare Urkunden (§ 794 Absatz 1

Nummer 5 ZPO) und für vollstreckbar erklärte Anwaltsvergleiche (§ 794 Absatz 1 Nummer 4b ZPO). Denn eine unterschiedliche Behandlung der verschiedenen Vollstreckungstitel ist nicht sachgerecht.

Nicht übernommen wird die Vorschrift des geltenden § 19 Absatz 2, die sich mit dem nach dem Entwurf entfallenden Regelbeispiel des geltenden § 18 Absatz 2 Nummer 2 befasst. Soweit die Rechtsprechung den geltenden § 19 Absatz 2 im Einzelfall analog anwendet und ihm die allgemeine Befugnis entnimmt, die Wirkungen eines Entziehungsurteils abzuwenden (vergleiche etwa BGH, Urteil vom 14. September 2018 – V ZR 138/17 Randnummern 23 ff.), zielt der Entwurf nicht darauf ab, diese Rechtsprechung in Frage zu stellen. Entsprechende Rechtsfolgen können im Einzelfall auf § 242 BGB gestützt werden.

Zu Nummer 19 (§ 18)

§ 18 regelt grundlegende Fragen der Verwaltung und Benutzung des gemeinschaftlichen Eigentums.

Zu § 18 Absatz 1

§ 18 Absatz 1 weist die Aufgabe, das gemeinschaftliche Eigentum zu verwalten, der Gemeinschaft der Wohnungseigentümer zu. Das gilt nicht nur im Außenverhältnis gegenüber Dritten, sondern auch im Innenverhältnis gegenüber den Wohnungseigentümern. Nach geltendem Recht ist hingegen unklar, inwieweit die Gemeinschaft der Wohnungseigentümer in die Verwaltung des gemeinschaftlichen Eigentums eingebunden ist. Auch die höchstrichterliche Rechtsprechung vertritt wechselnde Positionen: Während der Bundesgerichtshof im Jahr 2015 noch entschieden hatte, dass die Umsetzung gefasster Beschlüsse Aufgabe der Gemeinschaft der Wohnungseigentümer sei (Urteil vom 25. September 2015 – V ZR 246/14 Randnummer 15), erklärte er im Jahr 2018, dass die Gemeinschaft der Wohnungseigentümer im Innenverhältnis nicht in die ordnungsmäßige Verwaltung des Gemeinschaftseigentums eingebunden sei (Urteil vom 8. Juni 2018 – V ZR 125/17 Randnummer 16). Mit dieser allgemeinen Aussage verträgt es sich allerdings nicht, dass die Gemeinschaft der Wohnungseigentümer Inhaberin der Hausgeldansprüche gegen die Wohnungseigentümer (BGH, Urteil vom 10. Februar 2017 – V ZR 166/16 Randnummer 7) und Schuldnerin der Ersatzansprüche nach dem geltenden § 14 Nummer 4 Halbsatz 2 ist (BGH, Urteil vom 8. Juni 2018 – V ZR 125/17 Randnummer 35); auch soll ein Wohnungseigentümer einen Erstattungsanspruch gegen die Gemeinschaft der Wohnungseigentümer haben, wenn er eine Abgabenforderung aus eigenen Mitteln erfüllt (BGH, Urteil vom 14. Februar 2014 – V ZR 100/13). Insgesamt ist eine konzeptionelle Unklarheit über die Rolle der Gemeinschaft der Wohnungseigentümer zu konstatieren (siehe Abschlussbericht der Bund-Länder-Arbeitsgruppe zur Reform des Wohnungseigentumsgesetzes, ZWE 2019, 430, 444 f.).

Vor diesem Hintergrund wird mit § 18 Absatz 1 vor allem Rechtssicherheit geschaffen: Ansprüche im Zusammenhang mit der Verwaltung des gemeinschaftlichen Eigentums richten sich auch im Innenverhältnis stets gegen die Gemeinschaft der Wohnungseigentümer.

Die Gemeinschaft der Wohnungseigentümer erfüllt die ihr zugewiesene Aufgabe, das gemeinschaftliche Eigentum zu verwalten, durch ihre Organe: Die Wohnungseigentümer in ihrer Gesamtheit sind als Willensbildungsorgan dazu berufen, die Verwaltungsentscheidungen zu treffen (vergleiche § 19 Absatz 1 WEG-E), soweit nicht der Verwalter selbst entscheidungsbefugt ist (vergleiche § 27 WEG-E). Der Verwalter als Ausführungs- und Vertretungsorgan setzt diese Entscheidungen um (vergleiche § 9b für die Vertretung) und wird dabei durch den Verwaltungsbeirat unterstützt (vergleiche § 29 Absatz 2).

Auch soweit das Gesetz einzelne Pflichten im Rahmen der Verwaltung des gemeinschaftlichen Eigentums in anderen Vorschriften aufführt und ausgestaltet, handelt es sich stets um Pflichten der Gemeinschaft der Wohnungseigentümer. Das gilt auch dann, wenn sich die betreffende Vorschrift ihrem Wortlaut nach an ein konkretes Organ richtet; insoweit wird lediglich die Organzuständigkeit zur Erfüllung dieser Aufgabe mitgeregelt. Daher ist etwa die Pflicht, eine Versammlung einzuberufen, in erster Linie eine Pflicht der Gemeinschaft der Wohnungseigentümer; § 24 Absatz 1 weist die Erfüllung dieser Pflicht lediglich im Rahmen der internen Zuständigkeitsverteilung zwischen den Organen dem Verwalter zu. Wird pflichtwidrig keine Versammlung einberufen, richtet sich der Anspruch der Wohnungseigentümer auf Einberufung daher gegen die Gemeinschaft der Wohnungseigentümer; auch sie ist es, die die aus einer Pflichtverletzung resultierenden Schäden einzelner Wohnungseigentümer zu ersetzen hat. Der Verwalter ist aufgrund seiner Stellung als Organ wiederum gegenüber der Gemeinschaft der Wohnungseigentümer verpflichtet, die ihn als Organ treffenden Pflichten zu erfüllen. Unterlässt er es etwa pflichtwidrig, eine Versammlung einzuberufen, haftet er der Gemeinschaft der Wohnungseigentümer. Ein Direktanspruch des einzelnen Wohnungseigentümers gegen den Verwalter ist in diesem System weder sinnvoll, noch notwendig.

Dieses System führt auch zu einer angemessenen Verteilung von Insolvenzrisiken. Nach geltendem Recht hat ein Wohnungseigentümer, dessen Sondereigentum durch einen Vertragspartner der Gemeinschaft der Wohnungseigentümer geschädigt wurde (zum Beispiel bei der Ausführung von Erhaltungsmaßnahmen), in der Regel keinen Anspruch gegen die Gemeinschaft der Wohnungseigentümer; Schadensersatz kann der Wohnungseigentümer nur von dem Vertragspartner der Gemeinschaft der Wohnungseigentümer verlangen (BGH, Urteil vom 8. Juni 2018 – V ZR 125/17 Randnummer 38 f.). Der einzelne Wohnungseigentümer trägt damit das Insolvenzrisiko einer Person, die er sich nicht selbst als Vertragspartner ausgesucht hat, sondern die aufgrund eines Mehrheitsbeschlusses einen Vertrag mit der Gemeinschaft der Wohnungseigentümer geschlossen hat. Das ist nicht sachgerecht, zumal es oftmals vom Zufall abhängt, welcher Wohnungseigentümer durch das schädigende Verhalten einen Schaden erleidet. Nach dem Entwurf wird dieses Risiko auf alle Wohnungseigentümer verteilt, indem der geschädigte Wohnungseigentümer in der Regel einen Anspruch gegen die Gemeinschaft der Wohnungseigentümer hat. Das schädigende Verhalten des Vertragspartners ist der Gemeinschaft der Wohnungseigentümer zuzurechnen (§ 278 BGB). Die Gemeinschaft der Wohnungseigentümer kann wiederum bei ihrem Vertragspartner Regress nehmen. Für Schäden, die einem Wohnungseigentümer durch das Verhalten des Verwalters entstehen, gelten diese Grundsätze entsprechend.

Zu § 18 Absatz 2 allgemein

§ 18 Absatz 2 begründet Individualansprüche jedes Wohnungseigentümers gegen die Gemeinschaft der Wohnungseigentümer. In diesem Zusammenhang wird auch der Begriff der ordnungsmäßigen Verwaltung und Benutzung im Einklang mit dem geltenden Recht (vergleiche § 15 Absatz 3, § 21 Absatz 3 und 4) legaldefiniert als eine Verwaltung und Benutzung, die dem Interesse der Gesamtheit der Wohnungseigentümer nach billigem Ermessen entspricht.

Zu § 18 Absatz 2 Nummer 1

Nach § 18 Absatz 2 Nummer 1 hat jeder Wohnungseigentümer einen Anspruch gegen die Gemeinschaft der Wohnungseigentümer darauf, dass das gemeinschaftliche Eigentum entsprechend den gesetzlichen Regelungen, Vereinbarungen und Beschlüssen und, falls solche nicht bestehen, entsprechend dem Interesse der Gesamtheit der Wohnungseigentümer nach billigem Ermessen verwaltet wird. Der Anspruch entspricht seinem Inhalt nach dem geltenden § 21 Absatz 4. Er besteht nach dem Entwurf aber nur gegenüber der Gemeinschaft der Wohnungseigentümer. Wie nach geltendem Recht bezieht sich der Anspruch nicht auf das Sondereigentum, das von jedem Wohnungseigentümer selbst verwaltet wird.

Zu § 18 Absatz 2 Nummer 2

Nach § 18 Absatz 2 Nummer 2 hat jeder Wohnungseigentümer einen Anspruch gegen die Gemeinschaft der Wohnungseigentümer darauf, dass das gemeinschaftliche Eigentum und das Sondereigentum entsprechend den gesetzlichen Regelungen, Vereinbarungen und Beschlüssen und, falls solche nicht bestehen, entsprechend dem Interesse der Gesamtheit der Wohnungseigentümer nach billigem Ermessen benutzt wird. Der Anspruch entspricht seinem Inhalt nach dem geltenden § 15 Absatz 3; der Begriff der Benutzung ist gleichbedeutend mit dem Begriff des Gebrauchs und wird lediglich gewählt, um eine sprachliche Verknüpfung mit dem ebenfalls femininen Begriff der Verwaltung zu ermöglichen.

Anders als der Anspruch nach dem geltenden § 15 Absatz 3 besteht der Anspruch nach § 18 Absatz 2 Nummer 2 nur gegenüber der Gemeinschaft der Wohnungseigentümer. § 18 Absatz 2 Nummer 2 Vorschrift gibt einem Wohnungseigentümer demnach nicht das Recht, von einem anderen Wohnungseigentümer die Unterlassung eines Gebrauchs zu verlangen, der gegen das in der Gemeinschaft geltende Regelwerk verstößt, etwa gegen die Hausordnung. Diese Vorschrift gewährt dem Wohnungseigentümer lediglich einen Anspruch darauf, dass die Gemeinschaft der Wohnungseigentümer tätig wird; gegenüber der Gemeinschaft der Wohnungseigentümer ist wiederum jeder Wohnungseigentümer verpflichtet, das in der Gemeinschaft geltende Regelwerk einzuhalten (vergleiche § 14 Absatz 1 Nummer 1 WEG-E).

Durch diese Zuordnung werden abstrakte Streitigkeiten zwischen einzelnen Wohnungseigentümern über die Grenzen des zulässigen Gebrauchs vermieden. Derartige Konflikte sollen einheitlich über die Gemeinschaft der Wohnungseigentümer gelöst werden, etwa durch eine entsprechende Beschlussfassung. Der Abwehr konkreter Beeinträchtigungen steht § 18 Absatz 2 Nummer 2 aber nicht entgegen. Wird ein Wohnungseigentümer durch einen unzulässigen Gebrauch eines anderen Wohnungseigentümers in seinem Sondereigentum oder einem anderen absoluten Recht beeinträchtigt, hat er einen gegen diesen gerichteten Unterlassungsanspruch nach den allgemeinen Vorschriften, insbesondere nach § 14 Absatz 2 Nummer 1 WEG-E und nach § 1004 BGB.

Zu § 18 Absatz 3

§ 18 Absatz 3 übernimmt die Vorschrift des geltenden § 21 Absatz 2. Er enthält die Befugnis jedes einzelnen Wohnungseigentümers, Notmaßnahmen vorzunehmen.

Zu § 18 Absatz 4

§ 18 Absatz 4 regelt den Individualanspruch jedes Wohnungseigentümers, Einsicht in die Verwaltungsunterlagen nehmen zu dürfen. Dieser Anspruch ist ein zentraler Teil der Informationsrechte der Wohnungseigentümer und wird aus diesem Grund im Gesetz besonders erwähnt.

Das Einsichtsrecht umfasst alle Dokumente, die für die Verwaltung des gemeinschaftlichen Eigentums relevant sind, etwa Verträge, Kontoauszüge und Pläne, wobei freilich zwingende datenschutzrechtliche Vorgaben einzuhalten sind. Auf ihre Verkörperung kommt es nicht an. Erfasst sind deshalb sowohl Papierdokumente als auch digitale Dokumente.

Der Anspruch richtet sich gegen die Gemeinschaft der Wohnungseigentümer. Zur Erfüllung des Anspruchs ist der Verwalter als Organ berufen. Das ist selbstverständlich und muss nicht ausdrücklich geregelt werden.

Zu Nummer 20 (Abschnitt 3 – alt –)

Der geltende dritte Abschnitt wird als solcher aufgelöst. Der neue Abschnitt 4 umfasst damit die §§ 10 bis 29, die sich allesamt mit dem Rechtsverhältnis der Wohnungseigentümer untereinander und zur Gemeinschaft der Wohnungseigentümer befassen. Eine weitere Untergliederung dieses Abschnitts ist nicht sinnvoll.

Zu Nummer 21 (§§ 19 bis 22)

Die §§ 19 bis 22 werden neu gefasst.

Zu § 19 allgemein

§ 19 betrifft die Regelung der Verwaltung und Benutzung durch Beschluss. Die Vorschrift tritt damit hinsichtlich der Verwaltung an die Stelle des geltenden § 21 und hinsichtlich der Benutzung an die Stelle des geltenden § 15 Absatz 2. Eine parallele Regelung von Verwaltung und Benutzung ist sinnvoll, da sich beide Bereiche in Grenzfällen nur schwer voneinander abgrenzen lassen und für ihre Regelung durch Beschluss dieselben rechtlichen Vorgaben gelten. Der Begriff der Benutzung entspricht dem Begriff des Gebrauchs und wurde ebenso wie bei § 18 Absatz 2 WEG-E lediglich aus sprachlichen Gründen gewählt.

Nicht übernommen in § 19 wird der geltende § 21 Absatz 1, 2, 4 und 8. Ihr Regelungsgegenstand findet sich in den § 18 Absatz 1 WEG-E (§ 21 Absatz 1 WEG), § 18 Absatz 3 WEG-E (§ 21 Absatz 2 WEG), § 18 Absatz 2 Nummer 1 WEG-E (§ 21 Absatz 4 WEG) und § 44 Absatz 1 Satz 2 WEG-E (§ 21 Absatz 8 WEG).

Zu § 19 Absatz 1

§ 19 Absatz 1 eröffnet die Beschlusskompetenz zur Regelung der Verwaltung und Benutzung durch Beschluss. Die Vorschrift entspricht inhaltlich hinsichtlich der Verwaltung dem geltenden § 21 Absatz 3, hinsichtlich der Benutzung dem geltenden § 15 Absatz 2. Die Legaldefinition der ordnungsmäßigen Verwaltung und Benutzung in § 18 Absatz 2 WEG-E erlaubt eine sprachliche Straffung. Die sprachliche Anpassung im Übrigen („beschließen" anstelle „können beschließen") verdeutlicht, dass mit der Beschlusskompetenz auch eine Pflicht gegenüber der Gemeinschaft der Wohnungseigentümer zur Mitwirkung an einer Beschlussfassung einhergeht.

Zu § 19 Absatz 2

§ 19 Absatz 2 entspricht dem geltenden § 21 Absatz 5 mit folgenden Änderungen:

Der Wortlaut von Nummer 2 wird aufgrund der Legaldefinitionen der Erhaltung in § 13 Absatz 2 WEG-E gestrafft.

Nummer 3 stellt nicht mehr auf die Feuerversicherung, sondern allgemein auf einen angemessenen Versicherungsschutz ab.

In Nummer 4 wird der Begriff der Instandhaltungsrückstellung durch den Begriff der Erhaltungsrücklage ersetzt. Das verdeutlicht, dass es sich dabei nicht um einen bilanziellen Posten, sondern um verfügbares Vermögen handelt.

Der Wortlaut von Nummer 5 wird an § 28 WEG-E angepasst.

Die Vorschriften des geltenden § 21 Absatz 5 Nummer 6 und Absatz 6 übernimmt der Entwurf nicht. Die Herstellung einer Fernsprechteilnehmereinrichtung, einer Rundfunkempfangsanlage oder eines Energieversorgungsanschlusses hat an praktischer Relevanz verloren, sodass von ihrer Aufnahme in den Katalog des § 19 Absatz 2 abgesehen wurde. Sollte im Einzelfall die Notwendigkeit einer solcher Maßnahme bestehen, folgt der Anspruch des Wohnungseigentümers unmittelbar aus § 18 Absatz 2 WEG-E.

Zu § 19 Absatz 3

§ 19 Absatz 3 tritt an die Stelle des geltenden § 21 Absatz 7. Er enthält zwei Beschlusskompetenzen:

Zum einen können die Wohnungseigentümer nach § 19 Absatz 3 Satz 1 beschließen, wann Geldforderungen fällig werden und wie sie zu erfüllen sind. Auf dieser Grundlage kann, wie bereits nach geltendem Recht, insbesondere die Einführung des Lastschriftverfahrens beschlossen werden.

Zum anderen können die Wohnungseigentümer nach § 19 Absatz 3 Satz 2 Regelungen für den Fall beschließen, dass ein Wohnungseigentümer seine Pflichten verletzt. Auf dieser Grundlage können die Wohnungseigentümer der Sache nach Vertragsstrafen beschließen. Ob und in welchem Umfang dies nach geltendem Recht möglich ist, ist unklar (vergleiche BGH, Urteil vom 22. März 2019 – V ZR 105/18). Der Wortlaut erfasst dabei sowohl den Verzug mit einer Geldforderung als auch andere Pflichtverletzungen, insbesondere auch die Verletzung von Unterlassungspflichten. Auf diese Weise wird der Gemeinschaft der Wohnungseigentümer ein zusätzliches Mittel an die Hand gegeben, um die Beachtung des in der Gemeinschaft geltenden Regelwerks gegenüber pflichtwidrig handelnden Wohnungseigentümern durchzusetzen.

Nicht übernommen wird die Beschlusskompetenz für Kosten für einen besonderen Verwaltungsaufwand und für eine besondere Nutzung des gemeinschaftlichen Eigentums (vergleiche den geltenden § 21 Absatz 7). Soweit aufgrund des Gebrauchs oder anderer Maßnahmen konkrete Kosten anfallen, kann über deren Verteilung bereits aufgrund von § 16 Absatz 2 Satz 2 WEG-E beschlossen werden; einer besonderen Beschlusskompetenz für besonderen Verwaltungsaufwand bedarf es deshalb nicht. Wenn aber keine konkreten Kosten anfallen, ist es nicht angemessen, einen zulässigen Gebrauch finanziell zu sanktionieren. Soweit auf Grundlage des geltenden § 21 Absatz 7 Beschlüsse gefasst wurden, die nach dem Entwurf nicht mehr gefasst werden können, verlieren diese nach allgemeinen Grundsätzen mit Inkrafttreten der Neuregelung für die Zukunft ihre Wirkung (vergleiche zu gesetzlichen Verboten Sack/Seibl, in: Staudinger, BGB, 2017, § 134 Randnummer 55).

Zu § 20 allgemein

§ 20 regelt die Zulässigkeit baulicher Veränderungen des gemeinschaftlichen Eigentums und tritt damit an die Stelle des geltenden § 22 Absatz 1 und 2. Mit der Neufassung werden insbesondere drei Ziele verfolgt (vergleiche auch den Abschlussbericht der Bund-Länder-Arbeitsgruppe zur Reform des Wohnungseigentumsgesetzes, ZWE 2019, 430, 446 f.):

Erstens sollen Beschlüsse über bauliche Veränderungen einfacher gefasst werden können. Deshalb genügt für die Beschlussfassung stets die einfache Mehrheit, unabhängig davon, wie viele Wohnungseigentümer durch die bauliche Veränderung beeinträchtigt werden (vergleiche Absatz 1). Zudem ist der Beschluss über eine bauliche Veränderung grundsätzlich nur dann erfolgreich anfechtbar, wenn die bauliche Veränderung die Wohnanlage grundlegend umgestaltet oder einzelne Wohnungseigentümer ohne ihr Einverständnis gegenüber den anderen Wohnungseigentümern unbillig benachteiligt werden (vergleiche Absatz 4).

Zweitens soll es jedem Wohnungseigentümer ermöglicht werden, bauliche Veränderungen durchzusetzen, die dem Gebrauch durch Menschen mit Behinderungen, dem Laden elektrisch betriebener Fahrzeuge, dem Einbruchsschutz und dem Glasfaseranschluss dienen (vergleiche Absatz 2).

Drittens sollen die Vorschriften klarer als bislang gefasst werden, um Auslegungsschwierigkeiten zu vermeiden. Die vielfältigen Zweifelsfragen, die das geltende Recht im Zusammenhang mit baulichen Veränderungen aufgeworfen hat, sollen durch die Neufassung soweit wie möglich beseitigt werden. Insbesondere wird klargestellt, dass jede bauliche Veränderung des gemeinschaftlichen Eigentums eines legitimierenden Beschlusses bedarf, auch wenn kein Wohnungseigentümer in rechtlich relevanter Weise beeinträchtigt wird (vergleiche Absatz 3). Auf diese Weise wird sichergestellt, dass die Wohnungseigentümer in der Versammlung über alle baulichen Veränderungen des gemeinschaftlichen Eigentums informiert werden. Für den bauwilligen Wohnungseigentümer hat der legitimierende Beschluss den Vorteil, dass er durch dessen Bestandskraft Rechtssicherheit gewinnt.

Aufgrund der vereinfachten Möglichkeit, bauliche Veränderungen zu beschließen, bedürfen diejenigen Wohnungseigentümer, die eine bauliche Veränderung ablehnen, weil sie die damit verbundenen Kosten scheuen, besonderen Schutzes. Die nicht bauwillige Minderheit kann nach dem Entwurf zwar nicht mehr ohne weiteres die bauliche Veränderung an sich verhindern. Sie wird aber durch die Vorschriften über die Kostentragung geschützt: Gegen ihren Willen müssen Wohnungseigentümer nur die Kosten bestimmter, vom Gesetz als besonders sinnvoll erachteter Maßnahmen tragen (vergleiche § 21 Absatz 2 WEG-E). Andere bauliche Veränderungen können zwar mehrheitlich beschlossen werden, ihre Kosten sind aber allein von der beschließenden Mehrheit zu tragen (vergleiche § 21 Absatz 3 WEG-E). Auf diese Weise wird ein angemessener Ausgleich erreicht zwischen dem Interesse der Mehrheit, das gemeinschaftliche Eigentum baulich zu verbessern, und dem Interesse der Minderheit, durch solche Maßnahmen nicht über das notwendige Maß hinaus mit Kosten belastet zu werden.

Regelungstechnisch liegt § 20 folgendes Konzept zugrunde:

Absatz 1 sieht vor, dass die Gemeinschaft der Wohnungseigentümer sowohl selbst bauliche Veränderungen ausführen, als auch einzelnen Wohnungseigentümern die Ausführung baulicher Veränderungen gestatten kann.

Die Absätze 2 und 3 begründen jeweils einen Individualanspruch des einzelnen Wohnungseigentümers auf Fassung eines Beschlusses nach Absatz 1. Absatz 2 gilt dabei für bestimmte privilegierte Maßnahmen (Gebrauch durch Menschen mit Behinderungen, Laden elektrisch betriebener Fahrzeuge, Einbruchsschutz); Absatz 3 bezieht sich auf Maßnahmen ohne relevante Beeinträchtigung anderer Wohnungseigentümer.

Schließlich enthält Absatz 4 zwei allgemeine Veränderungssperren, die einer ordnungsmäßigen Beschlussfassung in jedem Fall entgegenstehen: das Verbot, die Anlage grundlegend umzugestalten, und das Verbot, einen Wohnungseigentümer ohne sein Einverständnis gegenüber anderen unbillig zu benachteiligen.

Nach diesem Regelungskonzept beschließen die Wohnungseigentümer bauliche Veränderungen stets nach Absatz 1. Die Absätze 2 und 3 verschaffen dem einzelnen Wohnungseigentümer lediglich einen Anspruch auf eine solche Beschlussfassung, wobei die Gemeinschaft der Wohnungseigentümer im Fall des Absatzes 2 über die Modalitäten der Durchführung im Rahmen ordnungsmäßiger Verwaltung entscheidet. Um den Anspruch im Streitfall durchzusetzen, muss der Wohnungseigentümer die Voraussetzungen der Absätze 2 und 3 darlegen und beweisen; notfalls muss er Beschlussersetzungsklage nach § 44 Absatz 1 Satz 2 WEG-E erheben.

Dieses Regelungskonzept hat auch zur Folge, dass ein Beschluss über bauliche Veränderungen im Rahmen einer Anfechtungsklage stets nach dem gleichen Prüfungsmaßstab kontrolliert werden kann. Es spielt keine Rolle, ob er auf dem Willen der Mehrheit beruht oder ob er lediglich gefasst wurde, um einen Anspruch nach Absatz 2 oder 3 zu erfüllen (zum konkreten Prüfungsmaßstab vergleiche die Begründung zu Absatz 4).

Zu § 20 Absatz 1

Nach § 20 Absatz 1 können die Wohnungseigentümer Maßnahmen beschließen, die über die ordnungsmäßige Erhaltung des gemeinschaftlichen Eigentums hinausgehen; diese Maßnahmen werden als bauliche Veränderungen legaldefiniert. Die Vorschrift tritt inhaltlich an die Stelle des geltenden § 22 Absatz 1. Der Begriff der besonderen Aufwendungen, der weder klare Konturen, noch praktische Relevanz erlangt hat, wird gestrichen.

Die Wohnungseigentümer können sowohl beschließen, dass die Gemeinschaft der Wohnungseigentümer eine bauliche Veränderung vornimmt, als auch, dass einem Wohnungseigentümer die Vornahme einer baulichen Veränderung gestattet wird. In beiden Fällen handelt es sich um einen Beschluss; die zweigliedrige Formulierung dient lediglich der Verdeutlichung dieser beiden Möglichkeiten.

Ein besonderes Quorum sieht § 20 Absatz 1 nicht vor; es genügt deshalb die einfache Stimmenmehrheit (vergleiche § 25 Absatz 1 WEG-E). Der Beschluss bedarf für seine Rechtmäßigkeit – anders als nach dem geltenden § 22 Absatz 1 – also nicht der Zustimmung aller Wohnungseigentümer, die durch die bauliche Veränderung beeinträchtigt werden. Ob ein Beschluss über eine bauliche Veränderung erfolgreich angefochten werden kann, richtet sich insofern nur nach § 20 Absatz 4 (vergleiche die Begründung dazu).

Zu § 20 Absatz 2 allgemein

§ 20 Absatz 2 Satz 1 begründet einen Individualanspruch eines Wohnungseigentümers, der auf die dort genannten privilegierten baulichen Veränderungen gerichtet ist. Dieser Anspruch bezieht sich aber nur auf das „Ob" der Maßnahme; über das „Wie" entscheiden die Wohnungseigentümer im Rahmen ordnungsmäßiger Verwaltung (vergleiche § 20 Absatz 2 Satz 2).

Prozessual kann der Anspruch im Wege der Beschlussersetzungsklage nach § 44 Absatz 1 Satz 2 WEG-E durchgesetzt werden. In diesem Fall hat das Gericht, wenn die Voraussetzungen des § 20 Absatz 2 Satz 1 vorliegen, anstelle der Wohnungseigentümer das Entscheidungsermessen nach § 20 Absatz 2 Satz 2 auszuüben. Deshalb genügt es, wenn im Klageantrag die begehrte bauliche Veränderung bezeichnet wird; die konkrete Art und Weise ihrer Durchführung kann in das Ermessen des Gerichts gestellt werden.

Für die Kostentragung gilt § 21 Absatz 1 WEG-E.

Zu § 20 Absatz 2 Satz 1 allgemein

§ 20 Absatz 2 Satz 1 enthält den Katalog der privilegierten Maßnahmen.

Wenn die Voraussetzungen der jeweiligen Nummer vorliegen, hat der Wohnungseigentümer einen Anspruch auf Fassung eines entsprechenden Beschlusses nach § 20 Absatz 1; dabei haben die übrigen Wohnungseigentümer lediglich hinsichtlich der Durchführung der Maßnahme einen Entscheidungsspielraum (vergleiche § 20 Absatz 2 Satz 2). Bei dem alle Nummern betreffenden Merkmal der Angemessenheit handelt es sich um einen unbestimmten Rechtsbegriff. Er ermöglicht es im Einzelfall, objektiv unangemessene Forderungen zurückzuweisen. Wann eine Maßnahme unangemessen ist, kann nur im Einzelfall unter Berücksichtigung aller Umstände entschieden werden. Ein Entscheidungsermessen oder Einschätzungsspielraum wird den Wohnungseigentümern dadurch aber nicht eingeräumt.

Das Verlangen nach einer privilegierten Maßnahme ist gegenüber der Gemeinschaft der Wohnungseigentümer, in der Regel vertreten durch den Verwalter (vergleiche § 9b WEG-E), zu äußern. Der Verwalter hat dann einen entsprechenden Beschlussvorschlag in die Tagesordnung der nächsten Versammlung aufzunehmen. Daneben ist gerade in kleineren Gemeinschaften denkbar, dass ein Umlaufbeschluss gefasst wird (§ 23 Absatz 3).

Zu § 20 Absatz 2 Satz 1 Nummer 1

Dem Gebrauch durch Menschen mit Behinderungen dienen alle baulichen Veränderungen, die für die Nutzung durch körperlich oder geistig eingeschränkte Personen erforderlich oder auch nur förderlich sind.

Die Vorschrift bezieht sich sowohl auf das gemeinschaftliche Eigentum, das sich im Bereich der Wohnung des Wohnungseigentümers befindet, als auch auf das übrige gemeinschaftliche Eigentum; über § 13 Absatz 2 WEG-E gilt die Vorschrift zudem für das Sondereigentum. In allen Fällen kommt es allein darauf an, dass die bauliche Veränderung der tatsächlichen Wahrnehmung einer rechtlich bestehenden Gebrauchsmöglichkeit durch Menschen mit Behinderungen förderlich ist.

Ob und in welchem Umfang der Wohnungseigentümer oder einer seiner Angehörigen auf die Maßnahme angewiesen ist, spielt keine Rolle. Durch diese abstrakte Betrachtungsweise werden nicht nur Streitigkeiten über die Notwendigkeit im Einzelfall vermieden, sondern auch dem gesamtgesellschaftlichen Bedürfnis nach barrierefreiem oder barrierereduziertem Wohnraum Rechnung getragen.

Zu § 20 Absatz 2 Satz 1 Nummer 2

Dem Laden elektrisch betriebener Fahrzeuge dienen alle baulichen Veränderungen, die es ermöglichen, die Batterie eines Fahrzeugs zu laden. Der Anspruch beschränkt sich deshalb nicht nur auf die Anbringung einer Ladestation an der Wand (sogenannte Wallbox), sondern betrifft zum Beispiel auch die Verlegung der Leitungen und die Eingriffe in die Stromversorgung oder die Telekommunikationsinfrastruktur, die dafür notwendig sind, dass die Lademöglichkeit sinnvoll genutzt werden kann. Der

Anspruch beschränkt sich nicht nur auf die Ersteinrichtung einer Lademöglichkeit, sondern betrifft auch deren Verbesserung.

Der Begriff der Lademöglichkeit ist dabei im Hinblick auf die technische und rechtliche Weiterentwicklung ohne Rückgriff auf die Ladesäulenverordnung oder andere Regelwerke zu bestimmen. Aus den gleichen Gründen ist auch der Begriff des Fahrzeugs ohne Rückgriff auf das Elektromobilitätsgesetz (EmoG) zu verstehen; erfasst sind neben den im EmoG genannten Fahrzeugen etwa auch elektrisch betriebene Zweiräder oder spezielle Elektromobile für Gehbehinderte, die nicht in den Anwendungsbereich dieses Gesetzes fallen.

Soweit für das Laden elektrisch betriebener Fahrzeuge keine bauliche Veränderung des gemeinschaftlichen Eigentums erforderlich ist, sondern lediglich die Nutzung des bestehenden gemeinschaftlichen Eigentums, liegt kein Fall des § 20 Absatz 2 Satz 1 Nummer 2 vor. Vielmehr besteht insoweit ein Recht zum Mitgebrauch nach § 16 Absatz 1 Satz 3 WEG-E. Der Wohnungseigentümer wird seinen Anspruch aus § 20 Absatz 2 Satz 1 Nummer 2 auf bauliche Veränderung (zum Beispiel zur Verlegung von Leitungen und zur Anbringung einer sogenannten Wallbox) deshalb oftmals mit seinem Recht zum Mitgebrauch nach § 16 Absatz 1 Satz 3 WEG-E (zum Beispiel der bestehenden Elektroinstallationen) kombinieren. Das Recht zum Mitgebrauch besteht unproblematisch, soweit der Mitgebrauch durch alle interessierten Wohnungseigentümer technisch möglich ist. Entstehen durch den nachträglichen Mitgebrauch eines Wohnungseigentümers Kapazitätsprobleme, müssen diese nach allgemeinen Regeln gelöst werden, etwa durch einen Beschluss, der regelt, wann welcher Wohnungseigentümer das gemeinschaftliche Eigentum gebrauchen darf. Dabei sind alle interessierten Wohnungseigentümer gleich zu behandeln, ungeachtet der Tatsache, wie lange sie das gemeinschaftliche Eigentum schon gebrauchen. Es ist deshalb nicht zulässig, den Anspruch aus § 20 Absatz 2 Satz 1 Nummer 2 mit Blick auf beschränkte Kapazitäten etwa der gemeinschaftlichen Elektroinstallationen abzulehnen. Entweder teilen sich in einem solchen Fall alle an der Nutzung interessierten Wohnungseigentümer die beschränkten Kapazitäten der bestehenden Elektroinstallationen oder sie rüsten diese gemeinsam auf (zum Beispiel durch die Installation eines Lastmanagementsystems oder die Erweiterung der Hausanschlussleistung) und tragen die dafür notwendigen Kosten gemeinsam (vergleiche § 21 Absatz 1 Satz 1 WEG-E); der Anspruch auf Aufrüstung ergibt sich wiederum aus § 20 Absatz 2 Satz 1 Nummer 2. Die Nutzung und Kostenbeteiligung durch später hinzutretende Wohnungseigentümer in diesem Fall regelt § 21 Absatz 4 WEG-E (vergleiche auch die dortige Begründung).

§ 20 Absatz 2 Satz 1 Nummer 2 räumt dem Wohnungseigentümer nicht das Recht ein, ein zu ladendes Fahrzeug für die Zeit des Ladevorgangs im Bereich des gemeinschaftlichen Eigentums abzustellen. Fehlt es an einem solchen Recht, ist die Herstellung einer Lademöglichkeit nicht angemessen. Ein Anspruch besteht deshalb in der Regel nur, wenn der Wohnungseigentümer das Recht hat, das zu ladende Fahrzeug im Bereich der begehrten Lademöglichkeit abzustellen. Keine Rolle spielt es, ob sich dieses Recht aus dem Sondereigentum, einem Sondernutzungsrecht oder lediglich dem Recht zum Mitgebrauch einer gemeinschaftlichen Abstellfläche ergibt.

Die sinnvolle Nutzung der Lademöglichkeit beschränkt sich nicht auf die bloße Entnahme von Elektrizität. Halter von Elektrofahrzeugen können beispielsweise Flexibilität für das Stromnetz oder den Strommarkt bereitstellen oder von variablen Tarifen profitieren. Solche Anwendungen eröffnen zusätzliche Nutzungen der Ladeeinrichtung und des Fahrzeugs. Je nach Dimensionierung des Hausanschlusses und der Auslastung des örtlichen Verteilernetzes kann eine intelligente Steuerbarkeit eine entscheidende Voraussetzung dafür sein, dass eine Ladeinrichtung an das Stromnetz angeschlossen werden kann. Dem Laden elektrisch betriebener Fahrzeuge dienen daher insbesondere bauliche Veränderungen, die zur Umsetzung von Vorgaben des Messstellenbetriebsgesetzes oder zur Teilnahme an einem Flexibilitätsmechanismus nach § 14a des Energiewirtschaftsgesetzes erforderlich sind. Hierzu gehören Veränderungen, die zum Einbau und Betrieb der notwendigen Mess- und Steuereinrichtungen erforderlich sind (zum Beispiel Veränderungen von Zählerschränken, kommunikative Anbindung der Ladeeinrichtung an ein intelligentes Messsystem).

Zu § 20 Absatz 2 Satz 1 Nummer 3

Bauliche Veränderungen dienen dem Einbruchsschutz, wenn sie geeignet sind, den widerrechtlichen Zutritt zu einzelnen Wohnungen oder zu der Wohnanlage insgesamt zu verhindern, zu erschweren oder auch nur unwahrscheinlicher zu machen.

Zu § 20 Absatz 2 Satz 1 Nummer 4

Der Begriff des Telekommunikationsnetzes mit sehr hoher Kapazität ist angelehnt an das in Artikel 2 Nummer 2 der Richtlinie (EU) 2018/1972 des europäischen Parlaments und des Rates vom 11. Dezember 2018 über den europäischen Kodex für die elektronische Kommunikation (Amtsblatt L 321/36 vom 17. Dezember 2018, Seite 36) definierte „Netz mit sehr hoher Kapazität“. Bauliche Veränderungen dienen dem Anschluss an ein solches Netz, wenn sie dem Wohnungseigentümer in seinem Sondereigentum die Nutzung eines Telekommunikationsnetzes eröffnen, das entweder komplett aus Glasfaserkomponenten zumindest bis zum Verteilerpunkt am Ort der Nutzung besteht oder das zu üblichen Spitzenlastzeiten eine ähnliche Netzleistung in Bezug auf die verfügbare Downlink- und Uplink-Bandbreite, Ausfallsicherheit, fehlerbezogene Parameter, Latenz und Latenzschwankung bieten kann. Zu den baulichen Veränderungen gehören insbesondere das Verlegen von Glasfaserkomponenten bis in das Sondereigentum des Wohnungseigentümers, aber freilich auch alle Maßnahmen am gemeinschaftlichen Eigentum, die dafür notwendig sind.

Zu § 20 Absatz 2 Satz 2

§ 20 Absatz 2 Satz 2 eröffnet den Wohnungseigentümern die Möglichkeit, über die Durchführung der baulichen Maßnahme im Rahmen ordnungsmäßiger Verwaltung

(§ 18 Absatz 2 WEG-E), also dem Interesse der Gesamtheit der Wohnungseigentümer nach billigem Ermessen entsprechend, zu beschließen. Die Möglichkeit, einen solchen Beschluss zu fassen, ergibt sich bereits aus § 20 Absatz 1. § 20 Absatz 2 Satz 2 schränkt lediglich den Anspruch aus § 20 Absatz 2 Satz 1 insoweit ein, als dass der Wohnungseigentümer keinen Anspruch auf eine bestimmte Durchführung der baulichen Veränderung hat.

Der Begriff der Durchführung bezieht sich sowohl auf die baulichen Details als auch auf die Frage, wer die Baumaßnahme durchführt; dies ergibt sich mittelbar auch aus der Kostentragungsregelung des § 21 Absatz 1 WEG-E. Die Wohnungseigentümer können deshalb im Rahmen ihres Ermessensspielraums etwa detaillierte Vorgaben für die bauliche Durchführung machen, die der Wohnungseigentümer zu berücksichtigen hat (zum Beispiel die Verwendung bestimmter Materialien oder die Vorgabe, Kabel unter Putz zu verlegen). Dadurch kann auch sichergestellt werden, dass bauliche Veränderungen mehrerer Wohnungseigentümer technisch kompatibel sind. Die Wohnungseigentümer können aber auch beschließen, dass die Bauausführung durch die Gemeinschaft der Wohnungseigentümer auf Kosten des bauwilligen Wohnungseigentümers erfolgt.

Die Entscheidungsmacht der Wohnungseigentümer ist nicht schrankenlos, sondern wird durch die Vorgaben ordnungsmäßiger Verwaltung beschränkt. Aufgrund der Vielgestaltigkeit der denkbaren Fälle macht der Entwurf keine darüberhinausgehenden Vorgaben. Im Rahmen der Prüfung der Ordnungsmäßigkeit sind alle Umstände des Einzelfalls, etwa Belange behinderter Wohnungseigentümer, zu berücksichtigen.

Zu § 20 Absatz 3

§ 20 Absatz 3 begründet einen Anspruch auf Gestattung einer baulichen Veränderung, durch die kein Wohnungseigentümer in rechtlich relevanter Weise beeinträchtigt wird. Eine Beeinträchtigung ist rechtlich nicht relevant, wenn sie nicht über das bei einem geordneten Zusammenleben unvermeidliche Maß hinausgeht oder die über dieses Maß hinaus beeinträchtigten Wohnungseigentümer einverstanden sind. Das Maß der von vornherein nicht relevanten Beeinträchtigung entspricht dabei dem geltenden Recht (vergleiche § 22 Absatz 1 WEG-E); die sprachliche Anpassung ist lediglich dem geänderten § 14 geschuldet. Allerdings kann sich die Beeinträchtigung nicht mehr aus den Kosten einer baulichen Veränderung oder ihren Folgekosten ergeben. Denn nach § 21 Absatz 1 WEG-E sind diese Kosten einschließlich der Folgekosten allein von dem bauwilligen Wohnungseigentümer zu tragen.

Bei Beeinträchtigungen, die über dieses Maß hinausgehen, kommt es auf das Einverständnis der beeinträchtigten Wohnungseigentümer an. Der Entwurf spricht dabei bewusst von einem Einverständnis, da es nicht um die Zustimmung zu einem Rechtsgeschäft, sondern um das Einverstanden-Sein mit einem Rechtseingriff geht. Das Einverständnis ist deshalb auch keine Willenserklärung, sondern eine rechtsgeschäftsähnliche Handlung. Eine besondere Form für die Erklärung schreibt der

Entwurf nicht vor; im Streitfall obliegt es dem Anspruchsteller, das erforderliche Einverständnis darzulegen und zu beweisen.

Inhalt des Anspruchs ist ein Gestattungsbeschluss nach § 20 Absatz 1. Eine bauliche Veränderung, durch die kein Wohnungseigentümer in rechtlich relevanter Weise beeinträchtigt wird, ist dem Bauwilligen daher durch Beschluss zu gestatten. Die Wohnungseigentümer haben dabei – anders als nach § 20 Absatz 2 Satz 2 – kein Ermessen, über die Durchführung der baulichen Veränderung zu entscheiden. Ein solches Ermessen ist mangels relevanter Beeinträchtigung nicht gerechtfertigt. Hinsichtlich des Verlangens gelten die Ausführungen zu § 20 Absatz 2 Satz 1 entsprechend.

Der Anspruch kann im Wege einer Beschlussersetzungsklage durchgesetzt werden (§ 44 Absatz 1 Satz 2 WEG-E). Der Klageantrag muss sich dabei auf eine konkrete bauliche Veränderung samt der Art ihrer Durchführung beziehen; ein Ermessen des Gerichts hinsichtlich der Durchführung besteht genauso wenig wie ein Ermessen der Wohnungseigentümer.

Der einleitende Satzteil stellt klar, dass der Anspruch nach § 20 Absatz 3 in Konkurrenz zu einem Anspruch nach § 20 Absatz 2 stehen kann. Dazu kann es kommen, wenn eine nach Absatz 2 privilegierte Maßnahme keine relevante Beeinträchtigung auslöst. Im Falle der Anspruchskonkurrenz wird der Wohnungseigentümer freilich seinen Anspruch in der Regel auf § 20 Absatz 3 stützen, da er in dessen Rahmen mangels einer dem § 20 Absatz 2 Satz 2 entsprechenden Vorschrift frei über die Art der Durchführung der Maßnahme entscheiden kann.

Zu § 20 Absatz 4

Baulichen Veränderungen werden durch § 20 Absatz 4 zwei Grenzen gesetzt: Zum einen dürfen sie die Wohnanlage nicht grundlegend umgestalten; zum anderen dürfen sie keinen Wohnungseigentümer ohne sein Einverständnis gegenüber anderen unbillig benachteiligen.

Ob eine bauliche Veränderung die Wohnanlage grundlegend umgestaltet, kann nur im Einzelfall unter Berücksichtigung aller Umstände entschieden werden. Bezugspunkt ist dabei die Anlage als Ganze. Eine grundlegende Umgestaltung wird deshalb nur im Ausnahmefall und bei den nach § 20 Absatz 2 privilegierten Maßnahmen zumindest typischerweise gar nicht anzunehmen sein. Insbesondere führt nicht jede bauliche Veränderung, die nach dem geltenden § 22 Absatz 2 Satz 1 die Eigenart der Wohnanlage ändert, auch zu einer grundlegenden Umgestaltung. Der Begriff der grundlegenden Umgestaltung ist vielmehr enger zu verstehen als der Begriff der Änderung der Eigenart im geltenden Recht. Dadurch soll die bauliche Veränderung von Wohnungseigentumsanlagen erleichtert werden (vergleiche den Abschlussbericht der Bund-Länder-Arbeitsgruppe zur Reform des Wohnungseigentumsgesetzes, ZWE 2019, 430, 447).

Das Verbot, einen Wohnungseigentümer gegenüber anderen unbillig zu benachteiligen, entspricht dem geltenden § 22 Absatz 2 Satz 1. Der dort verwendete Begriff der Beeinträchtigung wird lediglich aus sprachlichen Gründen durch den Begriff der Benachteiligung ersetzt. Ein Verstoß gegen dieses Verbot setzt zunächst voraus, dass einem Wohnungseigentümer Nachteile zugemutet werden, die bei wertender Betrachtung nicht durch die mit der baulichen Veränderung verfolgten Vorteile ausgeglichen werden. Darüber hinaus ist notwendig, dass die bauliche Veränderung zu einer treuwidrigen Ungleichbehandlung der Wohnungseigentümer führt, indem die Nachteile einem oder mehreren Wohnungseigentümern in größerem Umfang zugemutet werden als den übrigen Wohnungseigentümern. Dabei sind insbesondere die Belange behinderter Wohnungseigentümer zu berücksichtigen.

Bauliche Veränderungen, die gegen § 20 Absatz 4 verstoßen, können nicht verlangt werden; Absatz 4 steht damit insbesondere auch Ansprüchen nach § 20 Absatz 2 und 3 entgegen. Ein Beschluss über eine bauliche Veränderung, die gegen § 20 Absatz 4 verstößt, ist nicht nichtig, sondern nur auf Anfechtungsklage hin aufzuheben. § 20 Absatz 4 beschränkt also nicht die durch § 20 Absatz 1 eingeräumte Beschlusskompetenz. Das verdeutlicht der Wortlaut durch die Verwendung des Wortes „dürfen". Soll dagegen die Beschlusskompetenz definiert werden, verwendet der Entwurf wie etwa in § 16 Absatz 2 Satz 2 das Wort „können" (vergleiche auch die Begründungen zur § 21 Absatz 5 und § 26 Absatz 1 Satz 2 WEG-E).

Wie die negative Formulierung verdeutlicht, regelt die Vorschrift die Anfechtbarkeit eines Beschlusses über bauliche Veränderungen nicht abschließend. Ein Beschluss kann deshalb auch aus anderen Gründen ordnungswidrig sein. Bei der Bestimmung der Grenzen der ordnungsmäßigen Verwaltung, die für einen Beschluss über bauliche Veränderungen gelten, sind jedoch die Wertungen von § 20 Absatz 4 zu berücksichtigen. Demnach führt das Maß der baulichen Veränderung der Anlage erst dann zu einem Verstoß gegen den Grundsatz der ordnungsmäßigen Verwaltung, wenn die Grenze der grundlegenden Umgestaltung überschritten ist. Bauliche Veränderungen, die dieses Maß nicht erreichen und mehrheitlich beschlossen werden, sind von der überstimmten Minderheit hinzunehmen. Dies gilt insbesondere für Beeinträchtigungen des optischen Gesamteindrucks. Auch Beeinträchtigungen anderer Wohnungseigentümer widersprechen erst dann ordnungsmäßiger Verwaltung, wenn Wohnungseigentümer ohne ihr Einverständnis unbillig gegenüber anderen beeinträchtigt werden; unterhalb dieser Schwelle liegende Beeinträchtigungen, die sich aus einer mehrheitlich beschlossenen baulichen Veränderung ergeben, sind zu tolerieren. Insbesondere kann der Ausschluss einzelner Wohnungseigentümer von den Nutzungen der baulichen Veränderungen nicht zur Ordnungswidrigkeit führen; denn diese Folge trifft alle Wohnungseigentümer, die die Kosten der baulichen Veränderung nicht zu tragen haben (vergleiche § 21 Absatz 3 Satz 2 WEG-E). Ein Beschluss über eine bauliche Veränderung ist deshalb auf Anfechtungsklage hin nur aufzuheben, wenn er gegen § 20 Absatz 4 verstößt oder unabhängig von dem Maß der Veränderung oder dem Maß der Beeinträchtigung ordnungsmäßiger Verwaltung widerspricht.

Zu § 21 allgemein

§ 21 regelt Nutzungen und Kosten bei baulichen Veränderungen des gemeinschaftlichen Eigentums. Die Vorschrift dient insbesondere dem Schutz derjenigen Wohnungseigentümer, die eine bauliche Veränderung ablehnen. Nach § 20 WEG-E kann die bauunwillige Minderheit zwar grundsätzlich die bauliche Veränderung als solche nicht verhindern. Die Vorschriften über die Kostentragung und die Nutzungsziehung führen aber zu einem angemessenen Interessenausgleich.

§ 21 unterscheidet drei verschiedene Arten von baulichen Veränderungen:
- bauliche Veränderungen, die ein Wohnungseigentümer selbst durchführt oder die auf sein Verlangen durch die Gemeinschaft der Wohnungseigentümer durchgeführt werden (Absatz 1);
- bauliche Veränderungen, die die Anlage in einen zeitgemäßen Zustand versetzen oder deren Kosten sich innerhalb eines angemessenen Zeitraums amortisieren (Absatz 2);
- andere bauliche Veränderungen (Absatz 3).

Wohnungseigentümer, die einer baulichen Veränderung nicht zugestimmt haben, müssen die damit verbundenen Kosten nur tragen, wenn die bauliche Veränderung die Anlage in einen zeitgemäßen Zustand versetzt oder sich die Kosten der baulichen Veränderung innerhalb eines angemessenen Zeitraums amortisieren (Absatz 2 Satz 1). Im Falle der Amortisation ist dies schon deshalb gerechtfertigt, weil alle Wohnungseigentümer zumindest mittelfristig finanziell von der baulichen Veränderung profitieren. Aber auch die Beteiligung aller Wohnungseigentümer an den Kosten baulicher Veränderungen, die die Anlage in einen zeitgemäßen Zustand versetzen, ist angemessen. Denn nur so kann verhindert werden, dass der Zustand von Wohnungseigentumsanlagen auf Dauer hinter dem Zustand anderer Anlagen zurückbleibt (vergleiche den Abschlussbericht der Bund-Länder-Arbeitsgruppe zur Reform des Wohnungseigentumsgesetzes, ZWE 2019, 430, 448). Zugleich profitieren alle Wohnungseigentümer von der Wertsteigerung ihrer Wohnungseigentumsanlage. In allen anderen Fällen müssen Kosten nur diejenigen Wohnungseigentümer tragen, die der baulichen Veränderung zugestimmt haben (Absatz 3 Satz 1) oder denen die bauliche Veränderung gestattet wurde beziehungsweise auf deren Verlangen sie durchgeführt wurde (Absatz 1 Satz 1). Dadurch werden bauunwillige Wohnungseigentümer vor finanziellen Überlastungen geschützt, ohne dass die bauliche Weiterentwicklung der Wohnungseigentumsanlage unnötig erschwert wird.

Die Befugnis zur Nutzungsziehung verläuft nach dem Entwurf parallel zur Kostentragungspflicht. Die Nutzungen des baulich veränderten gemeinschaftlichen Eigentums gebühren deshalb nur denjenigen Wohnungseigentümern, die auch die Kosten der baulichen Veränderung zu tragen haben (vergleiche Absatz 1 Satz 2, Absatz 2 Satz 2, Absatz 3 Satz 2). Die übrigen Wohnungseigentümer sind demnach grundsätzlich auch vom Gebrauch ausgeschlossen. Dies setzt allerdings voraus, dass ein exklusiver Gebrauch des baulich veränderten gemeinschaftlichen Eigentums überhaupt möglich ist. Denn nicht jeder Vorteil, den ein Wohnungseigentümer aufgrund der baulichen Veränderung genießt, ist rechtlich als Gebrauch im Sinne des § 21 einzuordnen. Ein Wohnungseigentümer, der etwa in den Genuss eines neu errichteten Zauns, eines überdachten Eingangsbereichs oder einer besonders gesicherten Hauseingangstür kommt, ohne dass er sich dem entziehen könnte, handelt daher nicht rechtswidrig und ist auch nicht zur Kostentragung verpflichtet, wenn er der baulichen Veränderung nicht zugestimmt hat.

Die Absätze 4 und 5 enthalten schließlich ergänzende Regelungen: § 21 Absatz 4 räumt jedem Wohnungseigentümer, der nicht berechtigt ist, Nutzungen zu ziehen, einen Anspruch ein, dies nachträglich gegen angemessenen Ausgleich und Kostenbeteiligung zu verlangen. Nach § 21 Absatz 5 können die Wohnungseigentümer eine abweichende Verteilung der Kosten und Nutzungen beschließen.

Zu § 21 Absatz 1

Nach § 21 Absatz 1 Satz 1 hat ein Wohnungseigentümer die Kosten einer baulichen Veränderung zu tragen, die ihm nach § 20 Absatz 1 Alternative 2 WEG-E gestattet wurde oder die er nach § 20 Absatz 2 WEG-E verlangt hat und die für ihn von der Gemeinschaft der Wohnungseigentümer durchgeführt wurde. Dies gilt für alle Kosten, die auf der baulichen Veränderung beruhen, also nicht nur für die Baukosten, sondern insbesondere auch für die Folgekosten des Gebrauchs und der Erhaltung.

Nach § 21 Absatz 1 Satz 2 WEG-E gebühren auch die Nutzungen nur dem kostentragungspflichtigen Wohnungseigentümer.

Der Entwurf sieht keine ausdrückliche Regelung für den Fall vor, dass eine bauliche Veränderung mehreren Wohnungseigentümern nach § 20 Absatz 1 Alternative 2 WEG-E gestattet worden ist oder mehrere Wohnungseigentümer eine bauliche Veränderung gemeinschaftlich nach § 20 Absatz 2 WEG-E verlangt haben. Denn es ist selbstverständlich, dass auch in diesem Fall das Verhältnis der Miteigentumsanteile für die Verteilung der Kosten und Nutzungen maßgeblich ist. Für den Fall der nachträglichen Gestattung ergibt sich dies sogar ausdrücklich aus § 21 Absatz 4 Satz 2 in Verbindung mit Absatz 3 WEG-E.

Zu § 21 Absatz 2 allgemein

Nach § 21 Absatz 2 Satz 1 haben alle Wohnungseigentümer nach dem Verhältnis ihrer Miteigentumsanteile (§ 16 Absatz 1 Satz 2) die Kosten einer baulichen Veränderung zu tragen, die der Anpassung der Wohnungseigentumsanlage an den zeitgemäßen Zustand dient (Nummer 1), oder deren Kosten sich innerhalb eines angemessenen Zeitraums amortisieren (Nummer 2). Dies gilt für alle Kosten, die auf der baulichen Veränderung beruhen, also nicht nur für die Baukosten, sondern insbesondere auch für die Folgekosten des Gebrauchs und der Erhaltung.

§ 21 Absatz 2 gilt nur vorbehaltlich des § 21 Absatz 1. Eine bauliche Veränderung, die einem Wohnungseigentümer gestattet wurde oder die er nach § 20 Absatz 2 verlangt hat und die für ihn von der Gemeinschaft der Wohnungseigentümer durchgeführt wurde, ist deshalb nicht von § 21 Absatz 2 erfasst, auch wenn sie die dort genannten Voraussetzungen erfüllt. Denn die Kostentragung durch alle Wohnungseigentümer ist nur dann gerechtfertigt, wenn die Entscheidung für die bauliche Veränderung auf dem freien Entschluss der Mehrheit der Wohnungseigentümer beruht. Andernfalls bestünde die Gefahr, dass ein einzelner Wohnungseigentümer bauliche Veränderungen, die in den Anwendungsbereich von § 20 Absatz 2 fallen, auf Kosten aller Wohnungseigentümer erzwingen kann, zum Beispiel den Einbau eines Aufzugs, wenn ein solcher bei vergleichbaren Anlagen üblich geworden ist.

Zu § 21 Absatz 2 Satz 1 Nummer 1

§ 21 Absatz 2 Satz 1 Nummer 1 ermöglicht es, bauliche Veränderungen auf Kosten aller Wohnungseigentümer vorzunehmen, die der Anpassung an einen zeitgemäßen Zustand dienen. Denn Wohnungseigentumsanlagen sollen baulich nicht hinter vergleichbare Anlagen zurückfallen. Der mit einer baulichen Veränderung angestrebte Zustand ist dafür mit dem Zustand zu vergleichen, der bei Anlagen vergleichbarer Art in der Umgebung üblich ist. Soll mithilfe der baulichen Veränderung lediglich dieser übliche Zustand erreicht werden, sind die Kosten von allen Wohnungseigentümern zu tragen; soweit der übliche Zustand übertroffen werden soll, sind die zusätzlichen Kosten gemäß § 21 Absatz 3 Satz 1 nur von denjenigen Wohnungseigentümern zu tragen, die sie beschlossen haben. Wenn etwa Balkone, Aufzüge, ein bestimmter energetischer Standard oder die Ausstattung mit Lademöglichkeiten für elektrisch betriebene Fahrzeuge bei vergleichbaren Anlagen in der Umgebung üblich geworden ist, können demnach entsprechende bauliche Veränderungen auf Kosten aller Wohnungseigentümer durchgeführt werden.

Der für die Ermittlung der Üblichkeit anzustellende Vergleich hat sich auf die der Art nach vergleichbaren Anlagen in der Umgebung zu beziehen. Der Begriff der Anlage ist dabei baulich zu verstehen. Er erfasst deshalb nicht nur Wohnungseigentumsanlagen, sondern alle Objekte, ungeachtet ihrer Eigentümerstruktur. Denn § 21 Absatz 2 Satz 1 Nummer 1 bezweckt gerade auch, dass der Zustand von Wohnungseigentumsanlagen baulich nicht hinter den Zustand solcher Anlagen zurückfällt, die nicht nach dem Wohnungseigentumsgesetz aufgeteilt sind (zum Beispiel vermietete Gebäude im Eigentum eines einzelnen Eigentümers).

Der Art nach vergleichbar sind Anlagen, die sich insbesondere im Hinblick auf Größe und Nutzung ähneln. Maßstab ist dabei die jeweilige baulich-funktionale Einheit ungeachtet ihrer rechtlichen Zugehörigkeit zu einem oder mehreren Grundstücken. Ein überwiegend gewerblich genutztes Gebäude ist demnach etwa nicht mit einem reinen Wohngebäude vergleichbar, ein Mehrfamilien- nicht mit einem Reihenhaus. Daran ändert sich auch dann nichts, wenn mehrere Reihenhäuser auf einem einzigen

Grundstück errichtet wurden und die dadurch entstehende Mehrhausanlage insgesamt von ähnlich vielen Menschen wie das Mehrfamilienhaus bewohnt wird.

Umgebung meint den räumlichen Bereich, auf den sich der Vergleich erstreckt. Der Entwurf stellt dafür weder auf die Grenzen der politischen Gemeinde, noch auf einen bestimmten Umkreis ab. Vielmehr ist der Bereich im Einzelfall so zu bestimmen, dass ein sachgerechter Vergleich möglich ist.

Üblich ist ein Zustand, wenn er in der klar überwiegenden Zahl der zu vergleichenden Anlagen vorzufinden ist. Ob dies der Fall ist, wird im Streitfall regelmäßig durch ein Gutachten zu ermitteln sein. Dabei ist zu beachten, dass es sich bei der Üblichkeit um einen normativen Begriff im Sinne eines Erfahrungssatzes handelt, dessen Inhalt der Richter von Amts wegen zu ermitteln hat (vergleiche etwa Rosenberg/Schwab/Gottwald, Zivilprozessrecht, 18. Auflage 2018, § 112 Randnummer 11).

Zu § 21 Absatz 2 Satz 1 Nummer 2

Der angemessene Zeitraum, innerhalb dessen sich die Kosten im Sinne des § 21 Absatz 2 Satz 1 Nummer 2 amortisieren müssen, wird nicht gesetzlich festgeschrieben. Die von der Rechtsprechung zur sogenannten modernisierenden Instandsetzung entwickelte Annahme, wonach der Zeitraum im Regelfall 10 Jahre betragen soll (BGH, Urteil vom 14. Dezember 2012 – V ZR 224/11 Randnummer 10), ist nicht statisch zu übertragen. Der Zeitraum kann in Abhängigkeit von der konkreten Maßnahme auch überschritten werden, etwa um sinnvolle Maßnahmen der energetischen Sanierung auf Kosten aller Wohnungseigentümer zu ermöglichen.

Maßgeblich ist in jedem Fall die ex-ante-Beurteilung zum Zeitpunkt der Beschlussfassung; ob die Amortisierung später tatsächlich eintritt, spielt dagegen keine Rolle.

Amortisieren müssen sich von vornherein nur die Aufwendungen, die andernfalls nicht anfallen würden. Tritt eine bauliche Veränderung an die Stelle einer sonst notwendigen Erhaltungsmaßnahme, müssen sich also nur die durch die bauliche Veränderung entstehenden Mehrkosten amortisieren. Dadurch fügen sich auch die Fälle der sogenannten modernisierenden Instandsetzung nahtlos in das System des Entwurfs ein. Eine modernisierende Instandsetzung setzt begrifflich voraus, dass sich die dafür notwendigen Kosten innerhalb eines angemessenen Zeitraums amortisieren. Eine modernisierende Instandsetzung kann demnach – wie jede bauliche Veränderung – mit einfacher Mehrheit beschlossen werden (vergleiche § 20 Absatz 1 WEG-E); ihre Kosten sind von allen Wohnungseigentümern zu tragen, wenn sich die Kosten innerhalb eines angemessenen Zeitraums amortisieren.

Zu § 21 Absatz 2 Satz 2

Für die Nutzungen ordnet § 21 Absatz 2 Satz 2 die entsprechende Anwendung von § 16 Absatz 1 an. Die Früchte stehen also ebenfalls allen Wohnungseigentümern im

Verhältnis ihrer Miteigentumsanteile zu (§ 16 Absatz 1 Satz 1 und 2 WEG-E); sie sind zugleich zum Mitgebrauch berechtigt (§ 16 Absatz 1 Satz 3 WEG-E).

Zu § 21 Absatz 3

Auch bauliche Veränderungen, die nicht von § 21 Absatz 1 und 2 erfasst sind, können mehrheitlich beschlossen werden (vergleiche § 20 Absatz 1 WEG-E). Die Kosten solcher baulichen Veränderungen haben nach § 21 Absatz 3 aber nur diejenigen Wohnungseigentümer zu tragen, die die bauliche Veränderung beschlossen haben, also bei der Abstimmung mit „Ja" gestimmt haben. Die Kostenverteilung unter diesen Wohnungseigentümern erfolgt nach dem Verhältnis ihrer Miteigentumsanteile. Dies gilt für alle Kosten, die auf der baulichen Veränderung beruhen, also nicht nur für die Baukosten, sondern insbesondere auch für die Folgekosten für Gebrauch und Erhaltung.

Die Nutzungen sind entsprechend § 16 Absatz 1 WEG-E nach dem gleichen Verhältnis wie die Kosten zu verteilen. Die Früchte stehen also den zur Kostentragung verpflichteten Wohnungseigentümern im Verhältnis ihrer Miteigentumsanteile zu; nur diese Wohnungseigentümer sind zum Mitgebrauch berechtigt.

Zu § 21 Absatz 4

Nach § 21 Absatz 4 Satz 1 kann jeder Wohnungseigentümer verlangen, dass ihm nach billigem Ermessen gestattet wird, Nutzungen zu ziehen, die ihm nach den gesetzlichen Vorschriften nicht gebühren. Das gilt unabhängig davon, ob der Wohnungseigentümer kraft Gesetzes (nach den Absätzen 1 oder 3) oder durch Beschluss (nach Absatz 5) von der Nutzungsziehung ausgeschlossen ist. Der Anspruch erlaubt es insbesondere einem Wohnungseigentümer, der einer baulichen Veränderung zunächst nicht zugestimmt hat, seine Meinung nachträglich zu ändern. Auf diese Weise können die Vorteile baulicher Veränderungen auch denjenigen Wohnungseigentümern oder ihren Rechtsnachfolgern zugute kommen, die zunächst, etwa aus finanziellen Gründen, gegen sie gestimmt haben.

Der Anspruch besteht jedoch nur unter der Einschränkung, dass eine Teilhabe an den Nutzungen, insbesondere dem Gebrauch, billigem Ermessen entspricht. Besondere Umstände des Einzelfalls können den Anspruch deshalb auch ausschließen. Dabei ist aber zu berücksichtigen, dass Kapazitätsprobleme für sich genommen dem Anspruch regelmäßig nicht entgegenstehen. Denn die Billigkeit verlangt eine Gleichbehandlung der Wohnungseigentümer. Diejenigen Wohnungseigentümer, die die bauliche Veränderung ursprünglich beschlossen haben, haben deshalb grundsätzlich kein besseres Recht als ein Nachzügler; denn ungeachtet der zeitlichen Abfolge geht es um den Gebrauch des gemeinschaftlichen Eigentums. Entstehen durch den nachträglichen Mitgebrauch eines Wohnungseigentümers Kapazitätsprobleme, müssen diese nach allgemeinen Regeln gelöst werden, etwa durch einen Beschluss, der regelt, wann welcher Wohnungseigentümer das veränderte gemeinschaftliche Eigentum gebrauchen darf.

Der Anspruch ist auf die Fassung eines Beschlusses gerichtet, der dem Wohnungseigentümer die Teilhabe an den Nutzungen gegen angemessenen Ausgleich gestattet. § 21 Absatz 4 Satz 1 enthält zugleich die dafür notwendige Beschlusskompetenz. Der Beschluss ist durch alle Wohnungseigentümer zu fassen, nicht etwa nur durch die Wohnungseigentümer, die schon nutzungsberechtigt sind, da er das gemeinschaftliche Eigentum betrifft. Prozessual kann der Anspruch im Wege einer Beschlussersetzungsklage verfolgt werden (§ 44 Absatz 1 Satz 2 WEG-E).

Wird ein Beschluss nach § 21 Absatz 4 Satz 1 gefasst, hat dies drei Rechtsfolgen:

Erstens ist der Wohnungseigentümer, zu dessen Gunsten der Beschluss gefasst wurde, berechtigt, an den Nutzungen teilzuhaben. § 21 Absatz 4 Satz 2 ordnet an, dass hinsichtlich des Umfangs § 21 Absatz 3 entsprechend gilt. Der Wohnungseigentümer ist folglich zum Mitgebrauch berechtigt (vergleiche § 21 Absatz 3 Satz 2, der auf § 16 Absatz 1 Satz 3 verweist). Ihm steht zudem ein seinem Miteigentumsanteil entsprechender Anteil der Früchte zu (vergleiche § 21 Absatz 3 Satz 2, der auf § 16 Absatz 1 Satz 1 und 2 verweist).

Zweitens ist der Wohnungseigentümer, zu dessen Gunsten der Beschluss gefasst wurde, verpflichtet, einen angemessenen Ausgleich zu leisten. Der Betrag des Ausgleichs ist in dem Beschluss festzusetzen. Auch die dafür notwendige Beschlusskompetenz enthält § 21 Absatz 4 Satz 1. Zeitlich bezieht sich der Ausgleich nur auf die bis zur Beschlussfassung angefallenen Kosten; für die zukunftsbezogenen Kosten gilt § 21 Absatz 3 Satz 1, der nach § 21 Absatz 4 Satz 2 entsprechend anwendbar ist. Im Ausgangspunkt bezieht sich der Ausgleich auf alle Kosten (vor allem Baukosten und bisherige Betriebs- und Erhaltungskosten). Der Maßstab der Angemessenheit gebietet es aber regelmäßig, den Wohnungseigentümer nur an solchen Kosten aus der Vergangenheit zu beteiligen, die sich zumindest mittelbar auch auf seine zukünftigen Nutzungen der baulichen Veränderung auswirken. Laufende Betriebskosten sind daher regelmäßig nicht auszugleichen. Aus demselben Grund sind auch zwischenzeitliche Verschlechterungen beim Ausgleich der angefallenen Herstellungskosten zu berücksichtigen. Auf nähere gesetzliche Bestimmungen wird aufgrund der Vielgestaltigkeit der denkbaren Fälle verzichtet. Der Ausgleich ist an die Gemeinschaft der Wohnungseigentümer zu zahlen. Er kommt im Rahmen der Jahresabrechnung den Einheiten derjenigen Wohnungseigentümer zugute, die die auszugleichenden Kosten ursprünglich zu tragen hatten.

Drittens muss sich der Wohnungseigentümer, dem die Nutzungsziehung gestattet wurde, an den Kosten beteiligen, die ab der Beschlussfassung anfallen. Dafür gilt nach § 21 Absatz 4 Satz 2 die Vorschrift des § 21 Absatz 3 Satz 1 entsprechend. Maßgeblich ist also das Verhältnis seines Anteils zu den Anteilen der übrigen kostentragungspflichtigen Wohnungseigentümer.

Ungeachtet dieser gesetzlichen Verteilung der Kosten und Nutzungen bleibt es den Wohnungseigentümern freilich unbenommen, auch im Falle des § 21 Absatz 4 eine abweichende Verteilung nach § 21 Absatz 5 zu beschließen und den Wohnungseigentümer, dem die Nutzungsziehung gestattet wurde, in diese Verteilung einzubeziehen.

§ 21 Absatz 4 ermöglicht es im Zusammenspiel mit § 21 Absatz 1 zugleich, die Probleme sachgerecht zu lösen, die dadurch entstehen, dass bauliche Veränderungen zeitlich gestaffelt durch unterschiedlich viele Wohnungseigentümer genutzt werden. So kann es etwa bei der Errichtung von Lademöglichkeiten für elektrisch betriebene Fahrzeuge vorkommen, dass die bestehende Kapazität der im gemeinschaftlichen Eigentum stehenden Elektroinstallationen die Errichtung einer bestimmten Zahl von Ladevorrichtungen mit geringem finanziellen Aufwand ermöglicht (zum Beispiel weil lediglich Leitungen verlegt und sogenannte Wallboxen angebracht werden müssen). Sobald diese Schwelle aber erreicht ist, kann die sachgerechte Nutzung einer weiteren Ladevorrichtung mit erheblichen Kosten verbunden sein, weil eine grundlegende Aufrüstung notwendig wird (zum Beispiel die Installation eines Lastmanagementsystems oder die Erweiterung der Hausanschlussleistung). Sobald die Aufrüstung erfolgt ist, ist die Errichtung einer bestimmten Zahl weiterer Ladevorrichtungen wiederum kostengünstig möglich, bis die Kapazitätsgrenze erneut erreicht ist, und so weiter. § 21 Absätze 1 und 4 stellen sicher, dass die Kosten in derartigen Fällen angemessen auf alle betroffenen Wohnungseigentümer verteilt werden: Die Kosten der Aufrüstung hat zunächst nach § 21 Absatz 1 die Gruppe der Wohnungseigentümer zu tragen, die diese Maßnahme verlangt. Diese Gruppe besteht neben dem Wohnungseigentümer, der die Schwelle überschreitet, aus allen Wohnungseigentümern, die ihre Ladevorrichtung weiternutzen möchten und deshalb gemeinsam mit diesem die Aufrüstung verlangen (vergleiche auch die Begründung zu § 20 Absatz 2 Satz 1 Nummer 2). Alle später hinzutretenden Wohnungseigentümer haben zwar einen Anspruch darauf, das verbesserte Gemeinschaftseigentum nutzen zu dürfen (§ 21 Absatz 4 Satz 1), müssen sich aber zugleich an den Kosten der Verbesserung beteiligen (§ 21 Absatz 4 Satz 2).

Zu § 21 Absatz 5

Die Wohnungseigentümer können nach § 21 Absatz 5 Satz 1 eine vom Gesetz abweichende Verteilung der Kosten und Nutzungen beschließen. Durch einen solchen Beschluss dürfen nach § 21 Absatz 5 Satz 2 aber keinem Wohnungseigentümer Kosten auferlegt werden, der nicht schon nach den gesetzlichen Vorschriften zur Kostentragung verpflichtet ist. Demgemäß dürfen die Kosten nur unter den ohnehin schon kostentragungspflichtigen Wohnungseigentümern nach einem anderen als dem gesetzlichen Schlüssel verteilt werden. Unerheblich ist dabei, ob die gesetzliche Kostentragungspflicht aus § 21 Absatz 1, 2, 3 oder 4 folgt. Ein Verstoß gegen § 21 Absatz 5 Satz 2 führt nicht zur Nichtigkeit des Beschlusses, sondern nur dazu, dass dieser auf eine Anfechtungsklage hin aufzuheben ist. Das verdeutlicht der Wortlaut durch die Verwendung des Wortes „dürfen“, wohingegen in Satz 1 zur Begründung der Beschlusskompetenz das Wort „können“ verwendet wird (vergleiche auch die Begründungen zur § 20 Absatz 4 und § 26 Absatz 1 Satz 2 WEG-E).

Diese Beschlusskompetenz ermöglicht es den Wohnungseigentümern, Klarheit über die Verteilung der Kosten und Nutzungen einer baulichen Veränderung zu schaffen. Dafür besteht ein Bedürfnis insbesondere dann, wenn zwischen den Wohnungseigentümern umstritten ist, ob eine bestimmte bauliche Veränderung den Vorschriften des Absatzes 2 oder des Absatzes 3 unterfällt, ob also alle Wohnungseigentümer kostentragungspflichtig sind. Geht die Mehrheit der Wohnungseigentümer davon aus, dass § 21 Absatz 2 gilt, kann ein Beschluss gefasst werden, der die Kosten und Nutzungen unter allen Wohnungseigentümern verteilt. Die Wohnungseigentümer, die abweichend davon § 21 Absatz 3 für einschlägig halten, können den Beschluss anfechten und so gerichtlich überprüfen lassen, ob dies tatsächlich der Fall ist. Andernfalls wird der Beschluss bestandskräftig und schafft dadurch hinsichtlich der Verteilung der Kosten Rechtssicherheit.

Zu § 22

§ 22 enthält die inhaltlich unveränderte Vorschrift des bisherigen § 22 Absatz 4 zum Wiederaufbau.

Zu Nummer 22 (§ 23)
Zu Buchstabe a (Absatz 1 Satz 2)

§ 23 Absatz 1 Satz 2 sieht eine Beschlusskompetenz zur Einführung der Online-Teilnahme an der Versammlung der Wohnungseigentümer vor. Auf dieser Grundlage kann beschlossen werden, dass Wohnungseigentümer im Wege elektronischer Kommunikation an der Versammlung teilnehmen und sämtliche oder einzelne ihrer Rechte ganz oder teilweise ausüben können. Die Beschlusskompetenz ermöglicht es aber nicht, die Präsenzversammlung insgesamt zugunsten einer reinen Online-Versammlung abzuschaffen. Das Recht jedes Wohnungseigentümers, physisch an der Versammlung teilzunehmen, steht damit nicht zur Disposition der Mehrheit.

Die Formulierung lehnt sich an § 118 Absatz 1 Satz 2 des Aktiengesetzes (AktG) an. Die konkrete, insbesondere technische Ausgestaltung der Online-Teilnahme regelt der Entwurf im Hinblick auf künftige technische Entwicklungen nicht. Über die Ausgestaltung ist deshalb zu beschließen, wobei sich die Rechtmäßigkeit des Beschlusses – wie stets – nach dem allgemeinen Grundsatz ordnungsmäßiger Verwaltung richtet.

Zu Buchstabe b (Absatz 3)

Bei Umlaufbeschlüssen tritt die Textform im Sinne des § 126b BGB an die Stelle der Schriftform. Das eröffnet die Möglichkeit, Umlaufbeschlüsse auch im Wege elektronischer Kommunikation zu fassen, zum Beispiel per E-Mail, über Internetplattformen oder Apps.

Zu Nummer 23 (§ 24)
Zu Buchstabe a (Absatz 2)

Für das Einberufungsverlangen tritt nach § 24 Absatz 2 WEG-E die Textform im Sinne des § 126b BGB an die Stelle der Schriftform. Das eröffnet die Möglichkeit, ein solches Verlangen auch im Wege elektronischer Kommunikation zu stellen, zum Beispiel per E-Mail.

Zu Buchstabe b (Absatz 3)

Der geltende § 24 Absatz 3 sieht vor, dass der Vorsitzende des Verwaltungsbeirats und dessen Vertreter zur Einberufung einer Versammlung befugt ist, wenn ein Verwalter fehlt oder sich der Verwalter pflichtwidrig weigert, eine Versammlung einzuberufen. Bislang nicht gesetzlich geregelt ist, wie eine Versammlung einberufen werden kann, wenn auch ein Verwaltungsbeirat fehlt oder dessen Vorsitzender beziehungsweise Vertreter untätig bleiben.

Die Änderung in § 24 Absatz 3 schließt diese Lücke. Sie eröffnet die Möglichkeit, dass ein Wohnungseigentümer durch Beschluss ermächtigt wird, die Versammlung einzuberufen. Eine solche Einberufungsermächtigung können die Wohnungseigentümer jederzeit ohne konkreten Anlass beschließen. Das erscheint etwa in kleineren Gemeinschaften ohne Verwalter und Verwaltungsbeirat sinnvoll. Hier können die Wohnungseigentümer in Zukunft zum Beispiel auf der jährlichen Eigentümerversammlung entscheiden, wer von ihnen zur nächsten Eigentümerversammlung einladen soll.

Darüber ermöglicht die Vorschrift dem einzelnen Wohnungseigentümer aber auch, eine Versammlung zu erreichen, wenn die Einberufung im Einzelfall pflichtwidrig unterbleibt. Denn in diesen Fällen folgt aus dem Anspruch jedes Wohnungseigentümers auf ordnungsmäßige Verwaltung (§ 18 Absatz 1 Nummer 1 WEG-E), dass ein Ermächtigungsbeschluss nach § 24 Absatz 3 gefasst wird, um die Einberufung einer Versammlung zu ermöglichen. Dieser Anspruch kann im Wege der Beschlussersetzungsklage (§ 44 Absatz 1 Satz 2 WEG-E) durchgesetzt werden.

Zu Buchstabe c (Absatz 4 Satz 2)

Die Ladungsfrist wird von zwei auf vier Wochen verlängert. Dadurch wird die Möglichkeit der Wohnungseigentümer verbessert, sich auf die Versammlung vorzubereiten (zum Beispiel durch Einholung von Rechtsrat).

Zu Buchstabe d (Absatz 6)
Zu Doppelbuchstabe aa (Satz 1)

Die Niederschrift ist unverzüglich nach Beendigung der Versammlung zu erstellen. Das entspricht der herrschenden Ansicht zum geltenden Recht (vergleiche etwa

Häublein, in: Staudinger, WEG, 2018, § 24 Randnummer 241). Damit wird gewährleistet, dass insbesondere Wohnungseigentümer, die bei der Versammlung nicht anwesend waren, die Möglichkeit haben, sich rasch über die gefassten Beschlüsse zu informieren.

Zu Doppelbuchstabe bb (Satz 3 – alt –)

§ 18 Absatz 4 WEG-E gewährt ein allgemeines Einsichtsrecht, das auch Niederschriften umfasst. Der geltende § 24 Absatz 6 Satz 3 wird dadurch überflüssig und wird aufgehoben.

Zu Buchstabe e (Absätze 7 und 8 – alt –)

Die Beschlusssammlung regelt der Entwurf in § 25 Absatz 5 und nicht mehr in § 24. Denn § 24 betrifft die Versammlung der Wohnungseigentümer und die dort gefassten Beschlüsse, während in die Beschlusssammlung auch Umlaufbeschlüsse gemäß § 23 Absatz 3 und bestimmte Urteile aufzunehmen sind.

Zu Nummer 24 (§ 25)
Zu Buchstabe a (Überschrift)

Die geänderte Überschrift macht deutlich, dass § 25 nur die Vorgaben für die Beschlussfassung regelt, nicht aber – wie die geltende Überschrift nahelegt – umfassend die Voraussetzungen und Rechtsfolgen eines Beschlusses. Zudem weist sie auf die in Absatz 5 enthaltenen Vorgaben zur Beschlusssammlung hin.

Zu Buchstabe b (Absatz 1)

Der in sprachlicher Anlehnung an § 32 Absatz 1 Satz 3 BGB und § 47 Absatz 1 GmbHG neugefasste § 25 Absatz 1 stellt zweierlei klar: Zum einen genügt für die Beschlussfassung aufgrund der Vorschriften des WEG stets die einfache Mehrheit; erhöhte Quoren sind gesetzlich nicht mehr vorgesehen. Zum anderen kommt es bei der Berechnung der Mehrheit allein auf die abgegebenen Stimmen an. Das entspricht der allgemeinen Sichtweise zum geltenden Recht, ist bislang aber nicht gesetzlich geregelt (vergleiche Häublein, in: Staudinger, WEG, 2018, § 25 Randnummer 16).

Zu Buchstabe c (Absätze 3 und 4 – alt –; Absatz 3 – neu –)

Die geltenden Absätze 3 und 4 regeln die Beschlussfähigkeit der Versammlung. Diese Vorschriften werden aufgehoben. Nach dem Entwurf ist damit jede Versammlung beschlussfähig, unabhängig davon, wie viele Wohnungseigentümer an ihr teilnehmen. Dadurch wird die Funktionsfähigkeit der Verwaltung gestärkt (vergleiche den Abschlussbericht der Bund-Länder-Arbeitsgruppe zur Reform des Wohnungseigentumsgesetzes, ZWE 2019, 430, 450 f.).

Der neue § 25 Absatz 3 schreibt in Anlehnung an § 47 Absatz 3 GmbHG für Vollmachten die Textform im Sinne des § 126b BGB vor. Dadurch werden unnötige Unsicherheiten über die Vertretungsverhältnisse in der Versammlung beseitigt. Es ist dem einzelnen Wohnungseigentümer zumutbar, im Vertretungsfall eine Vollmacht in Textform zu erteilen; notfalls ist dies sogar noch während der Versammlung möglich (zum Beispiel per E-Mail oder anderer elektronischer Nachricht). Die Vorschrift verhindert zudem, dass die Stimme eines wirksam bevollmächtigten Vertreters nur deshalb unbeachtlich ist, weil sie nach § 174 Satz 1 BGB zurückgewiesen wurde. Denn § 25 Absatz 3 WEG-E geht § 174 Satz 1 BGB als Sondervorschrift vor, sodass eine in Textform vorgelegte Vollmacht nicht mehr nach dieser Vorschrift zurückgewiesen werden kann.

Ob eine Vollmacht, die nicht in Textform erteilt wurde, unwirksam ist oder nur zur Zurückweisung berechtigt, ist im Rahmen des § 47 Absatz 3 GmbHG umstritten (vergleiche zum Streitstand K. Schmidt, in: Scholz, GmbHG, 11. Auflage 2014, § 47 Randnummern 85 ff.). Im Interesse einer einheitlichen Rechtsentwicklung nimmt der Entwurf zu dieser Frage im Rahmen von § 25 Absatz 3 WEG-E keine Stellung; ihre Klärung bleibt der Rechtsprechung überlassen.

Zu Buchstabe d (Absatz 4)

Der geltende Absatz 5 wird Absatz 4. Sein Wortlaut wird an die geänderten Verfahrensvorschriften der §§ 43 ff. WEG-E angepasst. Diese sehen vor, dass an Rechtsstreitigkeiten in der Regel nicht mehr die einzelnen Wohnungseigentümer als Parteien beteiligt sind, sondern die Gemeinschaft der Wohnungseigentümer.

Zu Buchstabe e (Absatz 5)

Absatz 5 enthält Vorgaben für die Aufbewahrung von Niederschriften über Beschlüsse und von Urteilen in Beschlussklagen. Dadurch wird sichergestellt, dass die in der Gemeinschaft geltenden Regeln auf Dauer dokumentiert werden. Die den Vorgaben des Absatzes 5 entsprechende Sammlung der Niederschriften und Urteile tritt an die Stelle der Beschlusssammlung nach § 24 Absatz 7 und 8 des geltenden Rechts. Konzeptionell sieht der Entwurf keine neben die Sammlung der Niederschriften und Urteile tretende, separate Beschlusssammlung mehr vor. Notwendig und ausreichend ist eine den Vorgaben des Absatzes 5 entsprechende Sammlung der Niederschriften und Urteile; diese Sammlung nennt der Entwurf, wie sich aus der Überschrift ergibt, Beschlusssammlung.

Satz 1 begründet die Pflicht, Niederschriften über Beschlüsse und bestimmte Urteile in Textform aufzubewahren. Diese Pflicht bezieht sich sowohl auf die Niederschriften über die in einer Versammlung gefassten Beschlüsse im Sinne des § 24 Absatz 6 als auch auf die Niederschriften über sogenannte Umlaufbeschlüsse im Sinne des § 23 Absatz 3 sowie Urteile in Verfahren über Anfechtungs-, Nichtigkeits- und Beschlussersetzungsklagen. Der Textform im Sinne des § 126b BGB genügt eine Aufbewahrung in Papierform. Ausreichend ist es aber auch, wenn die in der Form des § 24 Absatz 6 errichteten Niederschriften eingescannt und elektronisch aufbewahrt werden.

Satz 2 sieht vor, dass bestimmte Beschlüsse und Urteile hervorzuheben sind. Hierbei handelt es sich um Kostenbeschlüsse nach § 16 Absatz 2 Satz 2 und § 21 Absatz 5 Satz 1 WEG-E sowie Urteile, die solche Beschlüsse aufheben, ihre Nichtigkeit feststellen oder sie ersetzen. Denn solche Beschlüsse und Urteile sind für die Gemeinschaft typischerweise von besonderer Bedeutung, weil sie bei der Erstellung von Wirtschaftsplänen und Jahresabrechnungen berücksichtigt werden müssen. Hinsichtlich der Art und Weise der Hervorhebung macht der Entwurf keine Vorgaben. Die Hervorhebung muss geeignet sein, den Wohnungseigentümern rasch einen Überblick über den Bestand der relevanten Beschlüsse und Urteile zu verschaffen. Die Hervorhebung kann deshalb etwa durch farbliche Markierung, eine separat geführte Liste oder, bei elektronischer Aufbewahrung, durch eine technische Lösung erfolgen, die ein schnelles Auffinden ermöglicht.

Die Pflicht zur Führung der Beschlusssammlung trifft die Gemeinschaft der Wohnungseigentümer und ist durch den Verwalter zu erfüllen.

Zu Nummer 25 (§ 26 Absatz 1)
Zu Buchstabe a (Satz 1)

Der aufgrund der Neufassung von § 25 Absatz 1 überflüssige Hinweis auf die notwendige Stimmenmehrheit wird gestrichen.

Zu Buchstabe b (Satz 2)

Ein Verstoß gegen § 26 Absatz 1 Satz 2 führt nach herrschender Meinung zur zumindest teilweisen Nichtigkeit des Bestellungsbeschlusses, weil die Vorschrift die Beschlusskompetenz der Wohnungseigentümer begrenzt (etwa Jacoby, in: Staudinger, WEG, 2018, § 26 Randnummer 9). Dies wird im Wortlaut durch Verwendung des Wortes „kann" klargestellt (vergleiche auch die Begründungen zur § 20 Absatz 4 und § 21 Absatz 5 WEG-E).

Zu Buchstabe c (Sätze 3 und 4 – alt –)

Der geltende § 26 Absatz 1 Satz 3, der es erlaubt, die Abberufung des Verwalters auf das Vorliegen eines wichtigen Grundes zu beschränken, wird aufgehoben. Denn ein berechtigtes Interesse, die Abberufung des Verwalters als Organ der Gemeinschaft der Wohnungseigentümer zu beschränken, ist nicht ersichtlich. Vielmehr sollen die Wohnungseigentümer stets die Möglichkeit haben, sich von einem Verwalter zu trennen, wenn sie das Vertrauen in ihn verloren haben. Von der Abberufung als Organ unabhängig ist freilich der Vergütungsanspruch des Verwalters; er richtet sich nach den diesbezüglichen vertraglichen Vereinbarungen.

Als Folgeänderung wird auch der geltende § 26 Absatz 1 Satz 4 aufgehoben. Der Fiktion eines wichtigen Grundes bedarf es nicht mehr.

Zu Buchstabe d (Satz 3 – neu –)

Der Wortlaut des neuen § 26 Absatz 1 Satz 3 wird an die Aufhebung der geltenden Sätze 3 und 4 angepasst. § 26 Absatz 1 Satz 3 WEG-E steht damit jeglicher Beschränkung der Bestellung oder Abberufung des Verwalters entgegen. Demnach darf die Bestellung eines Verwalters erst recht nicht generell ausgeschlossen sein. Einer zusätzlichen Vorschrift, die dies – wie der geltende § 20 Absatz 2 – besonders anordnet, bedarf es nicht.

Zu Nummer 26 (§§ 27 bis 29)

Die §§ 27 bis 29 werden neugefasst. Sie regeln wie bisher die Aufgaben und Befugnisse des Verwalters (§ 27), den Wirtschaftsplan und die Jahresabrechnung (§ 28) sowie den Verwaltungsbeirat (§ 29).

Zu § 27 allgemein

§ 27 regelt die grundlegenden Aufgaben und Befugnisse des Verwalters. Dabei geht es allein um die Entscheidungsbefugnisse und Handlungspflichten im Innenverhältnis. Die Vertretungsmacht des Verwalters wird abschließend durch § 9b WEG-E geregelt.

Anders als das geltende Recht verzichtet der Entwurf darauf, die einzelnen Aufgaben und Befugnisse des Verwalters in einem abschließenden Katalog aufzuzählen. Denn eine sachgerechte Beschreibung der Aufgaben und Befugnisse des Verwalters kann nicht losgelöst von der konkreten Wohnungseigentumsanlage erfolgen. Die in der Praxis zu beobachtende Vielgestaltigkeit der Anlagen und ihre unterschiedlichen Anforderungen an eine effiziente Verwaltung verlangen vielmehr eine gesetzliche Verteilung der Zuständigkeiten, die dem Einzelfall gerecht wird. Der Entwurf sieht deshalb anstelle eines Katalogs einzelner Aufgaben und Befugnisse vor, dass der Verwalter für die Maßnahmen, über die eine Beschlussfassung durch die Wohnungseigentümer nicht geboten ist (Absatz 1 Nummer 1), und für dringliche Maßnahmen (Absatz 1 Nummer 2) zuständig ist. Zugleich räumt er den Wohnungseigentümern die Befugnis ein, die Kompetenzen des Verwalters einzuschränken und zu erweitern (Absatz 2). Dieses System gewährleistet eine effiziente Verwaltung, die den Bedürfnissen der konkreten Anlage gerecht wird (vergleiche den Abschlussbericht der Bund-Länder-Arbeitsgruppe zur Reform des Wohnungseigentumsgesetzes, ZWE 2019, 430, 442).

Über Maßnahmen, die nicht nach § 27 Absatz 1 oder 2 dem Verwalter zugewiesen sind, entscheiden die Wohnungseigentümer durch Beschluss (vergleiche § 19 Absatz 1 WEG-E). Diese Beschlüsse hat der Verwalter zu vollziehen. Das ergibt sich bereits aus seiner Funktion als Vollzugsorgan der rechtsfähigen Gemeinschaft der Wohnungseigentümer. Einer ausdrücklichen gesetzlichen Erwähnung dieser Vollzugspflicht bedarf es daher nicht. Das zeigt sich auch daran, dass der Verwalter auch nach geltendem Recht verpflichtet ist, Vereinbarungen zu vollziehen (vergleiche Jacoby, in: Staudinger, WEG, 2018, § 27 Randnummer 27), obwohl dies nicht ausdrücklich angeordnet ist.

Zu § 27 Absatz 1

Nach § 27 Absatz 1 ist der Verwalter für Maßnahmen, über die eine Beschlussfassung durch die Wohnungseigentümer nicht geboten ist (Nummer 1), und für dringliche Maßnahmen (Nummer 2) zuständig.

Eine Beschlussfassung durch die Wohnungseigentümer ist nicht geboten im Sinne von Nummer 1, wenn aus Sicht eines durchschnittlichen Wohnungseigentümers eine Entscheidung durch die Versammlung aufgrund ihrer geringen Bedeutung für die Gemeinschaft nicht erforderlich ist. Maßstab ist dabei stets die konkrete Wohnungseigentumsanlage. Mit der Größe der Anlage wächst demnach in der Regel der Kreis der Maßnahmen, die der Verwalter eigenverantwortlich treffen kann und muss. In der Regel sind jedenfalls diejenigen Maßnahmen, deren Erledigung der geltende § 27 Absatz 1 Nummer 2, 4, 5 und 6 dem Verwalter zuweist, von Nummer 1 erfasst. Je nach Größe der Anlage und Art der regelmäßig anfallenden Maßnahmen kann aber etwa auch die Erledigung von Reparaturen oder der Abschluss von Versorgungs- oder Dienstleistungsverträgen zum Kreis der Maßnahmen nach Nummer 1 gehören. Das Gleiche gilt für die gerichtliche Durchsetzung von Hausgeldforderungen.

Nummer 2 erfasst die Maßnahmen, über die eine Beschlussfassung durch die Wohnungseigentümer zwar an sich geboten im Sinne von Nummer 1 ist, die aber eine rasche Entscheidung verlangen, um einen Nachteil zu verhindern. Der Nachteil kann ein rechtlicher oder ein tatsächlicher sein. Die Wahrung einer Frist ist nur deshalb genannt, weil es sich um den praktisch häufigsten Fall handelt, in dem ein Rechtsnachteil verhindert werden soll. Nummer 2 erfasst damit insbesondere auch die Führung eines Prozesses für die Gemeinschaft der Wohnungseigentümer, soweit eine Befassung der Versammlung der Wohnungseigentümer aufgrund der einzuhaltenden Fristen nicht möglich ist.

Zu § 27 Absatz 2

§ 27 Absatz 2 sieht die Möglichkeit vor, durch Beschluss Aufgaben und Befugnisse auf den Verwalter zu übertragen beziehungsweise seine gesetzlichen Aufgaben und Befugnisse nach Absatz 1 zu beschränken. Die Wohnungseigentümer haben damit die Möglichkeit, diejenigen Maßnahmen selbst zu definieren, deren Erledigung sie in die Verantwortung des Verwalters legen wollen. Dazu können sie etwa Wertgrenzen oder Maßnahmenkataloge aufstellen. Zugleich können sie dem Verwalter aber auch Maßnahmen im Einzelfall entziehen oder ihm zuweisen. Denkbar ist es auch, einzelne Handlungen des Verwalters (zum Beispiel Zahlungen ab einem bestimmten Betrag) von der Zustimmung eines Wohnungseigentümers oder eines Dritten abhängig zu machen.

Ein auf Grundlage von § 27 Absatz 2 gefasster Beschluss betrifft aber stets nur das Innenverhältnis; die Vertretungsmacht des Verwalters ist aus Gründen der Rechtssicherheit nach § 9b Absatz 1 Satz 3 WEG-E unbeschränkbar.

Zu § 28 allgemein

Mit der Neufassung der Vorschriften für den Wirtschaftsplan und die Jahresabrechnung in § 28 werden drei Ziele verfolgt (vergleiche den Abschlussbericht der Bund-Länder-Arbeitsgruppe zur Reform des Wohnungseigentumsgesetzes, ZWE 2019, 430, 456 ff.):

Erstens sollen die Vorschriften klarer gefasst werden, sodass die wesentlichen Inhalte von Wirtschaftsplan und Jahresabrechnung dem Wortlaut des Gesetzes entnommen werden können.

Zweitens soll die Zahl der in der Praxis häufigen Streitigkeiten über den Wirtschaftsplan und die Jahresabrechnung verringert werden. Dafür wird der Beschlussgegenstand jeweils auf die Zahlungspflichten reduziert. Für den Erfolg einer Anfechtungsklage genügt es deshalb nicht mehr, dass lediglich einzelne Teile des Wirtschaftsplans oder der Jahresabrechnung fehlerhaft sind, solange sich dieser Fehler nicht auf die Zahlungspflicht der Wohnungseigentümer auswirkt.

Drittens soll die Kenntnis der Wohnungseigentümer über die wirtschaftliche Lage der Gemeinschaft durch den neu geschaffenen Vermögensbericht gestärkt werden (vergleiche Absatz 3).

Regelungstechnisch sind Absatz 1 (Wirtschaftsplan) und Absatz 2 (Jahresabrechnung) parallel aufgebaut: Satz 1 regelt jeweils den Beschlussgegenstand und begrenzt diesen auf die Zahlungspflicht. Satz 2 schreibt vor, welche Informationen den Wohnungseigentümern im Rahmen der Beschlussvorbereitung zur Verfügung gestellt werden müssen. Durch dieses System wird klar zwischen Beschlussgegenstand (jeweils Satz 1) und Beschlussvorbereitung (jeweils Satz 2) unterschieden. Dadurch wird deutlich gemacht, dass nicht jeder Fehler in der Beschlussvorbereitung den Beschluss selbst fehlerhaft macht.

Zu § 28 Absatz 1

§ 28 Absatz 1 befasst sich mit dem Wirtschaftsplan.

Zu § 28 Absatz 1 Satz 1

§ 28 Absatz 1 Satz 1 regelt den Gegenstand des Beschlusses über den Wirtschaftsplan. Gegenstand dieses Beschlusses sind die Vorschüsse zur Kostentragung und zu den nach § 19 Absatz 2 Nummer 4 WEG-E oder durch Beschluss vorgesehenen Rücklagen; Beschlussgegenstand sind also nur die diesbezüglichen Zahlungspflichten. Das zugrundeliegende Zahlenwerk, aus dem der Betrag dieser Zahlungspflichten abgeleitet wird, ist dagegen nicht Gegenstand des Beschlusses, sondern dient nur seiner Vorbereitung (vergleiche § 28 Absatz 1 Satz 2 WEG-E).

Der Wortlaut nimmt keinen Bezug auf ein Kalenderjahr. Erfasst sind damit sowohl die regelmäßig fällig werdenden Zahlungspflichten auf den Wirtschaftsplan als auch Sonderumlagen, die als Nachtrag zum Wirtschaftsplan beschlossen werden. Der Wortlaut steht auch der Fassung von Beschlüssen nicht entgegen, die für mehrere Jahre oder bis zur Beschlussfassung über den nächsten Wirtschaftsplan fortgelten sollen. Ob sich ein konkreter Beschluss nur auf ein Kalenderjahr bezieht oder darüber hinaus fortgelten soll, ist – wie bisher (vergleiche Häublein, in: Staudinger, WEG, 2018, § 28 Randnummer 58) – im Wege der Auslegung zu ermitteln.

Die Bezugnahme auf durch Beschluss vorgesehene Rücklagen stellt klar, dass auch über weitere Rücklagen – neben der gesetzlich vorgesehenen Erhaltungsrücklage – beschlossen werden kann; die dafür notwendige Beschlusskompetenz ergibt sich bereits aus § 19 Absatz 1 WEG-E.

Zu § 28 Absatz 1 Satz 2

§ 28 Absatz 1 Satz 2 regelt die Pflicht zur Vorbereitung eines Beschlusses nach Satz 1. Der Verwalter hat dafür einen Wirtschaftsplan aufzustellen. Diese Pflicht ist ausdrücklich auf das Kalenderjahr bezogen. Sie besteht deshalb auch dann, wenn ein Beschluss nach Satz 1 für mehrere Jahre oder bis zur nächsten Beschlussfassung fortgelten soll. Denn der jährlich vorzulegende Wirtschaftsplan soll die Wohnungseigentümer gerade in die Lage versetzen, einen neuen Beschluss zu fassen beziehungsweise einen bereits gefassten Beschluss abzuändern.

Der Wirtschaftsplan muss zunächst die nach Satz 1 zu beschließenden Zahlungspflichten enthalten, also die jeweiligen Vorschüsse zur Kostentragung und zu den nach § 19 Absatz 2 Nummer 4 WEG-E oder durch Beschluss vorgesehenen Rücklagen. Darüber hinaus muss der Wirtschaftsplan die voraussichtlichen Einnahmen und Ausgaben enthalten.

Wird gegen die Beschlussvorbereitungspflicht aus Satz 2 verstoßen, beschließen die Wohnungseigentümer aber dennoch nach Satz 1 über die dort genannten Zahlungspflichten, macht allein dies den Beschluss nicht fehlerhaft.

Zu § 28 Absatz 2

§ 28 Absatz 2 befasst sich mit der Jahresabrechnung.

Zu § 28 Absatz 2 Satz 1

§ 28 Absatz 2 Satz 1 regelt den Gegenstand des Beschlusses über die Jahresabrechnung. Gegenstand dieses Beschlusses ist die Einforderung von Nachschüssen oder die Anpassung beschlossener Vorschüsse. Beschlussgegenstand sind also nur Zahlungspflichten, die zum Ausgleich einer Unter- oder Überdeckung aus dem Wirtschaftsplan erforderlich sind.

Damit wird zum einen klargestellt, dass das zugrundeliegende Zahlenwerk, aus dem der Betrag dieser Zahlungspflichten abgeleitet wird, nicht Gegenstand des Beschlusses ist, sondern nur seiner Vorbereitung dient (vergleiche § 28 Absatz 2 Satz 2).

Im Übrigen wird zwischen dem Fall der Unterdeckung („Einforderung von Nachschüssen") und dem Fall der Überdeckung („Anpassung beschlossener Vorschüsse") unterschieden:

Für den Fall der Unterdeckung stellt § 28 Absatz 2 Satz 1 im Einklang mit der Rechtsprechung des Bundesgerichtshofs klar, dass der Beschluss über die Jahresabrechnung anspruchsbegründend nur hinsichtlich des auf den einzelnen Wohnungseigentümer entfallenden Betrags ist, welcher die im Rahmen des Wirtschaftsplans beschlossenen Vorschüsse übersteigt (Urteil vom 1. Juni 2012 – V ZR 171/11 Randnummer 20). Dieser Betrag wird als Nachschuss bezeichnet.

Für den Fall der Überdeckung ist über die Anpassung der beschlossenen Vorschüsse und nicht etwa über davon losgelöste Rückzahlungen zu beschließen. Dem ist zu entnehmen, dass eine Rückzahlung ausscheidet, soweit Vorschüsse nicht erbracht wurden. Insbesondere im Fall der Veräußerung erwirbt der Erwerber deshalb keinen Rückzahlungsanspruch, wenn der Veräußerer die Vorschüsse nicht gezahlt hat (so bereits zum geltenden Recht Häublein, in: Staudinger, WEG, 2018, § 28 Randnummern 221 ff.).

Zu § 28 Absatz 2 Satz 2

§ 28 Absatz 2 Satz 2 regelt wiederum die Pflicht zur Vorbereitung eines Beschlusses nach Satz 1. Der Verwalter hat dafür eine Jahresabrechnung aufzustellen. Diese muss zunächst die nach Satz 1 zu beschließenden Zahlungspflichten enthalten, also die einzufordernden Nachschüsse beziehungsweise die Anpassung der beschlossenen Vorschüsse. Darüber hinaus muss die Jahresabrechnung die Einnahmen und Ausgaben enthalten.

Wird gegen die Beschlussvorbereitungspflicht aus Satz 2 verstoßen, beschließen die Wohnungseigentümer aber dennoch nach Satz 1 über die dort genannten Zahlungspflichten, macht allein dies den Beschluss nicht fehlerhaft.

Zu § 28 Absatz 3

§ 28 Absatz 3 schafft einen Informationsanspruch eines jeden Wohnungseigentümers gegenüber der Gemeinschaft der Wohnungseigentümer, der durch den Verwalter zu erfüllen ist. Die Wohnungseigentümer sollen dadurch ein möglichst genaues Bild über die wirtschaftliche Lage der Gemeinschaft erhalten.

Der Vermögensbericht muss zum einen den Stand der Erhaltungsrücklage (§ 19 Absatz 2 Nummer 4 WEG-E) und etwaiger durch Beschluss vorgesehener Rücklagen enthalten. Anzugeben ist jeweils der Ist-Stand des tatsächlich vorhandenen Vermögens, das für die Erhaltung beziehungsweise andere Zwecke reserviert ist; offene Forderungen oder zur Liquiditätssicherung umgewidmete Mittel sind insoweit nicht anzugeben. Der Stand der Rücklagen ist ungeachtet seiner Höhe anzugeben. Hierin liegt auch der Grund, warum das Gesetz die Rücklagen ausdrücklich erwähnt, obwohl sie begrifflich bereits vom Gemeinschaftsvermögen erfasst werden.

Daneben muss der Vermögensbericht eine Aufstellung des wesentlichen Gemeinschaftsvermögens enthalten. Das wesentliche Vermögen umfasst insbesondere:
- alle Forderungen der Gemeinschaft der Wohnungseigentümer gegen einzelne Wohnungseigentümer und Dritte (insbesondere Hausgeldschulden einschließlich offener Forderungen zu Rücklagen);
- alle Verbindlichkeiten (vor allem Bankdarlehen);
- sonstige Vermögensgegenstände (etwa Brennstoffvorräte).

Stichtag ist jeweils der Ablauf des Kalenderjahres.

Das Vermögen ist dabei lediglich aufzustellen, also zu benennen. Die einzelnen Vermögensgegenstände müssen nicht bewertet werden; Geldforderungen und -verbindlichkeiten sind betragsmäßig anzugeben. In den Vermögensbericht müssen nur die wesentlichen Vermögensgegenstände aufgenommen werden. Unwesentlich sind Vermögensgegenstände, die für die wirtschaftliche Lage der Gemeinschaft unerheblich sind. Eine betragsmäßige Grenze sieht der Entwurf hierfür nicht vor; sie hängt insbesondere von der Größe der Gemeinschaft ab.

Der Vermögensbericht ist jedem Wohnungseigentümer zur Verfügung zu stellen. Wie das geschieht, schreibt der Entwurf nicht vor. Denkbar ist etwa eine Übersendung per Post oder E-Mail zusammen mit der Jahresabrechnung, aber auch die Einstellung auf eine Internetseite. Die Wohnungseigentümer können nach § 19 Absatz 1 WEG-E über die Art der Zurverfügungstellung beschließen.

Wird der Anspruch aus § 28 Absatz 3 gar nicht oder mangelhaft erfüllt, hat jeder Wohnungseigentümer einen Anspruch gegen die Gemeinschaft der Wohnungseigentümer, dass ihm der Vermögensbericht erstmals oder berichtigt zur Verfügung gestellt wird. Die Beschlüsse über den Wirtschaftsplan und die Jahresabrechnung werden dadurch aber nicht fehlerhaft.

Zu § 29 allgemein

§ 29 regelt den Verwaltungsbeirat. Die Änderungen dienen dazu, die Tätigkeit im Verwaltungsbeirat attraktiver zu machen, um dadurch mehr Wohnungseigentümer zur Übernahme dieser Tätigkeit zu bewegen.

Zu § 29 Absatz 1

Der geltende § 29 Absatz 1 Satz 2 schreibt vor, dass der Verwaltungsbeirat aus drei Wohnungseigentümern bestehen muss. Beschließen die Wohnungseigentümer eine hiervon abweichende Mitgliederzahl, ist der Beschluss nach der Rechtsprechung auf Anfechtungsklage hin aufzuheben (BGH, Urteil vom 5. Februar 2010 – V ZR 126/09). Diese Rechtslage wird dem Bedürfnis der Praxis nicht gerecht, die Zahl der Beiratsmitglieder flexibel durch Beschluss festlegen zu können (vergleiche den Abschlussbericht der Bund-Länder-Arbeitsgruppe zur Reform des Wohnungseigentumsgesetzes, ZWE 2019, 430, 454).

§ 29 Absatz 1 Satz 1 sieht daher vor, dass die Wohnungseigentümer über die Zahl der Mitglieder des Verwaltungsbeirats beschließen können. Es kann auch nur ein Wohnungseigentümer zum alleinigen Mitglied des Verwaltungsbeirats bestellt werden; er ist dann automatisch dessen Vorsitzender. Besteht der Verwaltungsbeirat aus mehreren Mitgliedern, ist nach Satz 2 ein Vorsitzender und ein Stellvertreter zu bestimmen. Wer dies bestimmt, ordnet der Entwurf bewusst nicht an. Die Wohnungseigentümer können durch Beschluss entscheiden; andernfalls erfolgt die Bestimmung durch die Mitglieder des Verwaltungsbeirats.

§ 29 Absatz 1 Satz 3, der die Einberufung des Verwaltungsbeirats regelt, entspricht dem geltenden § 29 Absatz 4.

Zu § 29 Absatz 2

§ 29 Absatz 2 Satz 1 bestimmt, dass der Verwaltungsbeirat den Verwalter bei der Durchführung seiner Aufgaben unterstützt; dies entspricht dem geltenden § 29 Absatz 2.

§ 29 Absatz 2 Satz 2 regelt, dass Wirtschaftsplan und Jahresabrechnung vor der Beschlussfassung vom Verwaltungsbeirat geprüft und mit einer Stellungnahme versehen werden sollen. Die Vorschrift entspricht insoweit dem geltenden § 29 Absatz 3, dessen Wortlaut aber an den geänderten § 28 angepasst wird. Nicht übernommen wird dagegen der geltende § 29 Absatz 3, soweit er sich auf Rechnungslegungen und Kostenanschläge bezieht. Soweit Rechnungen und Kostenanschläge als Grundlage für die Erstellung des Wirtschaftsplans oder der Jahresabrechnung dienen, sind sie unverändert Gegenstand der Prüfung durch den Verwaltungsbeirat. Eine darüber hinausgehende Prüfung dieser Zahlenwerke durch den Verwaltungsbeirat ist zum einen praktisch nicht von Relevanz; sie könnte zum anderen auch zu einer Überlastung des Verwaltungsbeirats mit der Konsequenz führen, interessierte Wohnungseigentümer von einer Mitgliedschaft im Beirat abzuschrecken. Die Informationsrechte des Verwaltungsbeirats werden dadurch nicht eingeschränkt. Jedes Mitglied hat, wie jeder Wohnungseigentümer auch, einen Anspruch auf Einsichtnahme in die Verwaltungsunterlagen nach § 18 Absatz 4 WEG-E.

Zu § 29 Absatz 3

§ 29 Absatz 3 sieht vor, dass die Mitglieder des Verwaltungsbeirats nur Vorsatz und grobe Fahrlässigkeit zu vertreten haben, wenn sie unentgeltlich tätig werden. Damit soll die Bereitschaft gefördert werden, sich unentgeltlich als Mitglied des Verwaltungsbeirats zu engagieren (vergleiche den Abschlussbericht der Bund-Länder-Arbeitsgruppe zur Reform des Wohnungseigentumsgesetzes, ZWE 2019, 430, 456).

Zu Nummer 27 (Abschnitt 5)

Der geltende 4. Abschnitt wird Abschnitt 5.

Zu Nummer 28 (§ 30)

§ 30 hat bislang keine amtliche Überschrift und erhält deshalb die Überschrift „Wohnungserbbaurecht".

Zu Nummer 29 (Teil 2)

Die Anpassung der Nummerierung ist aus rechtsförmlichen Gründen notwendig.

Zu Nummer 30 (§ 32 Absatz 2 Sätze 4 bis 7 – alt –)

§ 32 Absatz 2 Satz 4 bis 7 wird aus den gleichen Gründen wie § 7 Absatz 4 Satz 3 bis 6 aufgehoben.

Zu Nummer 31 (Teil 3 – §§ 43 bis 45)
Zu Teil 3 allgemein

Seit der WEG-Novelle 2007 gelten die allgemeinen Vorschriften des Zivilprozessrechts grundsätzlich auch für Verfahren in Wohnungseigentumssachen. Davon abweichende Vorschriften enthalten jedoch die geltenden §§ 43 ff. WEG, die zum großen Teil ihre Wurzeln im Verfahren der freiwilligen Gerichtsbarkeit haben, dem Wohnungseigentumssachen bis dahin unterlagen. Diese von den Grundsätzen des Zivilprozessrechts abweichenden Regelungen haben sich in weiten Teilen in der Praxis nicht bewährt und zudem schwierige rechtliche Fragen aufgeworfen (siehe etwa Jacoby, ZMR 2018, 393). Prozessrechtlicher Reformbedarf wird zudem durch § 18 Absatz 1 WEG-E ausgelöst, der die Verwaltung des gemeinschaftlichen Eigentums der Gemeinschaft der Wohnungseigentümer zuweist. Aus diesen Gründen werden die Verfahrensvorschriften vollständig neu gefasst. § 43 WEG-E enthält dabei wie bisher Vorschriften zur gerichtlichen Zuständigkeit. § 44 WEG-E befasst sich mit den Besonderheiten der Beschlussklagen im Allgemeinen, § 45 WEG-E mit den Fristen der Anfechtungsklage.

Folgende Vorschriften des geltenden Rechts wurden inhaltlich nicht übernommen:

- Die besonderen Vorschriften zur Bezeichnung der Wohnungseigentümer in der Klageschrift (§ 44 WEG) und zur Zustellung (§ 45 WEG) fallen ersatzlos weg. Diese Vorschriften dienen nach geltendem Recht der Verfahrensvereinfachung, wenn an dem Prozess mehrere Wohnungseigentümer als Parteien oder als Beigeladene zu beteiligen sind. Ihr Hauptanwendungsfall sind die Beschlussklagen. Beschlussklagen sind nach dem Entwurf aber gegen die Gemeinschaft der Wohnungseigentümer zu richten (vergleiche § 44 Absatz 2 Satz 1 WEG-E). Auch die Möglichkeit der Beiladung (§ 48 WEG) wird abgeschafft (dazu sogleich). Damit entfällt die Rechtfertigung für die Sonderregelungen der geltenden §§ 44 und 45 WEG. Ebenso entbehrlich ist die Vorschrift des geltenden § 47 Satz 2 WEG, da die Beschlussklagen nach dem Entwurf gegen die Gemeinschaft der Wohnungseigentümer zu richten sind.

- Abgeschafft wird die in dem geltenden § 48 Absatz 1 bis 3 WEG geregelte Beiladung. Die Beiladung hat den Zweck, den Beigeladenen an das Ergebnis eines aus seiner Sicht fremden Prozesses zu binden. Für Beschlussklagen, die nach dem Entwurf gegen die Gemeinschaft der Wohnungseigentümer zu richten sind (vergleiche § 44 Absatz 2 Satz 1 WEG-E), bedarf es der Beiladung nicht mehr. Im Übrigen sieht bereits das allgemeine Zivilprozessrecht mit der Streitverkündigung ein Instrument vor, Dritte an das Ergebnis eines Prozesses zu binden. Es besteht keine Rechtfertigung für eine davon abweichende Regelung nur für wohneigentumsrechtliche Streitigkeiten. Das gilt umso mehr, als nach § 9a Absatz 2 und § 14 Absatz 1 Nummer 1 WEG-E die gerichtliche Durchsetzung von Ansprüchen wegen Störungen des gemeinschaftlichen Eigentums und Pflichtverletzungen von Wohnungseigentümern weitgehend der Gemeinschaft der Wohnungseigentümer zugewiesen wird. Im Vergleich zum geltenden Recht wird dadurch die Gefahr deutlich verringert, dass sich ein Wohnungseigentümer in aufeinanderfolgenden Prozessen gleichgerichteten Klagen anderer Wohnungseigentümer ausgesetzt sieht.

- Nach dem geltenden § 48 Absatz 4 WEG kann, wenn eine Anfechtungsklage als unbegründet abgewiesen wurde, nicht mehr geltend gemacht werden, der Beschluss sei nichtig. Diese Regelung dient dazu, eine zum Beschlussanfechtungsrecht nach dem früheren Verfahren der freiwilligen Gerichtsbarkeit anerkannte

Rechtsfolge in das zivilprozessrechtliche Verfahren zu übertragen (Bundestagsdrucksache 16/887, Seite 40). Diese Sonderregelung passt sich nicht reibungslos in die prozessrechtlichen Grundsätze der Urteilswirkung ein und wird daher nicht übernommen. Die Urteilswirkungen bestimmen sich in Zukunft nach dem an § 248 Absatz 1 AktG angelehnten § 44 Absatz 3 WEG-E sowie nach der allgemeinen Streitgegenstandslehre. Die Abschaffung von § 48 Absatz 4 WEG macht auch die Übernahme des diese Regelung flankierenden § 46 Absatz 2 WEG überflüssig.

- Der geltende § 49 Absatz 1 WEG, der eine kostenrechtliche Sondervorschrift für die Beschlussersetzungsklage enthält, fällt weg. Diese Sondervorschrift ist entbehrlich, da die Kostengrundentscheidung bei einer vom richterlichen Ermessen abhängigen Entscheidung schon nach der allgemeinen Vorschrift des § 92 Absatz 2 Nummer 2 ZPO sachgerecht getroffen werden kann. Zwar betrifft § 92 Absatz 2 Nummer 2 ZPO seinem Wortlaut nach nur die Festsetzung des Betrags einer Forderung durch richterliches Ermessen. Die Vorschrift wird ihrem Zweck entsprechend aber von der Rechtsprechung auch in anderen Fällen angewendet, in denen die Hauptsacheentscheidung von richterlichem Ermessen abhängt (vergleiche Brandenburgisches Oberlandesgericht, Urteil vom 13. Oktober 2004 – 4 U 68/04).

- Der Entwurf sieht nicht mehr vor, dass dem Verwalter unabhängig von seiner Parteistellung Prozesskosten auferlegt werden können. Denn die Anwendung des geltenden § 49 Absatz 2 WEG, der dies nach geltendem Recht vorsieht, zwingt das Gericht dazu, materiell-rechtliche Fragen im Rahmen der Entscheidung über die Verfahrenskosten abschließend zu prüfen. Das widerspricht dem kostenrechtlichen Vereinfachungsprinzip. Die Vorschrift ist zur Durchsetzung von Regressansprüchen gegen den Verwalter auch nicht erforderlich. Materiellrechtliche Schadensersatzansprüche gegen den Verwalter können eigenständig im Klagewege verfolgt werden. Für eine im Vergleich zu anderen Ansprüchen privilegierte Durchsetzung im Wege einer prozessualen Nebenentscheidung besteht kein anzuerkennendes Bedürfnis.

- Schließlich wird die in § 50 WEG enthaltene Sonderregelung zur Erstattungsfähigkeit von Rechtsanwaltskosten der obsiegenden Partei nicht übernommen. Diese Sonderregelung wurde eingeführt, um insbesondere in einem Beschlussanfechtungsverfahren, bei dem nach geltendem Recht sämtliche Wohnungseigentümer zu verklagen sind, das Kostenrisiko des anfechtenden Wohnungseigentümers zu begrenzen (Bundestagsdrucksache 16/3843, Seite 28). Dieses Regelungsbedürfnis entfällt, da die Anfechtungsklage nach dem Entwurf gegen die Gemeinschaft der Wohnungseigentümer zu richten ist (vergleiche § 44 Absatz 2 Satz 1 WEG-E). Ein Kostenbegrenzungsinteresse besteht nach dem Entwurf vielmehr mit Blick auf etwaige Nebeninterventionen; dies wird durch § 44 Absatz 4 WEG-E berücksichtigt.

Zu § 43 allgemein

§ 43 enthält wie bislang Vorschriften zur Zuständigkeit. Absatz 1 regelt im Wesentlichen den allgemeinen Gerichtsstand der Gemeinschaft der Wohnungseigentümer; Absatz 2 enthält einen Katalog ausschließlicher Zuständigkeiten.

Zu § 43 Absatz 1

§ 43 Absatz 1 Satz 1 regelt den allgemeinen Gerichtsstand der Gemeinschaft der Wohnungseigentümer.

Nach § 17 ZPO richtet sich der allgemeine Gerichtsstand juristischer Personen und rechtsfähiger Personengesellschaften nach dem Ort der Verwaltung, was bei einer Anwendung auf die Gemeinschaft der Wohnungseigentümer die Frage aufwerfen würde, ob der Ort der Verwaltung durch das Grundstück oder die Geschäftsräume des Verwalters bestimmt wird. Diese Unsicherheit wird durch § 43 Absatz 1 Satz 1 ausgeräumt, indem an die Belegenheit des Grundstücks angeknüpft wird. Die Vorschrift tritt damit inhaltlich an die Stelle des geltenden § 43 Nummer 5 und 6, der die gleiche Zuständigkeit punktuell für Klagen Dritter gegen die Gemeinschaft der Wohnungseigentümer oder gegen Wohnungseigentümer sowie für Mahnverfahren, wenn die Gemeinschaft der Wohnungseigentümer Antragstellerin ist, vorsieht.

§ 43 Absatz 1 Satz 2 betrifft die Zuständigkeit für eine auf § 9a Absatz 4 Satz 1 WEG-E des Entwurfs gestützte Haftungsklage gegen einzelne Wohnungseigentümer. Die Vorschrift ordnet an, dass diese Haftungsklage am Ort des Gerichtsstands der Gemeinschaft der Wohnungseigentümer erhoben werden kann, und begründet damit einen besonderen Gerichtsstand für diese Klagen. Dieser besondere Gerichtsstand ist aufgrund der Teilhaftung nach § 9a Absatz 4 Satz 1 WEG-E geboten. Denn ein Gläubiger der Gemeinschaft der Wohnungseigentümer, der seinen Haftungsanspruch in voller Höhe durchsetzen will, ist gezwungen, sämtliche Wohnungseigentümer zu verklagen. § 43 Absatz 1 Satz 2 ermöglicht es, eine einheitliche Klage gegen die Gemeinschaft der Wohnungseigentümer und sämtliche Wohnungseigentümer am Ort des Grundstücks zu erheben. Für eine ausschließliche örtliche Zuständigkeit besteht allerdings kein Bedürfnis, weshalb der Entwurf als Regelungsort nicht den Katalog des neuen Absatz 2 vorsieht. Nur insoweit besteht ein Unterschied zum geltenden Recht, das in § 43 Nummer 5 die gleiche Zuständigkeit wie der neue Satz 2 enthält.

Zu § 43 Absatz 2 allgemein

§ 43 Absatz 2 entspricht inhaltlich dem geltenden § 43 Nummer 1 bis 4 und wird im Wesentlichen nur redaktionell angepasst.

Nicht übernommen werden die Nummern 5 und 6 des geltenden § 43:

Soweit sich Nummer 5 auf Klagen Dritter gegen die Gemeinschaft der Wohnungseigentümer bezieht, bedarf es dieser Vorschrift nicht mehr, da der allgemeine Gerichtsstand der Gemeinschaft der Wohnungseigentümer in § 43 Absatz 1 Satz 1 geregelt wird. Das gleiche gilt, soweit Nummer 5 Haftungsklagen Dritter nach § 9a Absatz 4 Satz 1 WEG-E gegen Wohnungseigentümer betrifft, die von § 43 Absatz 1 Satz 2 erfasst werden. Nur für solche Haftungsklagen besteht das Bedürfnis nach einem besonderen Gerichtsstand (vergleiche auch die Begründung zu § 43 Absatz 1). Für andere Klagen Dritter gegen Wohnungseigentümer kann es dagegen bei den allgemeinen Vorschriften der ZPO verbleiben.

Eine der Nummer 6 entsprechende Vorschrift ist nicht mehr erforderlich, da der allgemeine Gerichtsstand der Gemeinschaft der Wohnungseigentümer, der nach § 689 Absatz 2 ZPO für das Mahnverfahren maßgeblich ist, nun durch § 43 Absatz 1 Satz 1 bestimmt wird.

Zu § 43 Absatz 2 Nummer 1

§ 43 Absatz 2 Nummer 1 entspricht im Wesentlichen dem geltenden § 43 Nummer 1. Nach dem Entwurf fallen aber auch Streitigkeiten zwischen den Wohnungseigentümern aus dem sogenannten sachenrechtlichen Grundverhältnis unter die Vorschrift, was von der herrschenden Meinung zum geltenden Recht abgelehnt wird (vergleiche BGH, Urteil vom 30. Juni 1995 – V ZR 118/94). Das ergibt sich daraus, dass die einschränkenden Wörter „sich aus der Gemeinschaft der Wohnungseigentümer und aus der Verwaltung des gemeinschaftlichen Eigentums ergebenden“ nicht übernommen werden. Diese Erweiterung der ausschließlichen örtlichen Zuständigkeit ist aus zwei Gründen geboten: Zum einen spricht auch bei diesen Streitigkeiten der Gesichtspunkt der Prozessökonomie für eine Entscheidung durch den Richter am Ort der Belegenheit des Grundstücks. Zum anderen geht es auch bei diesen Streitigkeiten typischerweise um wohnungseigentumsrechtliche Rechtsfragen. Die Anwendung von § 43 WEG-E auf Streitigkeiten aus dem sachenrechtlichen Grundverhältnis führt in der Berufungsinstanz dazu, dass diese durch die gemäß § 72 Absatz 2 des Gerichtsverfassungsgesetzes zuständigen Landgerichte entschieden werden.

Zu § 43 Absatz 2 Nummer 2

§ 43 Absatz 2 Nummer 2 entspricht ohne Änderung dem geltenden § 43 Nummer 2.

Zu § 43 Absatz 2 Nummer 3

§ 43 Absatz 2 Nummer 3 entspricht inhaltlich dem geltenden § 43 Nummer 3. Die Worte „bei der Verwaltung des gemeinschaftlichen Eigentums“ werden lediglich zur sprachlichen Straffung nicht übernommen. Denn schon aus dem Tatbestandsmerkmal „Verwalter“ folgt, dass die Vorschrift nur Streitigkeiten betrifft, die sich auf die Tätigkeit als Verwalter im Sinne des Wohnungseigentumsgesetzes beziehen.

Zu § 43 Absatz 2 Nummer 4

§ 43 Absatz 2 Nummer 4 entspricht inhaltlich dem bisherigen § 43 Nummer 4. Der Wortlaut knüpft an § 44 WEG-E an, der sämtliche Beschlussklagen in einer Vorschrift beschreibt und bündelt. Damit erfasst die Vorschrift insbesondere auch Beschlussersetzungsklagen.

Zu § 44 allgemein

§ 44 enthält gemeinsame Regelungen für sämtliche Beschlussklagen. Beschlussklagen sind Anfechtungs-, Nichtigkeits- und Beschlussersetzungsklagen. Sie werden in Absatz 1 näher beschrieben. Absatz 2 regelt die Passivlegitimation, die Unterrichtung der Wohnungseigentümer und die Prozessverbindung, Absatz 3 die Wirkungen eines Urteils und Absatz 4 die Kosten einer Nebenintervention auf Seiten der Beklagten.

Zu § 44 Absatz 1

§ 44 Absatz 1 regelt in Satz 1 die Anfechtungs- und Nichtigkeitsklage und in Satz 2 die Beschlussersetzungsklage.

Zu § 44 Absatz 1 Satz 1

§ 44 Absatz 1 Satz 1 ordnet an, dass auf Klage eines Wohnungseigentümers das Gericht einen Beschluss für ungültig erklären oder dessen Nichtigkeit feststellen kann. Die Vorschrift enthält zugleich die Legaldefinitionen der Anfechtungs- und Nichtigkeitsklage. Inhaltliche Veränderungen zum geltenden Recht sind damit nicht verbunden. Das gilt auch im Hinblick darauf, dass der Entwurf – anders als der geltende § 46 Absatz 1 Satz 1 – nicht ausdrücklich von einem Beschluss „der Wohnungseigentümer" spricht. Diese Beschränkung folgt schon daraus, dass das WEG nur Beschlüsse der Wohnungseigentümer regelt. Es ist daher selbstverständlich, dass die Vorschrift auf andere Beschlüsse, etwa solche des Verwaltungsbeirats, nicht anwendbar ist.

Der Entwurf sieht anders als das geltende Recht aber keine Anfechtungsklage des Verwalters vor. Praktisch relevant ist die Anfechtung durch den Verwalter bislang, wenn seine Abberufung nur aus wichtigem Grund zulässig ist und die Abberufung aus seiner Sicht ohne einen solchen Grund beschlossen wurde. Nach dem Entwurf kann die Abberufung des Verwalters jedoch nicht mehr beschränkt werden (vergleiche § 26 Absatz 1 Satz 3 WEG-E). Insoweit entfällt auch das Bedürfnis, dem Verwalter ein Klagerecht einzuräumen. Eines Klagerechts bedarf der Verwalter auch nicht gegen Beschlüsse, durch deren Ausführung er eine strafbare Handlung oder eine Ordnungswidrigkeit begehen würde oder er sich ersatzpflichtig machen würde. Denn in diesen Fällen ist er schon aus materiell-rechtlichen Gründen nicht zur Beschlussausführung verpflichtet (vergleiche §§ 134, 242, 275 BGB).

Zu § 44 Absatz 1 Satz 2

§ 44 Absatz 1 Satz 2 regelt die Beschlussersetzungsklage. Diese Gestaltungsklage ergibt sich nach geltendem Recht aus § 21 Absatz 8.

Die Beschlussersetzungsklage ist statthaft, wenn der Kläger begehrt, dass das Gericht einen Beschluss anstelle der Wohnungseigentümer fasst. Sie ist begründet, wenn ein Anspruch auf den begehrten Beschluss besteht. Der Anspruch kann sich aus der allgemeinen Vorschrift des § 18 Absatz 2 WEG-E oder aus einer speziellen Vorschrift (zum Beispiel § 20 Absatz 2 oder 3 WEG-E) ergeben.

§ 44 Absatz 1 Satz 2 schreibt – anders als der geltende § 21 Absatz 8 – nicht vor, dass das Gericht nach billigem Ermessen entscheidet. Denn ob dem Gericht ein Ermessensspielraum zusteht, bestimmt sich nach materiellem Recht, nämlich danach, ob den Wohnungseigentümern bei der Beschlussfassung ein solches Ermessen zustünde. Ein solches Ermessen kann sich insbesondere aus § 18 Absatz 2 WEG-E für Beschlüsse über die ordnungsgemäße Verwaltung und Benutzung des gemeinschaftlichen Eigentums ergeben. Besteht hingegen ein Anspruch auf eine konkrete Beschlussfassung (zum Beispiel nach § 20 Absatz 3 WEG-E), hat auch das Gericht bei der Beschlussersetzung kein Ermessen.

Der Entwurf sieht nur die gerichtliche Ersetzung eines Beschlusses vor. Anders als nach geltendem Recht (vergleiche BGH, Urteil vom 8. April 2016 – V ZR 191/15) ist die Ersetzung einer Vereinbarung nicht vorgesehen. Denn die Beschlussersetzungsklage als besondere Form der Anspruchsdurchsetzung rechtfertigt sich gerade dadurch, dass die Verwaltung in aller Regel nicht durch vertragliche Vereinbarungen erfolgt, sondern durch mehrheitlich gefasste Beschlüsse (vergleiche § 19 Absatz 1 WEG-E). Die Beschlussersetzungsklage sichert dieses Konzept im Streitfall prozessual wirksam ab. Ein Anspruch auf Abschluss oder Änderung einer Vereinbarung (etwa nach § 10 Absatz 2 WEG-E) besteht dagegen nur in seltenen Fällen. Ein solcher Anspruch ist deshalb – genauso wie ein Anspruch auf Anpassung eines sonstigen Vertrags (etwa nach § 313 Absatz 1 BGB) – im Wege der Leistungsklage zu verfolgen.

Zu § 44 Absatz 2

§ 44 Absatz 2 regelt die Passivlegitimation (Satz 1), die Pflicht zur Information der Wohnungseigentümer (Satz 2) und die Prozessverbindung (Satz 3).

Zu § 44 Absatz 2 Satz 1

Nach § 44 Absatz 2 Satz 1 sind die Beschlussklagen nicht mehr gegen alle anderen Wohnungseigentümer, sondern gegen die Gemeinschaft der Wohnungseigentümer zu richten.

Der Entwurf reagiert damit zum einen auf die aus praktischer Sicht gegen das geltende Recht vorgebrachten Bedenken (vergleiche den Abschlussbericht der Bund-Länder-Arbeitsgruppe zur Reform des Wohnungseigentumsgesetzes, ZWE 2019, 430, 460). Denn das geltende Recht führt zu schwer handhabbaren Prozessen mit einer Vielzahl von Beteiligten. Auch führt es häufig zu Irritationen bei den Wohnungseigentümern, weil auch diejenigen Wohnungseigentümer verklagt werden müssen, die – wie in der Regel der Kläger – gegen den Beschluss gestimmt haben. Gerade bei großen Gemeinschaften, die von häufigen Eigentümerwechseln geprägt sind, besteht außerdem die Gefahr, falsche Personen zu verklagen.

Das Konzept des Entwurfs, Beschlussklagen gegen die rechtsfähige Gemeinschaft der Wohnungseigentümer zu richten, ist aber vor allem dogmatisch konsistent. Denn der Gemeinschaft der Wohnungseigentümer ist nach § 18 Absatz 1 WEG-E materiellrechtlich die Verwaltung des gemeinschaftlichen Eigentums zugewiesen. Folgerichtig hat die Gemeinschaft der Wohnungseigentümer diese Aufgabe auch prozessual wahrzunehmen, indem sie die Streitigkeiten über Beschlüsse führt.

Zu § 44 Absatz 2 Satz 2

§ 44 Absatz 2 Satz 2 schreibt vor, dass der Verwalter den Wohnungseigentümern die Erhebung einer Beschlussklage unverzüglich bekannt zu machen hat. Dies ist geboten, weil die gerichtliche Entscheidung gegenüber allen Wohnungseigentümern wirkt (vergleiche § 44 Absatz 3). Die Wohnungseigentümer müssen deshalb die Möglichkeit erhalten, sich als Nebenintervenienten an dem Prozess zu beteiligen.

Der Entwurf schreibt kein spezielles Verfahren der Bekanntmachung vor. Der Verwalter erfüllt seine Pflicht, wenn er den Wohnungseigentümern die Möglichkeit eröffnet, von der Klageerhebung mit hinreichender Sicherheit Kenntnis zu nehmen, sodass sie von ihren prozessualen Rechten Gebrauch machen können. Ein individueller Zugang bei dem einzelnen Wohnungseigentümer ist dafür nicht erforderlich. Fehlt ein Verwalter, kann die Informationspflicht, wie bei anderen verbandsrechtlichen Gestaltungsklagen auch, gegebenenfalls dem Gericht obliegen (vergleiche Bundesverfassungsgericht, Beschluss vom 9. Februar 1982 – 1 BvR 191/81).

Zu § 44 Absatz 2 Satz 3

§ 44 Absatz 2 Satz 3 entspricht im Wesentlichen dem geltenden § 47 Satz 1. Die Vorschrift ordnet die Verbindung mehrerer Verfahren über Beschlussklagen zur gleichzeitigen Verhandlung und Entscheidung an. Sie gilt nur für Verfahren über denselben Streitgegenstand. Während der geltende § 47 Satz 1 die zwingende Prozessverbindung nur für Anfechtungs- und Nichtigkeitsklagen vorsieht, gilt § 44 Absatz 2 Satz 3 auch für Beschlussersetzungsklagen, weil auch insoweit das Bedürfnis besteht, divergierende Entscheidungen über denselben Streitgegenstand zu vermeiden.

Zu § 44 Absatz 3

§ 44 Absatz 3 WEG-E erstreckt die subjektive Rechtskraft sowohl eines der Klage stattgebenden als auch diese abweisenden Urteils in Beschlussklageverfahren auf alle Wohnungseigentümer und damit auch auf deren Sondernachfolger. Dies dient der Rechtssicherheit und dem Rechtsfrieden in der Gemeinschaft. Diese Rechtskrafterstreckung gilt aber nur für Urteile in Beschlussklageverfahren. Urteile in anderen Verfahren wirken dagegen – anders als nach geltendem Recht (vergleiche § 48 Absatz 3 und § 10 Absatz 4 Satz 1 WEG) – nur nach den allgemeinen zivilprozessualen Regeln für und gegen nicht an dem Prozess beteiligte Dritte.

§ 10 Absatz 3 WEG-E bleibt von § 44 Absatz 3 WEG-E unberührt. Beschlüsse aufgrund einer Vereinbarung bedürfen deshalb zu ihrer Wirkung gegen Sondernachfolger auch dann der Eintragung in das Grundbuch, wenn sie durch das Gericht gefasst werden. Die Gestaltungswirkung des Urteils beschränkt sich nämlich auf den Eintritt der Gestaltung im Moment der Rechtskraft. Eine spätere Veränderung dieser Wirkung durch das materielle Recht wird dadurch nicht ausgeschlossen.

Zu § 44 Absatz 4

§ 44 Absatz 4 beschränkt bei Beschlussklagen den Kostenerstattungsanspruch im Falle der Nebenintervention.

Beschlussklagen sind nach § 44 Absatz 2 Satz 1 gegen die Gemeinschaft der Wohnungseigentümer zu richten. Die Wohnungseigentümer haben aber die Möglichkeit, als Nebenintervenienten dem Prozess auf Seiten der Gemeinschaft der Wohnungseigentümer beizutreten. Wird die Beschlussklage abgewiesen, wären die Kosten der Nebenintervention auf Seiten der beklagten Gemeinschaft der Wohnungseigentümer nach den allgemeinen Vorschriften der ZPO vom Kläger zu erstatten. Daraus ergäbe sich ein erhebliches Kostenrisiko für den Kläger, insbesondere in größeren Gemeinschaften. Dem begegnet § 44 Absatz 4. Er soll verhindern, dass das Kostenrisiko prohibitive Wirkungen entfaltet und einen Wohnungseigentümer von der Erhebung einer Beschlussklage abhält. Der Vorschrift verfolgt damit denselben Zweck wie der geltende § 50.

§ 44 Absatz 4 sieht vor, dass die Kosten einer Nebenintervention auf Beklagtenseite nur dann zu erstatten sind, wenn die Nebenintervention geboten war. Die Gebotenheit ist dabei wie nach dem geltenden § 50 zu verstehen. Geboten ist eine Nebenintervention auf Beklagtenseite, wenn die Rechtsverteidigung aus Sicht eines verständigen Wohnungseigentümers nicht der Gemeinschaft der Wohnungseigentümer alleine überlassen werden kann.

Die Vorschrift betrifft nur die Nebenintervention auf Beklagtenseite, wie aus der Bezugnahme auf die Rechtsverteidigung folgt.

Zu § 45

§ 45 regelt die Fristen der Anfechtungsklage. Die Regelung entspricht dem geltenden § 46 Absatz 1 Satz 2 und 3.

Zu Nummer 32 (Teil 4)

Die Anpassung der Nummerierung ist aus rechtsförmlichen Gründen notwendig.

Zu Nummer 33 (§ 46)

Der geltende § 61 wird § 46 und erhält eine amtliche Überschrift.

Zu Nummer 34 (§§ 47 bis 49)
Zu § 47

§ 47 soll sicherstellen, dass die geänderten Vorschriften des WEG in der Regel auch in den Gemeinschaften gelten, in denen Wohnungseigentum vor Inkrafttreten der Änderungen begründet worden ist. Die Vorschrift bewirkt, dass Vereinbarungen, die vor Inkrafttreten der Änderungen getroffen wurden, der Anwendung der geänderten Vorschriften nur dann entgegenstehen, wenn sich ein entsprechender Wille aus der Vereinbarung mit hinreichender Deutlichkeit ergibt.

Eine solche Vorschrift ist notwendig, da viele Gemeinschaftsordnungen den Wortlaut des bei ihrer Errichtung geltenden Gesetzes wiederholen. In der Regel wird damit nicht bezweckt, dass diese Vorschriften auch gegenüber späteren Gesetzesänderungen Vorrang genießen. Vielmehr soll die Wiederholung gesetzlicher Vorschriften in der Gemeinschaftsordnung in der Regel nur den Wohnungseigentümern und dem Verwalter die Lektüre des Gesetzes ersparen. Problematisch ist jedoch, dass es bei späteren Gesetzesänderungen zu einem zumindest formalen Widerspruch von Gemeinschaftsordnung und geändertem Gesetz kommen kann. Nach allgemeinen Grundsätzen müsste im Wege der Auslegung geklärt werden, ob eine abweichende Vereinbarung im Sinne des § 10 Absatz 1 Satz 2 WEG-E vorliegt. Den mit einer solchen Auslegung verbundenen Unsicherheiten begegnet § 47.

Eine abweichende Vereinbarung, die der Anwendung der geänderten Vorschriften entgegensteht, ist nach Satz 1 nur anzunehmen, wenn sich aus der Vereinbarung der Wille ergibt, dass die Vereinbarung auch gegenüber künftigen Gesetzesänderungen Vorrang genießen soll. Aufgrund der negativen Formulierung hat derjenige, der einen solchen Willen behauptet, diesen Willen zu beweisen. Der Wille muss sich dabei aus der Vereinbarung selbst ergeben. Nach Satz 2 ist das im Regelfall nicht anzunehmen. Im Einzelfall ist es aber nicht ausgeschlossen, dass sich ein solcher Wille aus einer Vereinbarung und ihrem Kontext mit hinreichender Deutlichkeit ergibt.

Funktional tritt § 47 an die Stelle der geltenden § 12 Absatz 4 Satz 2, § 16 Absatz 5 und § 22 Absatz 2 Satz 2. Diese Vorschriften ordnen die Unabdingbarkeit einzelner Vorschriften an, die nachträglich in das WEG eingefügt wurden. Auch dadurch wird sichergestellt, dass die neuen gesetzlichen Vorschriften Vorrang vor bereits bestehenden Vereinbarungen genießen. Allerdings wird durch die Anordnung der Unabdingbarkeit die im WEG grundsätzlich bestehende Gestaltungsfreiheit empfindlich eingeschränkt und zwar sowohl für die Vergangenheit als auch für die Zukunft. Dagegen lässt die in § 47 vorgesehene Vermutungsregel privatautonomen Entscheidungen hinreichenden Raum und ist deshalb vorzugswürdig. § 12 Absatz 4 Satz 2, § 16 Absatz 5 und § 22 Absatz 2 Satz 2 WEG haben im Entwurf daher keine Entsprechung mehr.

Zu § 48 allgemein

§ 48 enthält Übergangsvorschriften:

Zu § 48 Absatz 1

Nach § 5 Absatz 4 Satz 1 WEG-E können Beschlüsse, die aufgrund einer Vereinbarung gefasst werden, durch Eintragung im Grundbuch zum Inhalt des Sondereigentums gemacht werden. Nach § 10 Absatz 3 Satz 1 WEG-E ist die Eintragung notwendig, damit diese Beschlüsse gegen Sondernachfolger wirken.

§ 48 Absatz 1 Satz 1 ordnet an, dass für die Wirkung gegen Sondernachfolger grundsätzlich auch die Eintragung solcher Beschlüsse notwendig ist, die vor Inkrafttreten der Neuregelung gefasst oder durch gerichtliche Entscheidung ersetzt wurden (sogenannte Altbeschlüsse).

§ 48 Absatz 1 Satz 2 sieht jedoch eine Übergangsfrist bis zum 31. Dezember 2025 vor. Sie verhindert, dass Altbeschlüsse gegenüber Sondernachfolgern nicht wirken, weil die Sondernachfolge eintritt, bevor der Beschluss im Grundbuch eingetragen ist. Altbeschlüsse wirken deshalb nach dem geltenden § 10 Absatz 4 auch ohne Eintragung im Grundbuch gegen Sondernachfolger, wenn die Sondernachfolge bis zum 31. Dezember 2025 eintritt. Die Praxis erhält damit ausreichend Zeit, um die Eintragung von Altbeschlüssen in das Grundbuch zu bewirken.

Für das Eintragungsverfahren gilt die Vorschrift des § 7 Absatz 2 WEG-E. Demnach genügt eine Niederschrift über den Altbeschluss in der dort vorgeschriebenen Form. Für den Fall, dass die in § 24 Absatz 6 genannten Personen nicht mehr zur Verfügung stehen, sieht § 48 Absatz 1 Satz 3 eine weitere Erleichterung vor. Die Vorschrift gewährt jedem Wohnungseigentümer einen Anspruch darauf, dass ein nach § 48 Absatz 1 Satz 1 einzutragender Altbeschluss erneut gefasst wird. Der erneut gefasste Beschluss kann dann nach § 7 Absatz 2 WEG-E eingetragen werden. Der Anspruch setzt voraus, dass ein wirksamer Altbeschluss gefasst wurde. Erfüllen die Wohnungseigentümer diesen Anspruch nicht durch eine entsprechende Beschlussfassung, kann Beschlussersetzungsklage erhoben werden (§ 44 Absatz 1 Satz 2 WEG-E). Der Anspruch ist bis zum 31. Dezember 2025 befristet. Ist bei Fristablauf eine Beschlussersetzungsklage rechtshängig, besteht der Anspruch bis zum Abschluss des Verfahrens weiter, denn § 48 Absatz 1 Satz 2 Halbsatz 2 ordnet die entsprechende Anwendung von § 204 Absatz 1 Nummer 1 BGB an. Der Fortbestand des Anspruchs hat jedoch keine Auswirkungen auf Sondernachfolger, wenn die Sondernachfolge nach Ablauf der Frist eintritt; gegen sie wirkt der Altbeschluss nur bei Eintragung im Grundbuch.

Zu § 48 Absatz 2

Die Aufhebung des geltenden § 5 Absatz 4 Satz 3 bewirkt, dass bestimmte Vereinbarungen und Beschlüsse, die nach geltendem Recht keiner Zustimmung Dritter bedürfen, nach dem Entwurf einer solchen bedürfen. § 48 Absatz 2 verhindert, dass Vereinbarungen oder Beschlüsse, die vor Inkrafttreten der Neuregelung bereits wirksam geworden sind, nachträglich wieder schwebend unwirksam werden. Er ordnet an, dass Vereinbarungen und Beschlüsse, die bis zum Inkrafttreten der Neuregelung getroffen oder gefasst wurden und zu denen alle Zustimmungen erteilt wurden, die nach den bis zu diesem Zeitpunkt geltenden Vorschriften erforderlich waren, durch die Neuregelung nicht berührt werden. Die geltende Fassung des § 5 Absatz 4 Satz 3 gilt für diese Vereinbarungen und Beschlüsse weiter.

Zu § 48 Absatz 3

§ 48 Absatz 3 betrifft Vereinbarungen über Veräußerungsbeschränkungen nach § 12 und über die Haftung von Sondernachfolgern für Geldschulden, die vor dem Inkrafttreten der Neuregelung getroffen wurden. Er gilt auch für Beschlüsse dieses Inhalts, die aufgrund einer Vereinbarung gefasst wurden.

Nach Satz 1 gilt § 7 Absatz 3 Satz 2 WEG-E auch für diese Vereinbarungen und Beschlüsse. Auch wenn sie bereits nach dem geltenden § 7 Absatz 3 unter Bezugnahme eingetragen wurden, sind sie nunmehr ausdrücklich in das Grundbuch einzutragen. Grundbuchrechtlich handelt es sich dabei um eine Richtigstellung, die nach Satz 2 aber nicht von Amts wegen, sondern nur auf Antrag eines Wohnungseigentümers oder der Gemeinschaft der Wohnungseigentümer, die dabei in der Regel durch den Verwalter vertreten wird (§ 9b Absatz 1 Satz 1 WEG-E), in allen Wohnungsgrundbüchern erfolgt; einer Bewilligung bedarf es nicht.

Satz 3 gewährt für nicht eingetragene Haftungsklauseln eine Übergangsfrist bis zum 31. Dezember 2025. Eine Haftungsklausel, die lediglich durch Bezugnahme nach dem geltenden § 7 Absatz 3 WEG, aber nicht ausdrücklich im Grundbuch eingetragen ist, wirkt demnach gegenüber Sondernachfolgern, wenn die Sondernachfolge bis zum Ablauf der Übergangsfrist eintritt.

Zu § 48 Absatz 4

Die in dem Entwurf vorgesehenen Änderungen des Verfahrensrechts sollen bereits anhängige Verfahren unberührt lassen. Verfahren, die bei Inkrafttreten der Neuregelung bereits bei Gericht anhängig sind, sind deshalb nach den bis zu diesem Zeitpunkt geltenden Vorschriften zu führen.

Zu § 49

§ 49 enthält die Vorschrift des geltenden § 63.

Zu Artikel 2 (Änderung des BGB)
Zu Nummer 1 und 2 (§§ 554, 554a)
Zu § 554 allgemein

§ 554 ist derzeit nicht belegt. Die neue Vorschrift regelt den Anspruch des Mieters, vom Vermieter die Erlaubnis für bestimmte bauliche Veränderungen der Mietsache zu verlangen. Der Anspruch umfasst Maßnahmen, die dem Gebrauch durch Menschen mit Behinderungen, dem Laden elektrisch betriebener Fahrzeuge oder dem Einbruchsschutz dienen.

§ 554 enthält eine Ausnahme von dem Grundsatz, nach dem der Mieter keinen Anspruch darauf hat, dass der Vermieter nach Abschluss des Mietvertrags den Umfang des Gebrauchsrechts erweitert, etwa indem er dem Mieter einen Umbau der Mietsache genehmigt. Eine solche Ausnahme gilt nach dem geltenden § 554a bereits für Umbauten, die für eine behindertengerechte Nutzung der Mietsache erforderlich sind. Der Entwurf sieht vor, § 554a aufzuheben und die Barrierefreiheit und den Anspruch auf Herstellung einer Lademöglichkeit für elektrisch betriebene Fahrzeuge sowie auf Herstellung von Einbruchsschutz in § 554 gemeinsam zu regeln. Dies dient der Übersichtlichkeit des Gesetzes sowie der Vermeidung von Doppelungen oder gar widersprüchlichen Regelungen. Die drei Sachverhalte, in denen das Gesetz einen Anspruch des Mieters auf Erlaubnis baulicher Veränderungen ausdrücklich anerkennt, werden auf diese Weise in einer Vorschrift zusammengefasst.

Die Regelung ist abgestimmt mit § 20 Absatz 2 Satz 1 Nummer 1 bis 3 WEG-E. Dadurch soll der Anspruch des Mieters auf Erlaubnis der in § 554 geregelten Maßnahmen bei Vermietung einer Eigentumswohnung mit den wohnungseigentumsrechtlichen Vorschriften über bauliche Veränderungen harmonisiert werden.

Absatz 1 Satz 1 stellt an die Entstehung des Anspruchs auf Erlaubnis einer baulichen Veränderung geringe Anforderungen. Deshalb ist die in Absatz 1 Satz 2 geregelte Möglichkeit des Ausschlusses des Anspruchs von besonderer Bedeutung. Danach ist durch eine umfassende Interessenabwägung zu ermitteln, ob der Anspruch im Einzelfall besteht oder nicht. Dadurch soll eine Rechtsanwendung ermöglicht werden, die den Anspruch des Mieters umfassend anhand der Umstände des Einzelfalls bewertet.

Nach Vertragsende ist der Mieter nach allgemeinen Grundsätzen zum Rückbau der baulichen Veränderung verpflichtet. Treuwidrige Rückbauverlangen des Vermieters scheitern aber an § 242 BGB (vergleiche etwa Oberlandesgericht Frankfurt, Urteil vom 19. Dezember 1991 – 6 U 108/90, Randnummer 181, zitiert nach juris). Dies kommt insbesondere im Hinblick auf vom Mieter installierte Elektroleitungen in Betracht, die nach dessen Auszug noch verwendet werden können.

Zu § 554 Absatz 1 Satz 1

§ 554 Absatz 1 Satz 1 ist die Grundlage des Mieteranspruchs und benennt dessen Voraussetzungen. Es handelt sich um einen Anspruch auf Zustimmung zu einer Vertragsänderung, weil das dem Mieter bisher, also nach dem noch nicht nach Absatz 1 Satz 1 modifizierten Vertrag, zustehende Gebrauchsrecht in seiner Ausprägung, die Mietsache baulich verändern zu dürfen, erweitert wird. Die Vorschrift enthält also nicht etwa ein gesetzliches Umbaurecht des Mieters. Will der Mieter die in der Vorschrift beschriebenen baulichen Maßnahmen durchführen, muss ihm der Vermieter vorher die Erlaubnis hierzu erteilen. Würde der Mieter ohne die Erlaubnis bauliche Veränderungen vornehmen, beginge er eine Pflichtverletzung. Eine Ausnahme gilt, wenn dem Mieter die Ausführung bestimmter Baumaßnahmen schon nach dem bisherigen Vertragsinhalt gestattet ist.

Die vom Mieter begehrte Vertragsänderung muss sich auf die Erlaubnis einer baulichen Veränderung beziehen. Bauliche Veränderung ist jede Modifikation der Substanz der Mietsache. Es ist unerheblich, ob das von der baulichen Veränderung betroffene Bauteil bereits Teil der vermieteten Wohnung ist oder es sich in einem dem Mieter nur zum Mitgebrauch überlassenen Bereich befindet. Absatz 1 Satz 1 ist daher etwa auch anwendbar, wenn der Mieter einen Treppenlift in das ihm zum Mitgebrauch vermietete Treppenhaus einbauen möchte. Nicht unter die Vorschrift fallen hingegen räumliche Erweiterungen des Gebrauchsrechts des Mieters, da Absatz 1 Satz 1 auf die Vornahme baulicher Veränderungen beschränkt ist. Der Mieter kann daher nicht verlangen, dass ihm der Vermieter bauliche Veränderungen in Bereichen des Gebäudes oder des Grundstücks erlaubt, auf die sich sein Gebrauchsrecht nicht erstreckt. Deshalb fällt etwa der Wunsch des Mieters, im Hof des Grundstücks, der ihm nicht zum Abstellen von Kraftfahrzeugen vermietet ist, eine sogenannte Wallbox zu installieren und dort in Zukunft sein Kraftfahrzeug aufzuladen, nicht unter § 554 Absatz 1 Satz 1. Ein solcher Anspruch auf räumliche Erweiterung des Gebrauchsrechts wäre ein zu weitgehender Eingriff in die Vertragsfreiheit des Vermieters.

Der Anspruch setzt weiter voraus, dass die begehrte Maßnahme der Nutzung der Mietsache durch Menschen mit Behinderungen, dem Laden elektrisch betriebener Fahrzeuge oder dem Einbruchsschutz dient.

Die erste Variante betrifft bauliche Veränderungen, die Menschen mit Behinderungen den Gebrauch der Mietsache erleichtern. Diese sind bislang in § 554a Absatz 1 Satz 1 geregelt. Die Definition der erfassten Maßnahmen aus dem geltenden § 554a Absatz 1 Satz 1 wird sprachlich gestrafft; eine Änderung des Anwendungsbereichs der Vorschrift ist damit nicht bezweckt.

Die zweite Variante betrifft bauliche Veränderungen, die dem Laden elektrisch betriebener Fahrzeuge dienen. Elektrisch betriebene Fahrzeuge sind insbesondere Fahrzeuge gemäß § 2 Nummer 1 des Elektromobilitätsgesetzes (EmoG). Erfasst sind daneben aber etwa auch elektrisch betriebene Zweiräder und spezielle Elektromobile für Gehbehinderte, die nicht in den Anwendungsbereich des EmoG fallen. Dem Laden dieser Fahrzeuge dienen alle baulichen Veränderungen, die es dem Mieter ermöglichen, Strom in Fahrzeuge einzuspeisen beziehungsweise aus diesen auszuspeisen. Erfasst wird damit vor allem die Installation einer Lademöglichkeit, etwa in Form der Verlegung erforderlicher Stromleitungen und des Einbaus eines Ladepunktes, zum Beispiel einer sogenannten Wallbox. Mit umfasst sind außerdem die zur Umsetzung von Vorgaben des Messstellenbetriebsgesetzes oder zur Teilnahme an einem Flexibilitätsmechanismus nach § 14a des Energiewirtschaftsgesetzes erforderlichen Maßnahmen; hierzu gelten die Ausführungen zu § 20 Absatz 2 Satz 1 Nummer 2 WEG entsprechend. Inhaltlich erstreckt sich der Anspruch des Mieters nicht nur auf die Ersteinrichtung einer solchen Ladeinfrastruktur, sondern auch auf Maßnahmen, die der Verbesserung oder Erhaltung einer bereits vorhandenen Lademöglichkeit dienen.

Die dritte Variante betrifft bauliche Veränderungen, die dem Einbruchsschutz dienen. Erfasst sind bauliche Veränderungen, die geeignet sind, den widerrechtlichen Zutritt zur Wohnung des Mieters zu verhindern, zu erschweren oder auch nur unwahrscheinlicher zu machen. Der Anspruch ist nicht auf bauliche Veränderungen in Bereichen beschränkt, die dem Mieter zum exklusiven Gebrauch zugewiesen sind, wie es etwa beim Einbau eines Wohnungstürspions der Fall ist. § 554 Absatz 1 Satz 1 kann vielmehr auch auf die Erlaubnis der Ausführung von Einbruchsschutzmaßnahmen in Bereichen des Grundstücks oder des Gebäudes gerichtet sein, die dem Mieter nur zum Mitgebrauch vermietetet sind. Ein Beispiel ist etwa der Einbau eines einbruchshemmenden Schließsystems an der Hauseingangstür.

Soweit die Ausführung der baulichen Veränderung von Mitwirkungshandlungen des Vermieters abhängen, die über die bloße Erlaubnis hinausgehen, kann der Mieter deren Erfüllung nach § 241 Absatz 2 BGB verlangen. Denkbare Nebenpflichten sind etwa die Erteilung von Informationen, die der Mieter zur Planung der Baumaßnahme benötigt, wie zum Beispiel über die vorhandene Stromversorgung oder den Verlauf von Kabeln, aber auch die Abgabe von Gestattungserklärungen gegenüber Handwerkern. Hat der Mieter ein berechtigtes Interesse an der schriftlichen Erteilung der Erlaubnis, kann sich ein Anspruch hierauf ebenfalls aus § 241 Absatz 2 BGB ergeben.

Zu § 554 Absatz 1 Satz 2

§ 554 Absatz 1 Satz 2 regelt den Ausschluss des Anspruchs auf Erlaubnis einer unter Absatz 1 fallenden baulichen Veränderung. Die Vorschrift entspricht funktional anderen mietrechtlichen Regelungen, die Ansprüche oder andere Rechte einer Vertragspartei ausschließen, wie etwa § 553 Absatz 1 Satz 2 oder § 555d Absatz 2 Satz 1.

§ 554 Absatz 1 Satz 2 verlangt eine Abwägung der nachteiligen Folgen der baulichen Veränderung für den Vermieter mit dem Interesse des Mieters an der Ausführung der Baumaßnahme. Jede Partei trifft die Darlegungs- und Beweislast für die Umstände, die zu ihren Gunsten bei der Interessenabwägung zu berücksichtigen sind. Da der Vermieter stets sein Interesse entgegenhalten kann, dass die Mietsache baulich nicht verändert wird, ist in jedem Fall eine Interessenabwägung vorzunehmen. Der Vermieter kann im Streitfall den Mieter also dazu zwingen, sein Interesse an der baulichen Veränderung offenzulegen. Aus diesem Grund verzichtet der Entwurf darauf, bereits die Entstehung des Anspruchs von einem berechtigten Interesse des Mieters abhängig zu machen.

Auf Seiten des Vermieters ist zunächst sein Konservierungsinteresse zu berücksichtigen. Dieses besteht darin, dass nicht durch eine bauliche Veränderung in die Substanz der Mietsache eingegriffen wird. Dieses Interesse ist typischerweise umso gewichtiger, je umfangreicher der beabsichtigte Eingriff ist. Im Rahmen des Konservierungsinteresses ist auch zu berücksichtigen, ob durch die bauliche Veränderung ein gefahrträchtiger Zustand oder eine baurechtswidrige Situation geschaffen würde. Das Konservierungsinteresse des Vermieters gebietet es auch, dass der Mieter ihn hinreichend über die Einzelheiten der begehrten baulichen Veränderung informiert. Unterlässt der Mieter die notwendigen Informationen, wird sich das Interesse des Vermieters durchsetzen, die Erlaubnis zu verweigern.

Ebenfalls zu beachten ist das Interesse des Vermieters daran, dass die bauliche Veränderung keine negativen Auswirkungen auf seine Rechtsbeziehungen zu Dritten hat, etwa zu anderen Mietern oder seinem Grundstücksnachbar. Besteht die berechtigte Befürchtung, dass diese gegen den Vermieter wegen der baulichen Veränderung Rechte geltend machen könnten – etwa in Form einer Mietminderung, weil durch die bauliche Veränderung in das Gebrauchsrecht der übrigen Mieter eingegriffen wird –, so ist dies über das Vermieterinteresse bei der Interessenabwägung zu berücksichtigen (so schon zum geltenden § 554a: Rips, Barrierefreiheit gemäß § 554a, 2003, Seite 124). Daher sind die berechtigten Interessen anderer Mieter im Gebäude im Wortlaut des § 554 des Entwurfs – anders als im Wortlaut des geltenden § 554a Absatz 1 Satz 3 – nicht ausdrücklich genannt. Ist eine Eigentumswohnung vermietet, finden die Interessen anderer Eigentümer – und gegebenenfalls derer Mieter – ohnehin über die notwendige Beschlussfassung Berücksichtigung.

Zugunsten des Vermieters ist auch ein etwaiges Rückbaurisiko zu berücksichtigen. Zwar ist der Mieter nach allgemeinen Vorschriften bei Vertragsende zum Rückbau der baulichen Veränderung verpflichtet. Kommt der Mieter dem aber nicht nach und will der Vermieter die bauliche Veränderung zurückbauen, so muss er den Rückbau auf eigene Kosten ausführen und den Mieter auf Kostenersatz in Anspruch nehmen. Ist der Mieter zahlungsunfähig, träfen die Rückbaukosten den Vermieter. Bei umfangreichen baulichen Veränderungen ist es denkbar, dass dieses Risiko dem Vermieter nicht zumutbar ist mit der Folge, dass der Anspruch nach § 554 Absatz 1 Satz 1 nicht besteht. In diesem Fall hat der Mieter die Möglichkeit, eine besondere Kaution zu leisten (vergleiche § 554 Absatz 1 Satz 3). Auf diese Weise kann der Mieter den sich aus dem Rückbaurisiko ergebenden Nachteil des Vermieters beseitigen. Freilich kann der Vermieter seine Erlaubnis nicht von der Leistung einer der Höhe nach unangemessenen Kaution abhängig machen.

Auf Seiten des Mieters ist sein Interesse an der Ausführung der baulichen Veränderung zu berücksichtigen. Aus § 554 Absatz 1 Satz 1 folgt, dass das Veränderungsinteresse des Mieters aus gesamtgesellschaftlichen Gründen im Ausgangspunkt stets beachtenswert ist. Die auf ein spezifisches berechtigtes Interesse abstellende Formulierung des geltenden § 554a Absatz 1 Satz 1 wird daher nicht übernommen. Für den Abwägungsvorgang bedeutet dies, dass es nicht zulässig ist, den Anspruch des Mieters mit dem Argument zurückzuweisen, an der begehrten baulichen Veränderung bestehe schon grundsätzlich kein anerkennenswertes Interesse. Es ist hingegen Aufgabe des Abwägungsprozesses, das Gewicht des Veränderungsinteresses mit dem Gewicht der gegenläufigen Interessen des Vermieters zu vergleichen. Hierbei ist es nicht ausgeschlossen, bei der Bewertung des Veränderungsinteresses nach den verschiedenen Varianten in § 554 Absatz 1 Satz 1 zu differenzieren. Daher ist es etwa denkbar, bei einem im Einzelfall vergleichbaren Konservierungsinteresse des Vermieters das Bedürfnis eines gehbehinderten Mieters am Einbau eines Treppenliftes stärker zu gewichten als das eines Mieters am Einbau einer einbruchshemmenden Haustür. Geht es um die Nachrüstung mit einer Lademöglichkeit, sind beim Veränderungsinteresse auch die Belange des Klima- und Umweltschutzes angemessen zu berücksichtigen, etwa die Reduzierung von Treibhausgasen sowie der Schutz vor Luftschadstoffen und verkehrsbedingtem Lärm. Ein zügiger Markthochlauf von Elektrofahrzeugen ist vor allem aus Gründen des Klimaschutzes erforderlich. Das Bundes-Klimaschutzgesetz vom 12. Dezember 2019 (BGBl. I Seite 2513) sieht bis zum Jahr 2030 für den Verkehrssektor eine Reduktion der Treibhausgasemissionen in Höhe von 42 Prozent (gegenüber dem Jahr 1990) vor. Aktuell ist der Straßenverkehr für mehr als 95 Prozent der verkehrsbedingten Treibhausgasemissionen in der Bundesrepublik Deutschland verantwortlich. Personenkraftwagen (PKW) verursachen zirka 60,6 Prozent dieser Emissionen (vergleiche Bundesministerium für Umwelt, Naturschutz und nukleare Sicherheit, Klimaschutz in Zahlen, 2018). Zur Zielerreichung hält es die Bundesregierung ausweislich des Klimaschutzprogramms 2030 für erforderlich, dass bis zum Jahr 2030 sieben bis zehn Millionen elektrisch betriebene Fahrzeuge in der Bundesrepublik Deutschland zugelassen sind. Derzeit findet ein Großteil der Ladevorgänge von Elektrofahrzeugen an privaten Ladepunkten statt. Es ist prognostiziert, dass dies auch in Zukunft der Fall sein wird. Bei der Barrierereduzierung ist im Rahmen des Veränderungsinteresses auch das allgemeine Interesse angemessen zu berücksichtigen, Benachteiligung von Menschen mit Behinderungen zu beseitigen sowie ihre gleichberechtigte Teilhabe am Leben in der Gesellschaft zu gewährleisten und ihnen eine selbstbestimmte Lebensführung zu ermöglichen.

Das Veränderungsinteresse des Mieters ist von seiner individuellen Situation und dem Ausstattungszustand der Mietsache abhängig. Verfügt der Mieter etwa bereits über eine Lademöglichkeit, so fällt zwar der Einbau einer neuen, technisch besseren Lademöglichkeit unter § 554 Absatz 1 Satz 1. Das Veränderungsinteresse des Mieters ist in dieser Situation aber deutlich geringer als in Fällen, in denen noch überhaupt keine Lademöglichkeit besteht. Aus diesem Grund kann der Vermieter auch auf das Veränderungsinteresse des Mieters einwirken. Dieses entfällt, wenn der Vermieter oder – bei einer vermieteten Eigentumswohnung – die Gemeinschaft der Wohnungseigentümer die vom Mieter begehrte bauliche Veränderung ausführt. Ist die Baumaßnahme des Vermieters noch nicht abgeschlossen, besteht das Veränderungsinteresse des Mieters zwar fort. Hat der Vermieter aber die Ausführung der baulichen Veränderung innerhalb einer dem Mieter zumutbaren Frist zugesagt und bestehen keine berechtigten Zweifel, dass der Vermieter diese Zusage erfüllen wird, wird sich das Veränderungsinteresse des Mieters gegenüber dem Konservierungsinteresse des Vermieters regelmäßig nicht durchsetzen können. Auf diese Weise wird dem berechtigten Interesse des Vermieters Rechnung getragen, bauliche Veränderungen an der Mietsache selbst durchzuführen. In diesem Fall hat der Vermieter hinsichtlich der Kosten der baulichen Veränderung die Möglichkeit, nach § 555f Nummer 3 mit dem Mieter eine passgenaue Kostenübernahme zu vereinbaren. Anderenfalls kann der Vermieter regelmäßig wegen der baulichen Veränderung nach § 559 die Miete erhöhen. Bei einer vom Mieter begehrten baulichen Veränderung gemäß § 554 Absatz 1 Satz 1 handelt es sich nämlich in der Regel um eine Modernisierungsmaßnahme im Sinne des § 555b Nummer 4. Ein verbesserter Einbruchschutz, ein besserer Gebrauch der Mietsache durch Menschen mit Behinderungen oder eine Lademöglichkeit für elektrisch betriebene Fahrzeuge führen – auch nach der aktuellen Verkehrsanschauung – regelmäßig zu einer nachhaltigen Steigerung des Gebrauchswerts der Mietsache. Führt der Vermieter Maßnahmen durch, um mehreren Mietern die Installation von Lademöglichkeiten für Elektrofahrzeuge zu ermöglichen, etwa die Installation eines Lastmanagementsystems oder die Erweiterung des Netzanschlusses zur Vermeidung von Lastspitzen, richtet sich die Kostenverteilung nach § 559 Absatz 3.

Ist eine Eigentumswohnung vermietet, so ist eine bauliche Veränderung, sei es durch den Mieter oder den vermietenden Wohnungseigentümer, nach § 20 WEG-E erst nach einer entsprechenden Beschlussfassung der Wohnungseigentümer zulässig. Dies ist bei der Interessenabwägung zu berücksichtigen. Der mit einem Anspruch seines Mieters nach § 554 Absatz 1 Satz 1 konfrontierte Vermieter kann daher unter Hinweis hierauf die Erlaubnis zunächst zurückhalten. Die Erteilung der Erlaubnis ist ihm in diesem Stadium nämlich nicht zumutbar. Denn wenn die bauliche Veränderung am Widerstand in der Gemeinschaft scheitert, würden im Falle der bereits erteilten Erlaubnis Mängelrechte des Mieters ausgelöst. Wird dem vermietenden Wohnungseigentümer die vom Mieter begehrte bauliche Veränderung durch Beschluss der Wohnungseigentümer gestattet, entfällt dieser Einwand.

Verhält sich der Vermieter passiv, indem er sich nicht um eine für den Mieter günstige Beschlussfassung der Wohnungseigentümer bemüht, so kann dies dazu führen, dass die Interessenabwägung nach Satz 2 zugunsten des Mieters ausgeht. Erhält der Mieter in diesem Fall die Erlaubnis – gegebenenfalls im Klagewege –, berechtigt ihn diese zwar nicht zu einem Eingriff in das gemeinschaftliche Eigentum. Er kann den vermietenden Wohnungseigentümer aber auf Erfüllung in Anspruch nehmen; dieser ist dann verpflichtet, auf eine die bauliche Veränderung gestattende Beschlussfassung hinzuwirken (vergleiche BGH, Urteil vom 20. Juli 2005 – VIII ZR 342/03).

Wird die Ausführung der baulichen Veränderung durch die Gemeinschaft der Wohnungseigentümer auf Kosten des vermietenden Wohnungseigentümers beschlossen, so kann der Vermieter dies dem Anspruch des Mieters auf Selbstvornahme entgegenhalten. Auch in diesem Fall kommt eine Vereinbarung nach § 555f Nummer 3 oder eine Modernisierungsmieterhöhung nach § 559 in Betracht.

Zu § 554 Absatz 1 Satz 3

Die Vorschrift sieht vor, dass die Parteien im Zusammenhang mit einer baulichen Veränderung vereinbaren können, dass der Mieter eine besondere Sicherheit leistet. Damit soll insbesondere sichergestellt werden, dass die Parteien auf das Rückbaurisiko des Vermieters durch die Verpflichtung des Mieters reagieren können, den Vermieter durch eine Zusatzkaution abzusichern. Die Vorschrift ist erforderlich, weil anderenfalls zweifelhaft wäre, ob einer solchen Vereinbarung § 551 Absatz 4 entgegensteht. Haben die Parteien eine Zusatzkaution vereinbart, gilt für deren Anlage § 551 Absatz 3 entsprechend.

Zu § 554 Absatz 2

§ 554 Absatz 2 verbietet Vereinbarungen, die zu Lasten des Mieters von § 554 Absatz 1 abweichen. Unwirksam ist daher jede Vereinbarung, die den Anspruch des Mieters ausschließt oder beschränkt. Gegen § 554 Absatz 2 verstößt daher auch eine Regelung im Vertrag, die zu Lasten des Mieters die nach § 554 Absatz 1 Satz 2 vorgeschriebene Interessenabwägung einschränkt oder eine von § 551 Absatz 3 abweichende Anlage der Zusatzkaution vorsieht.

Zu Nummer 3 (§ 556a Absatz 3 und 4)

Die Umlage von Betriebskosten erfolgt gemäß dem geltenden § 556a Absatz 1 nach dem Anteil der Wohnfläche oder dem erfassten Verbrauch beziehungsweise der erfassten Verursachung, soweit nichts anderes vereinbart wurde. Nach wohl herrschender Meinung ist diese Vorschrift auch bei Vermietung einer Eigentumswohnung zu beachten. Der Vermieter muss daher für eine ordnungsgemäße Abrechnung die Gesamtbetriebskosten des Grundstücks ermitteln und diese regelmäßig nach dem Anteil der Wohnfläche auf den Mieter umlegen. Dieses Verfahren kann der Vermieter nur durchführen, wenn ihm die Wohnfläche auch der anderen, nicht in seinem Eigentum stehenden Wohnungen bekannt ist. Entspricht der wohnungseigentumsrechtliche Kostenverteilungsschlüssel nicht dem Wohnflächenanteil, führt die beschriebene Umlagemethode zudem dazu, dass die Betriebskostenabrechnung den Mieter entweder mit höheren oder mit niedrigeren Kosten belastet, als dem Vermieter entstanden sind. Das erscheint sachlich nicht gerechtfertigt. Vor diesem Hintergrund bestimmt § 556a Absatz 3, dass bei Vermietung einer Eigentumswohnung die Betriebskosten nach dem Maßstab auf den Mieter umzulegen sind, der zwischen den Wohnungseigentümern für die Verteilung der Betriebskosten der Gemeinschaft der Wohnungseigentümer gilt. Der nach § 556a Absatz 3 Satz 1 maßgebliche wohnungseigentumsrechtliche Verteilerschlüssel ergibt sich aus dem in der Gemeinschaft geltenden Regelwerk, also entweder einer Vereinbarung der Wohnungseigentümer, einem wirksamen Beschluss der Wohnungseigentümer oder aus dem Gesetz (vergleiche § 16 Absatz 2 und 3 WEG-E). Dabei ist zu beachten, dass wohnungseigentumsrechtlich je nach Betriebskostenposition unterschiedliche Verteilerschlüssel möglich sind.

Zum Schutz des Mieters vor einer unverhältnismäßigen Kostenbelastung enthält § 556a Absatz 3 Satz 2 eine Ausnahme von dem Grundsatz des Satzes 1. Danach gelten die in Absatz 1 bestimmten Umlagemaßstäbe, wenn die Umlage nach dem zwischen den Wohnungseigentümern geltenden Maßstab billigem Ermessen widerspricht. Ob ein Umlagemaßstab diesem Kriterium widerspricht, ist anhand der Interessenlage beider Vertragsteile, also von Mieter und Vermieter, zu ermitteln (vergleiche BGH, Urteil vom 20. Januar 1993 – VIII ZR 10/92). Es handelt sich um eine von der wohnungseigentumsrechtlichen Wirksamkeit des Verteilerschlüssels losgelöste Überprüfung. Diese ist unabhängig davon vorzunehmen, ob der Umlagemaßstab wohnungseigentumsrechtlich auf einer Vereinbarung oder einem Beschluss beruht. Auch die aus § 16 Absatz 2 Satz 1 WEG-E folgende Verteilung von Betriebskosten nach dem Miteigentumsanteil des Vermieters unterliegt der Kontrolle nach § 556a Absatz 3 Satz 2. Widerspricht ein Umlagemaßstab billigem Ermessen, tritt an seine Stelle der in Absatz 1 bestimmte Maßstab. Die betroffenen Betriebskosten sind dann nach Verbrauch oder Verursachung, hilfsweise nach dem Anteil der Wohnfläche auf den Mieter umzulegen.

Zu Nummer 4 (§ 578)

Der Anwendungsbereich von § 554 wird auf Mietverhältnisse über Grundstücke und andere Räume als Wohnräume erstreckt. Denn die durch § 554 geschützten Interessen sind nicht wohnraumspezifischer Natur. Vielmehr haben auch die Mieter von Grundstücksflächen und anderen Räumen gleichermaßen ein schützenswertes Interesse, die von § 554 erfassten baulichen Veränderungen ausführen zu dürfen.

Zu Artikel 3 (Änderung des Justizaktenaufbewahrungsgesetzes)

Das Justizaktenaufbewahrungsgesetz (JAktAG) regelt die Aufbewahrung von Akten der Gerichte und Staatsanwaltschaften nach Beendigung des Verfahrens. § 2 Absatz 1 Satz 1 JAktAG sieht den Erlass einer Rechtsverordnung der Bundesregierung vor, die das Nähere über die Aufbewahrung und Speicherung und die hierbei zu beachtenden allgemeinen Aufbewahrungs- und Speicherungsfristen regelt. In Vorbereitung dieser Verordnung bedarf es einer Anpassung des JAktAG.

Zu Nummer 1 (§ 1)

Das Wort „Namensverzeichnisse" soll durch die Wörter „Namens- und sonstige Verzeichnisse" ersetzt werden, damit von den Aufbewahrungs- und Speicherungsvorschriften auch Verfahrenslisten und sonstige Listen und Verzeichnisse erfasst werden, die nach Beendigung des Verfahrens noch benötigt werden.

Zu Nummer 2 (§ 2)

Die Aufbewahrungs- und Speicherungsfristen der von der Bundesregierung zu erlassenden Schriftgutaufbewahrungsverordnung sollen grundsätzlich auch auf Akten Anwendung finden, die bereits vor dem Inkrafttreten der Verordnung weggelegt wurden. Die Länder sollen aber allgemein oder für einzelne Angelegenheiten bestimmen können, dass für bereits weggelegte Akten die bisherigen landesrechtlichen Aufbewahrungs- und Speicherungsfristen fortgelten sollen. Mit dieser Regelung wird dem Umstand Rechnung getragen, dass die Rahmenbedingungen für die Aktenaufbewahrung in den einzelnen Ländern teilweise sehr unterschiedlich sind. Gegenstand einer solchen Bestimmung können beispielsweise Sonderregelungen für zwischen dem 30. Januar 1933 und dem 2. Oktober 1990 angelegte oder fortgeführte Akten sein, wie sie in einzelnen Ländern bestehen.

Die Regelung zum Beginn der Aufbewahrungs- und Speicherungsfristen im bisherigen § 2 Absatz 3 JAktAG soll aus systematischen Gründen hier entfallen und künftig in die von der Bundesregierung nach § 2 Absatz 1 JAktAG zu erlassenden Rechtsverordnung aufgenommen werden.

Zu Artikel 4 (Änderung des Gerichtsverfassungsgesetzes)

Die Verweise in den §§ 23 und 72 des Gerichtsverfassungsgesetzes werden an den geänderten § 43 WEG angepasst.

Zu Artikel 5 (Änderung des Gesetzes über die Zwangsversteigerung und die Zwangsverwaltung)
Zu Nummer 1 (§ 10 Absatz 1 Nummer 2 Satz 1 und § 156 Absatz 1 Satz 2)

Die Verweise in § 10 Absatz 1 Nummer 2 Satz 1 und § 156 Absatz 1 Satz 2 werden an die geänderten Vorschriften des WEG angepasst.
Zu Nummer 2 (§ 10 Absatz 3)

Weil § 18 Absatz 2 Nummer 2 WEG aufgehoben wird, muss auch § 10 Absatz 3 Satz 1 aufgehoben werden. Die Vollstreckung mit dem Range nach § 10 Absatz 1 Nummer 2 ist ohne betragsmäßige Beschränkung möglich.

Wegen der Aufhebung des geltenden § 10 Absatz 3 Satz 1 muss der neue Satz 1 entsprechend ergänzt werden.

Zu Nummer 3 (§ 45 Absatz 3 Satz 1)

In § 45 Absatz 3 Satz 1 wird die Bezugnahme auf die Wohnungseigentümer gestrichen. Denn § 10 Absatz 1 Nummer 2 betrifft vor allem Ansprüche der rechtsfähigen Gemeinschaft der Wohnungseigentümer und nicht nur der Wohnungseigentümer.

Zu Artikel 6 (Änderung der Grundbuchverfügung)

Nach § 113 Absatz 1 Nummer 6 der Grundbuchverfügung gelten im Gebiet der früheren Deutschen Demokratischen Republik (DDR) gegenüber dem Grundbuchamt Erleichterungen für den Nachweis der Bewilligungsbefugnis bei beschränkten dinglichen Rechten sowie bestimmten anderen Lasten und Beschränkungen. Die Vorschrift bestimmt weiter, dass in den dort genannten Fällen § 39 der Grundbuchordnung nicht anzuwenden ist und es der Vorlage eines Grundpfandrechtsbriefs nicht bedarf. Die Geltungsdauer dieser Vorschrift ist nach § 113 Absatz 3 Satz 3 bis zum 31. Dezember 2020 befristet. Die Landesjustizverwaltungen der neuen Länder haben sich für eine Verlängerung der Geltungsdauer der Regelung ausgesprochen, da auch noch über das Jahr 2020 hinaus mit einer Vielzahl von Anwendungsfällen gerechnet werde müsse. Diese Einschätzung wird von der Kreditanstalt für Wiederaufbau geteilt, die als Rechtsnachfolgerin der Staatsbank der DDR Bewilligungsstelle im Sinne des § 113 Absatz 1 Nummer 6 Satz 2 ist. Auch die Bundesanstalt für Immobilienaufgaben (BImA) hält die Verlängerung der Geltungsdauer der Vorschrift für dringend erforderlich. Nach einem Erlass des Bundesministeriums der Finanzen vom 5. August 1996 hatte die Bundesvermögensverwaltung für die „alten Rechte" eine Auffangzuständigkeit. Diese Zuständigkeit ist auf die BImA als Eigentümerin sämtlicher Grundstücke, grundstücksgleicher Rechte und beschränkt dinglicher Rechte des Finanzvermögens übergegangen.

Die jährliche Anzahl der auf die Regelung gestützten Anträge auf Erteilung von Löschungsbewilligungen ist nach wie vor gleichbleibend hoch. Die Geltungsdauer der Vorschrift soll daher um zehn Jahre verlängert werden.

Die zugrundeliegende Verordnungsermächtigung ist in § 150 Absatz 5 der Grundbuchordnung enthalten.

Zu Artikel 7 (Änderung der Wohnungsgrundbuchverfügung)

Es handelt sich um Folgeänderungen zur Änderung von § 3 Absatz 2 und § 7 Absatz 3 WEG.

Zu Artikel 8 (Änderung des Gerichtskostengesetzes)
Zu Nummern 1 bis 3 (Inhaltsübersicht, § 49, § 49a – alt –)

Durch die Änderungen in Teil 3 des WEG werden die meisten prozessualen Besonderheiten bei Wohnungseigentumssachen beseitigt, insbesondere wird die Beiladung abgeschafft. Es besteht deshalb auch kein Bedürfnis mehr, den Streitwert in Wohnungseigentumssachen abweichend von den allgemeinen Vorschriften zu bestimmen. § 49a des Gerichtskostengesetzes (GKG) wird deshalb aufgehoben. Auch für Wohnungseigentumssachen gelten deshalb grundsätzlich über § 48 Absatz 1 Satz 1 GKG die Wertvorschriften der Zivilprozessordnung.

Eine kostenrechtliche Besonderheit besteht nur noch für Beschlussklagen, die in § 44 WEG-E geregelt werden. § 49 Satz 1 des Gerichtskostengesetzes in der Fassung des Entwurfs (GKG-E) sieht zunächst vor, dass der Streitwert grundsätzlich auf das Interesse aller Wohnungseigentümer an der Entscheidung festzusetzen ist. Das ist sachgerecht, da die Entscheidung gegenüber allen Wohnungseigentümern wirkt (vergleiche die Begründung zu § 44 Absatz 3 WEG-E). § 49 Satz 2 GKG-E sieht jedoch eine Wertobergrenze vor, die den Kläger vor einer zu hohen Kostenbelastung schützen soll. Dies gebietet die aus dem Rechtsstaatsprinzip folgende Justizgewährungspflicht (vergleiche Bundesverfassungsgericht, Beschluss vom 12. Februar 1992 – 1 BvL 1/89). Die Vorschrift entspricht insoweit dem geltenden § 49a Absatz 1 Satz 2 Alternative 2 und Satz 3 GKG.

Zu Nummer 4 (Kostenverzeichnis Nummer 9020)

Das Gerichtskostengesetz, das Gesetz über Gerichtskosten in Familiensachen, das Gerichts- und Notarkostengesetz sowie das Gerichtsvollzieherkostengesetz sollen jeweils um einen Auslagentatbestand ergänzt werden, der die Erhebung der Umsatzsteuer vorsieht, soweit eine solche anfällt. Eine Aussage darüber, ob und unter welchen Voraussetzungen Kosten, die nach den vorgenannten Gesetzen erhoben werden, der Umsatzsteuer unterfallen, ist damit nicht verbunden. Die Umsatzsteuerpflicht richtet sich ausschließlich nach den maßgeblichen steuerrechtlichen Vorschriften.

Zu Artikel 9 (Änderung des Gesetzes über Gerichtskosten in Familiensachen)

Es wird auf die Begründung zu Artikel 8 Nummer 4 verwiesen.

Zu Artikel 10 (Änderung des Gerichts- und Notarkostengesetzes)
Zu Nummer 1 (Nummer 14160)

Nach § 12 Absatz 4 Satz 1 WEG kann eine Veräußerungsbeschränkung durch Beschluss aufgehoben werden. Materiell-rechtlich existiert die Veräußerungsbeschränkung mit der Beschlussfassung nicht mehr, auch wenn sie noch im Bestandsverzeichnis des Grundbuchs eingetragen ist. Das Grundbuch kann auf Antrag berichtigt werden; dafür genügt als Nachweis eine beglaubigte Niederschrift des Aufhebungsbeschlusses (§ 12 Absatz 4 Satz 3, § 7 Absatz 2 WEG-E). Häufig unterbleibt diese Berichtigung aber aufgrund der zum Teil sehr erheblichen Eintragungskosten. Dadurch entstehen im Veräußerungsfall unnötige Probleme, die in der Regel mit erhöhtem Aufwand für das Grundbuchamt einhergehen. Um diese Probleme zu beseitigen, sollen die für die Grundbuchberichtigung anfallenden Gebühren – unabhängig von der Zahl der betroffenen Sondereigentumsrechte – auf 100 Euro begrenzt werden.

Zu Nummer 2 (Nummer 31017)

Es wird auf die Begründung zu Artikel 8 Nummer 4 verwiesen.

Zu Artikel 11 (Änderung des Gerichtsvollzieherkostengesetzes)

Es wird auf die Begründung zu Artikel 8 Nummer 4 verwiesen.

Zu Artikel 12 bis 15 (Änderung des Grunderwerbsteuergesetzes, des Gewerbesteuergesetzes, der Verordnung über Formblätter für die Gliederung des Jahresabschlusses von Wohnungsunternehmen und des Schornsteinfeger-Handwerksgesetzes)

Die in diesen Vorschriften enthaltenen Verweise auf Vorschriften des WEG werden an die Änderungen des WEG angepasst.

Zu Artikel 16 (Bekanntmachungserlaubnis)

Das Bundesministerium der Justiz und für Verbraucherschutz wird ermächtigt, den Wortlaut des WEG in der vom Inkrafttreten der Reform an geltenden Fassung bekannt zu machen.

Zu Artikel 17 (Inkrafttreten)

Um eine zeitnahe Umsetzung der Reform zu ermöglichen, der Praxis zugleich aber auch einen angemessenen Zeitraum einzuräumen, sich auf die Neuregelung einzustellen, ist ein Inkrafttreten zu Beginn des zweiten auf die Verkündung folgenden Monats vorgesehen (Satz 1).

Die Änderungen des Justizaktenaufbewahrungsgesetzes sowie diejenigen Änderungen der Justizkostengesetze, die nicht in unmittelbarem Zusammenhang mit der Modernisierung des Wohnungseigentumsrechts stehen, sollen hingegen bereits am Tag nach der Verkündung in Kraft treten (Satz 2).